백년의 가게
노포老鋪의 탄생

일러두기
본 도서에서 언급하는 각 가게의 창업년도 및 역사는
KBS 〈백년의 가게〉 방영 당시(2011~2013)의 정보를 기준으로 삼았습니다.

백년의 가게

노포老鋪의 탄생

KBS 백년의 가게 제작팀 지음

샘터

| 발간사 |

휴먼다큐멘터리 이상의 감동을 전한,
KBS 〈백년의 가게〉

'자발적이고 즐거운 219,600시간.'

체코 프라하에 있는 '우 칼리하'라는 식당의 파벨 토프르 사장이 쓴 자서전의 제목이다.

자신이 평생 식당에서 일해온 시간 앞에 '자발적이고 즐거운'이라는 수식어를 선택해 놓을 수 있는 사람을 만났다니 무척 신선했다. 자신에게 주어진 일을 자발적이고 즐겁게 해냈다고 말하는 사람. 이 세상 모든 사람들이 살면서 겪게 되는 숱한 어려움에 헌신적으로 맞서온 사람만이 선택할 수 있는 어휘라고 느꼈다. 자기 일에 최선을 다한 사람만이 가질 수 있는 자부심과 성취감이 느껴지는 장인의 여유가 부러웠다.

KBS에서 방영한 〈백년의 가게〉에는 매회 멋진 장인들을 만날 수 있는 즐거움이 있었다. 2011년 1월 9일 〈백년의 기업〉이라는 타이틀로 시작해 그해 가을 〈백년의 가게〉로 개제, 2013년 1월 20일 99회로 종영되기까지 총 116곳의 가게를 소개했다. 참으로 소중한 경험이었다.

〈백년의 가게〉는 작은 것들의 소중함을 생각하며 기획되었다. 현대사의 굴곡을 거치고 이제야 우리나라에서도 백년의 가게들이 등장하고 있는데, 대다수의 가게들은 규모가 작고 영세하다. 그래도 각 분야에서 독보적인 위상과 자부심을 가지고 있는 곳들이다. 이에 제작진은 방송을 통해 더 많은 백년의 가게가 탄생하길 기대하는 마음으로 국내외에 산재해 있는 백년의 가게들을 살피고자 했다. 우리의 중소기업들이 강소기업으로 발전해가길 바라는 취지였다.

프로그램을 제작하면서 우리 제작진은 몇 가지 주안점을 설정했다.

첫째로 '100년 역사'의 무게를 시청자들께 잘 전달하고자 애썼다. 큰 규모의 기업이건 작은 규모의 가게이건 시대 상황을 초극해 존재하지는 못하는 것이니, 시대 상황과 변화에 어떻게 대응해왔는지를 살펴보고자 했다.

둘째는 무엇을 만드는 회사이든 제품의 제작 과정을 치밀하게 관찰하고자 했다. 원재료의 수급 절차부터 생산 공정의 마지막 단계인 포장과 배송에 이르기까지 구석구석 살피다 보면, 생각하지도 못했던 곳에서 오랜 경험의 축적에서 오는 지혜와 노하우를 찾아낼 수 있으리라 생각했다.

셋째로는 회사 운영의 시스템을 살펴보려 했다. 사내의 소통 과정, 인력에 대한 관리 등 100년의 세월을 이끌어온 데는 그 나름의 방책을 지녀왔을 것이기 때문이다. 물론 취재 대상에 따라 제품의 역사성이 강조되기도 하고, 제작 과정을 중심축으로 삼기도 하는 넘나듦이 있었다.

그리고 마지막으로는 '사람'을 만나보고자 했다. 사람은 휴먼다큐멘터리에서만 만나는 것이 아니라고 생각했다. 인터뷰 한마디에서, 혹은 제품을 다듬어내는 작은 손길 하나에서도 그의 살아온 전 생애를 느끼고 공감할 수 있다고 생각했다. 가게 구성원의 굳은살 박힌 손가락, 닳아버린 손톱 등을 통해 말이 아닌 영상으로 더욱 잘 전해질 수 있는 성실함을 담아보려고 애썼다.

이제 〈백년의 가게〉가 아담한 책으로 엮어져 독자들을 찾게 되어 감회가 새롭다. 한편으로는 방송 당시 아쉽고 미흡했던 부분들이 새삼 떠올라

두려운 마음이 들기도 한다. 그러나 이 프로그램에 참여했던 여러 분야의 제작진 한 사람 한 사람이 주어진 여건 속에서 나름대로 최선을 다했음을 곁에서 지켜보았기에, 방송으로 전해진 감동이 책을 통해 독자들에게 오래도록 기억되길 진심으로 바란다.

KBS 〈백년의 가게〉 책임 프로듀서 이학송

|추천글|

대한민국에서 가게로 성공한다는 것은

하루에도 수많은 가게들이 사라지고 생겨난다. 우리나라 자영업자 비율은 OECD 국가 평균의 두 배가 넘는다고 한다. 너도나도 창업에 뛰어들다 보니 무조건 남는 장사라고 일컫는 '먹는장사'도 장밋빛 희망과는 거리가 멀어지고 있다. 얼마 전 신문에서 20년 넘게 장사를 하고 있는 음식점은 극소수에 불과하다는 기사를 보았다. 과연 무엇이 문제인 걸까?

물론 외적인 요인높은 임대료·상권 중복 등으로 문을 닫는 경우도 있겠지만, 그 가게만이 지니고 있는 차별성을 살리지 못한다는 이유가 크다고 본다.

'총각네 야채가게'는 어땠을까? 많은 사람들이 우리의 성공 비결을 물어오면 언제나 반드시 지키는 원칙과 잃지 않으려는 가치가 있었다고 말한다.

그것은 바로 "총각네에서는 품질은 고르지 않는다"라는 최고의 품질을 위한 노력, 모두가 주인이나 다름없이 가족 같은 직원 간의 유대관계이다.

트럭행상으로 번 돈을 모아 '총각네 야채가게'를 연 지도 벌써 15년이 넘었다. 이 책《백년의 가게 : 노포의 탄생》에 등장하는 가게들을 따라가려면 아직 한참이나 멀었다. 그리고 정말 그렇게 될 수 있을지도 확신이 서질 않는다. 하지만 나는 이 책을 읽으면서 다시금 힘을 얻었고, 할 수 있다는 자신감이 들었다. 그리고 새로운 목표까지.

100년이라는 기간은 상징적이기도 하지만, 장사와 사업을 하는 사람에게라면 물질적 성공을 뛰어넘어 최고의 자부심과 명예가 되는 척도라고도 할 수 있다. 그야말로 베스트셀러가 아닌 고전이 된다는 것. 이는 사업에서 세대를 뛰어넘는 가치를 실현한다는 것이기 때문이다.

우리가 꿈꾸는 백년 가게의 조건은 진심을 담는 것!

《백년의 가게 : 노포의 탄생》은 전 세계 장수 가게들이 지니고 있는 경영 비법을 흥미롭게 보여준다. 유명한 관광지의 음식점부터 그 나라 그 도시의 상징으로서 가족 대대로 물려 내려오는 장수 가게, 장인의 손길에 깃든 문화 이상의 가치를 선보이는 장수 가게 등…….

그 가게들은 저마다 다양한 음식, 물건, 서비스를 팔지만 신기하리만치 비슷한 덕목과 가치를 따르고 있다. 그리고 이는 그동안 '총각네 야채가게'가 추구해왔고 앞으로도 이어가려는 미덕들과 크게 다르지 않다. 그것은 바로 가게 경영에 '진심을 담는 것'이다. 조금씩 다르기는 하지만, 백년의 가게들은 가장 기본이 되는 품질에 충실하며, 사람이 곧 가게이자 기업이라 생각한다. 실제로 '총각네 야채가게'를 성장시키면서 깨달은 가게 경영의 핵심을 너무나도 잘 알기에, 누구보다《백년의 가게 : 노포의 탄생》에서 다루는 장수 가게들의 경영 비법이 와 닿을 수밖에 없었다. '진심'은 언젠가는 전해지기 마련이다.

흔히 '노포老鋪'라고 일컫는 장수 가게들은 대한민국에서는 무척이나 드물다. 한국전쟁으로 그 명맥이 끊기거나 급격한 산업화로 사라진 오랜 가게들이 많기 때문이다. 차츰 사회가 안정되고 선진화되면서 우리나라에서도 장수 가게가 무궁무진하게 탄생할 것이라 믿어 의심치 않는다.

독자들에게도 이 책이 '총각네 야채가게'를 뛰어넘는 자신만의 가게를 꿈꾸게 하는 멋진 기회가 될 것이다. 어차피 한국이라는 땅에서 거기까지 가본 사람들은 극소수이기도 하다. 그러니 이 책을 읽은 당신과 나 사이의 간격은 생각보다 크지 않다. 나 또한 이제야 백년의 가게를 꿈꾸고 있다.

그러나 확실한 것은 우리 모두 백년의 가게를 꿈꿔볼 수 있다는 것이다.

그리고 꼭 장사에 뜻이 있는 독자가 아니더라도, 이 책은 각국의 다양하고도 진기한 문화를 체험하는 값진 경험까지 선사한다는 것을 꼭 밝혀두고 싶다. 세상에서 가장 멋진 가게들을 모아둔 책이다. 그러니 그 재미도 꼭 놓치지 않기를 바란다.

이영석 (총각네 야채가게 대표)

| 차례 |

발간사 | KBS 〈백년의 가게〉 책임 프로듀서 이학송 • 4
추천글 | 이영석 대표(총각네 야채가게) • 8
프롤로그 • 14

1부 세계인의 입맛을 사로잡은 백년의 가게

마음을 담은 뉴욕의 맛 미국 정통 스테이크하우스 **올드 홈스테드** • 20

행복이 담긴 살아 있는 초콜릿 프랑스 수제 초콜릿 가게 **이르상제르** • 36

100년 전 모습 그대로의 낭만 체코 전통 레스토랑 **우 깔리하** • 52

세계를 녹이는 터키의 달콤함 터키 디저트 가게 **카라쾨이 귤류올루** • 68

오랜 시간 고객을 위해 지켜온 맛 일본 과자 명가 **센슈안 총본가** • 82

546년, 전통의 복원 체코 전통 하우스맥주 **우 메드비드쿠** • 96

뉴욕을 점령한 이탈리아의 맛 미국 디저트 가게 **베니에로** • 110

2부 역사와 예술이 살아 숨 쉬는 백년의 가게

진심을 전하는 바람 일본 부채 명가 **미야와키 바이센안** • 128

세상에 단 하나뿐인 신발 오스트리아 구두 명가 **루돌프 셰어** • 144

세월의 멋을 지키다 이탈리아 수제 가죽 가방 명가 **보욜라** • 158

자연에서 얻은 105년의 깊은 향 프랑스 천연 비누 **랑팔 라투르** • 170

천하제일의 먹을 꿈꾸다 중국 270년 전통 먹 **후카이원 먹 공방** • 184

희망을 담은 100년의 불빛 스페인 양초 회사 **세라스 로우라** • 200

3부 보편적인 독자성을 가진 백년의 가게

자연과의 조화로 만들어낸 최상품 포르투갈 와인 코르크 마개 **아모림** · 216

전통 수제 기타의 도전과 혁신 미국 기타 명가 **마틴기타** · 232

개성 있는 디자인으로 승부한다 이탈리아 수제 우산 **마리오 탈라리코** · 248

전통으로 시대를 앞서 가는 감각 독일 넥타이 명가 **에드소어 크로넨** · 264

혁신으로 이어온 천 년의 전통 일본 주물 명가 **덴라이 코보** · 280

102년 세월이 빚어낸 붉은 향기의 비밀 프랑스 오크통 명가 **프랑수아 프레르** · 296

무한대의 빛을 창조하는 유리 미국 스테인드글라스 **코코모 오펄레슨트 글라스** · 314

에필로그 · 330
KBS 〈백년의 가게〉 제작진 · 335

| 프롤로그 |

백년의 가게, 그 비결을 찾아서

　우리나라에서는 기업의 평균 수명을 30년으로 본다고 하지만 5년도 되지 못한 채 문 닫는 기업들이 수두룩하다. 현대경제연구원에 따르면 국내 창업기업 10곳 중 6곳이 3년 안에 문을 닫는다고 한다. 취업하지 못한 청년층과 퇴직한 중장년층이 모두 창업 시장에 뛰어드는 상황이기도 하다. 그러나 우리 주변을 보면 하루가 멀다 하고 간판이 바뀌는 것은 익숙한 광경이다. 유행하는 아이템을 좇아 쉽게 문을 열고, 단기간의 성공을 바라다 쉽게 접어버리는 이들이 허다하다. 그런데 세계에는 100년, 더 길게는 수백 년 이상 지속된 기업들이 많다. 그 비결은 과연 무엇일까.

　KBS 우수교양 프로그램 〈백년의 가게〉는 가까운 일본, 중국을 비롯해 미국, 독일, 스페인, 프랑스 등 16개국에 숨어 있는 '백년의 가게'를 찾아 기록했다. 그리고 2011년 11월 13일부터 총 49곳의 해외 가게들을 방송에서 다루었다. 저마다 가게와 가문의 자랑인 보물을 카메라 앞에 공개했고, 장수 가게의 후계자들은 역대 선조의 경영 비법을 생생한 육성으로 전했다.

이 가게들은 저마다 독특한 역사와 문화, 개성을 지니고 있었지만 결코 다르지 않은 경쟁력을 가지고 있었다. 세월의 경험으로 습득한 기술력, 최고의 품질만을 추구하는 정신, 끊임없는 혁신 등 그들이 지닌 공통적인 경쟁력은 곧 장수 가게를 완성하는 조건이었다.

이들 장수 가게의 경영철학이나 방식은 특별하게 다른 것이 아니다.

다만 그들은 우리가 간과하거나 잊기 쉬운 가장 기초적인 것을 철저하게 지키고 있었다. 좋은 재료로 좋은 제품을 만들고 정성을 다하는 서비스를 제공한다는 것은 누구나 아는 너무나 당연한 상식이었다. 그래서 이들은 100년의 비결을 물어도 특별한 비결이 없다고 말했다. 그러나 특별하지 않다는 그 말 속에 특별함이 있다. 요행을 바라지 않고 기본에 충실한 것이다.

장수 가게들은 전통을 지키며 품질 좋은 제품을 판매한다. 소비자들은 장수 가게의 제품을 통해 문화유산을 향유한다. 이렇듯 전통을 만드는 사람과 전통을 사는 사람들의 소통을 통해 장수 가게의 존재 가치는 더 큰 빛을 발한다. 또한 그들의 경영철학 가운데 어김없이 등장하는 것은 사람을 소중히 여긴다는 것이다. 인재육성과 기본기를 중시하고 장인을 존중한다.

쉽게 들을 수도 볼 수도 없는 세계의 장수 가게들, 화면으로는 미처 다 담지 못했던 이야기들까지 모아 이번에 책으로 펴내게 되었다.

《백년의 가게 : 노포의 탄생》은 '전 세계를 사로잡은 백년 가게는 어디에서나 통한다'라는 생각으로 아시아를 비롯해, 유럽과 미국까지 총 11개국 20곳의 '노포老鋪'들을 찾아간다. 이 책을 통해 독자들은 세계인의 입맛을 사로잡은, 역사와 예술이 살아 숨 쉬는, 보편적인 독자성으로 다져진 백년 가게들의 숨겨진 이야기들을 엿볼 수 있다. 단순히 오래된 가게가 장사가 잘되고 돈을 잘 번다는 물질적인 이야기가 아니라 사람과 삶에 대한 이야기이기에 많은 사람들의 공감을 이끌어낼 것이라 믿는다.

짧게는 백 년, 길게는 천 년의 시간을 넘어 지금 이 순간에도 건실하게 새 역사를 쌓아가는 장수 가게들이 시대의 변화, 치열한 경쟁 속에서 제자리를 지킬 수 있는 이유는 무엇일까? 급변하는 시대, 수많은 위기 속에서도 흔들림 없이 제 모습을 유지할 수 있는 이유는 무엇일까? 세계 속에 뿌리내린 장수 가게들이 이제 그 이유를 들려준다.

- 올드 홈스테드
- 이르상제르
- 우 깔리하
- 카라쾨이 귤류올루
- 센슈안 총본가
- 우 메드비드쿠
- 베니에로

1부

세계인의 입맛을 사로잡은
백년의 가게

마음을 담은 뉴욕의 맛

미국 정통 스테이크하우스
올드 홈스테드

" 손님들이 그동안 이곳에서 맛본 것들을 알기에
새로운 시도를 할 때는 충분한 시간을 가지고
천천히 진행한다."

– 올드 홈스테드 4대 사장, 그레그 셰리

뉴욕 맨해튼에 위치한 '올드 홈스테드'

🏠 　뉴욕 맨해튼에 위치한 미트패킹 디스트릭트Meatpacking District는 현재 뉴욕 젊은이들 사이에서 소위 유행의 중심지로 불리는 곳이다. 뉴욕의 패션피플과 사교계 명사들이 모이는 트렌드세터의 아지트로, 미국 드라마 〈섹스 앤 더 시티〉의 주인공들이 화려한 옷차림으로 즐기던 밤거리의 배경도 바로 이곳이다.

그러나 20년 전만 해도 이곳은 도축을 하는 육가공 거리로 더 유명했다. 도축업자들이 점차 철수하며 지역의 특성은 변했지만 이 거리는 아직 그 역사를 품고 있다. 뉴욕에서 레스토랑을 운영하는 사람이라면 모두 이곳에 고기를 사러 오고 미국 전 지역에서 찾아올 정도로 유명하다. 뉴욕의 스테이크는 고기 부위에 따른 질을 무척 중요하게 여기는데, 여기서 최고 품질의 고기를 얻을 수 있기 때문이다.

미트패킹 디스트릭트 거리 중심에 자리한 레스토랑, '올드 홈스테드Old Homestead'는 1868년에 문을 연 유서 깊은 스테이크하우스다. 올드 홈스테드는 어느 곳에서도 맛볼 수 없는 뉴욕 정통 스테이크를 판매한다. "입 안에서 살살 녹아버린다"는 이곳의 스테이크는 평일 하룻저녁 판매량만 약 200인분이다. 뉴욕 시민들은 물론 관광객들 사이에서 가히 뉴욕의 명물로 인정받을 만하다. 언뜻 보기에는 특별할 것 없어 보이는 두툼한 고기이건만 그 안에 도대체 어떤 비밀이 숨어 있는 것일까.

역사의 자부심을 품다

올드 홈스테드의 스테이크에는 그동안 쌓아온 수많은 노하우가 담겨 있다. 그러나 가장 중요한 비결은 바로 100년을 이어온 자부심이다. 세기를 넘어 이어온 맛에 대한 자부심은 자만하게 만들기보다 그 전통을 더욱 소중히 여기며 탐구를 계속하게 했다. 직원들의 자부심은 손님들에게 고스란히 전해지며, 그 세월의 힘에 절로 이끌리게 한다. 올드 홈스테드에서 선보이는 모든 스테이크에는 가게가 지나온 144년의 세월이 담겨 있다.

그레그 사장이 추천하는 요리는 뭐니 뭐니 해도 소 허리 끝부분의 등심으로 만든 '설로인 스테이크'다. 고기 속이 너무 익지 않도록 요리했기 때문에 소스 없이 그냥 먹어도 육질의 참맛을 느낄 수 있다. 정통 스테이크 하우스인 이곳에서는 소스를 얹지 않고 고기 자체의 맛을 즐기게끔 한다. 힘을 주지 않아도 쉽게 썰릴 만큼 부드러운 고기를 자르면 풍부한 육즙이 새어 나온다. 이 스테이크는 가게가 처음 문을 연 1868년부터 메뉴에 있던 요리라고 그레그 사장은 말한다.

"우리의 역사죠. 제가 이 자리에 있는 한 메뉴판에서 절대 빠지지 않을 겁니다."

올드 홈스테드가 자랑하는 메뉴 중 하나는 미국산 흑우의 목살과 안심

가게의 역사와 함께한 '설로인 스테이크'

을 섞어 만드는 '고베 버거'다. 1988년 일본산 소고기를 수입해 처음 선보였는데 당시 미국 전역에 엄청난 반향이 일었다. 당시에 125달러의 가격을 매기자 사람들은 모두 미쳤다고 말했다. 그런데 《뉴욕타임스》의 음식 평론가 브라이언 밀러가 먹어본 후 자신이 맛본 스테이크 중 최고라고 말했고, 그때부터 그레그 사장은 한정된 수량의 스테이크를 만들어 예약 손님들에게만 팔기 시작했다.

판매가가 현재의 우리 돈으로 약 15만 원이었지만 큰 수익은 없었다. 재료값이 반 이상을 차지했기 때문이다. 그러나 가게는 보다 값진 것을 얻었다. 올드 홈스테드는 최상의 재료로 최고의 스테이크를 만드는 곳이라는 명성이 가게의 번성을 이끌었다. 끊임없는 연구개발은 올드 홈스테드가 지켜온 경영 철칙이다. 20년 전부터 판매해온 고베 버거의 현재 판매가는 41달러다. 자국산 소고기를 사용해 가격을 세 배 이상 낮춘 결과다.

1868년 첫 문을 연 이래로 '셰리' 가문의 업으로 이어온 가게. 지난 144년의 세월 안에는 가문의 역사, 그 이상의 것이 담겨 있다. 로버트 케네디 주니어, 도널드 트럼프, 제이 레노 등 유명인들도 즐겨 찾는 이곳은, 정통 스테이크 가게로서의 자부심을 지녔다. 이것이 바로 올드 홈스테드를 이끄는 진정한 힘이다.

레스토랑을 운영하는 스캇 코넌트 씨는 스테이크 가게를 열려는 사람이라면 아이디어와 영감을 얻기 위해 누구나 한 번쯤은 역사 깊은 이곳에 와본다고 말한다. 단순히 맛을 배우려는 게 아니라 이곳만의 정서와 손님을 대하는 태도 등을 배우기 위해서다. 레스토랑은 분위기, 음식 맛, 서비스가 모두 완벽해야 한다. 조금이라도 놓치는 부분이 있다면 고객은 금방 눈치챈다. 이는 올드 홈스테드가 오랜 시간 동안 성공을 이어가는 비결이기도 하며, 많은 사람들이 성공 모델로서 따르는 덕목이기도 하다.

최고 중에서도 최고의 소고기

"올드 홈스테드에는 중요한 음식이 네 가지 있습니다. 첫째도 소고기, 둘째도 소고기, 셋째도 소고기 그리고 넷째도 소고기입니다."

그레그 사장은 한 달에 두세 번 출근 시간을 늦추고 롱아일랜드에 위치한 도축 공장을 방문한다. 거래처에 가서 고기의 질을 확인하는 것은 사장의 업무 중 가장 중요한 일이다. 재료가 좋지 않으면 절대 맛있는 스테이크가 나오지 않는다는 것은 대를 이어온 올드 홈스테드의 철학이다.

올드 홈스테드는 현재 총 세 군데의 고기 공급처와 거래하고 있다. 한 곳을 정해두고 거래하지 않는 이유는, 공급하는 이와 받는 이가 긴장을 늦추지 않을 때 좋은 품질의 고기를 얻기 때문이다. 그레그 사장은 고기를 매우 철저하고 세심하게 확인한다. 고기의 색깔과 마블링 그리고 지방이 너무 많지 않은지를 먼저 검사한다. 그는 "지방을 돈 주고 사고 싶지는 않다"고 말한다. 또한 원하는 중량인 20파운드약 9킬로그램에서 24파운드약 11킬로그램의 무게인지도 확인한다. 그래서 상대 거래처에게 올드 홈스테드는 가장 까다로운 고객일 수밖에 없다.

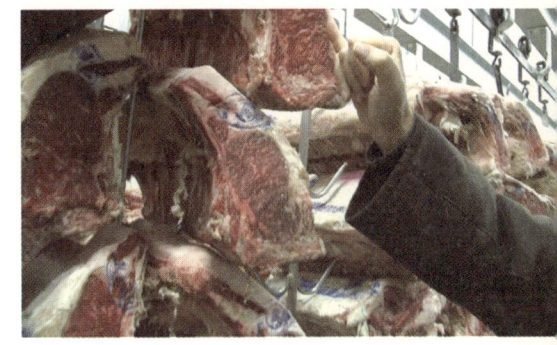

철저한 육류 검수 작업

단 하나의 조건이라도 어긋나면 그날의 거래 자체가 무산된다. '프라임 푸드 디스트리뷰터'의 사장 밥 마크 씨는 "그레그는 항상 최고 중의 최고만을 원한다"며 "그는 우리에게 가장 중요한 고객이기에, 최상의 육질을 가진 고기가 들어오면 그중에서도 가장 우수한 고기를 그레그에게 먼저 제공한다"라고 말한다. 그레그 사장에게 공급할 고기를 찾는 것이 언제나 1순위이고 그다음에 나머지 고기들을 다른 곳에 판매한다는 것이다.

그레그 사장은 이곳에서 3주치 분량의 고기를 미리 주문한다. 세밀한 가공이 필요하기 때문이다. 도축이 끝나면 살과 뼈를 발라내는 발골 작업을 거치게 된다. 이후, 각 부위별로 나뉜 고기를 3일에서 4일 동안 공기 중에 그대로 노출해 숙성시킨다. 숙성의 가장 중요한 조건은 온도와 습도다. 저장고 안은 항상 화씨 34도섭씨 1.1도, 습도 70퍼센트의 상태로 유지한다. 그래서 '프라임 푸드'에서는 그런 조건을 맞추기 위한 설비들을 갖추어 박테리아가 없는 환경을 만들어준다. 이 과정이 지나면 고기는 도축된 직후보다 두 배는 더 부드러운 육질을 갖게 된다.

또한 사전주문은 해두지만 하루 판매 분량의 고기만을 공급받아 사용한다. 고기의 신선도를 유지하기 위해서다. 매일 아침 들어오는 고기 덩어리들을 총주방장 오스카 마르티네즈가 일일이 검사한다. 만약 고기의 질이 좋지 않으면 바로 돌려보낸다고 한다. 많은 돈을 지불하고 들여온 고기이기 때문에 질이 좋은지 일일이 확인해야 한다는 것이다.

검수가 끝나면 안심과 등심 등 각 메뉴에 맞춰 고기를 잘라낸다. 장사에 앞서 가장 먼저 해야 하는 일이다. 장사를 앞둔 시각, 냉장고는 최상급 고기들로 가득 찼다. 약 300인분의 양이다. 당일 저녁 식사 시간에 모두 나갈 양이지만 예약이 많아지면 모자랄 수도 있다.

이곳에서는 모두가 가족이다

144년 동안 한결같은 자세로 뉴욕의 맛을 요리해온 스테이크 명가 올드 홈스테드는 그 오랜 역사만큼 실내에서도 고풍스런 분위기가 물씬 풍긴다. 스테이크만 오래된 것이 아니다. 수십 년간 대를 이어 가게를 찾는 손님들이 있다. 그리고 변함없는 모습으로 그들을 맞이하는 직원들이 있다.

매일 저녁 5시부터 12시까지 가게는 예약을 하지 않으면 자리 잡기가 어려울 정도로 북적인다. 그중에는 25년, 30년 된 단골손님들도 많다. 1970년대에 단골손님이었던 아버지를 따라 처음 온 찰스 라이델 씨는 당시부터 이곳에서 일한 알렉스 씨와 마치 오랜 친구처럼 반갑게 인사한다. 훌륭한 웨이터일 뿐 아니라 인간적인 매력을 가졌다며 칭찬한다.

4대 사장, 그레그 셰리

　알렉스 씨는 친구 같은 관계를 유지하고 있는 손님들이 너무 많아서 셀 수조차 없다고 한다. 이런 직원들이 평생 이곳을 지키고 있으니 손님들도 평생에 걸쳐 찾는다. 40년 전 이곳에서 아내와 첫 데이트를 했다는 살바토르 버론 씨는 지금도 아내와 함께 이곳을 찾는다. 올드 홈스테드는 단순히 한 끼의 식사가 아닌 평생을 간직할 추억을 제공한다.

　그레그 사장은 가게 3층에 위치한 사무실에서 하루의 대부분을 보낸다. 그는 가게의 전체적인 경영만을 책임진다. 영업은 모두 직원들의 손에 맡겼다. 직원들을 신뢰하기 때문이다. 항상 승승장구해왔을 듯한 가게지만 위기는 있었다. 그리고 그런 위기들을 극복하며 직원들과의 신뢰는 스테이크처럼 두툼해졌다.

　가장 힘들었던 때는 9·11 사태 때였다. 도시 전체가 폐쇄되고 가게도 문을 닫았다. 그레그 사장은 그때가 가장 힘들고 슬픈 순간이었다고 말한다. 그저 앉아서 구급차와 경찰차들이 지나가는 것을 지켜볼 수밖에 없었기 때문이다. 그러나 그는 주저앉아만 있지는 않았다. 주방장들과 함께 매일 음식을 만들어 가지고 나가 일하고 있는 경찰관들과 소방관들에게 제공했다. 가게가 가진 것이라면 무엇이든 들고 나가서 뉴욕 시민들과 나눴다.

그때 찾아온 위기는 가게의 역사도 흔들었다. 그러나 단 한 명의 직원도 떠나지 않았다. 그레그 사장은 직원들을 불러놓고 임금 지불이 늦어지는 것에 대해 양해를 구했다고 한다. 그러나 직원들은 여전히 남아서 함께 일했고 그레그 사장 역시 동생과 함께 밤낮으로 가게를 지켰다. 그렇게 영업을 하다 직원들에게 월급을 줄 수 있게 되면 지급했는데, 다행히도 조금씩 사업이 정상으로 돌아왔다. 어려운 시기였지만 그레그 사장에게는 나쁜 기억으로만 남아 있지 않다.

"뉴욕의 시민으로서 어려웠던 당시 뉴욕 사람들을 도울 수 있어서 개인적으로 영광이라 여깁니다."

손님과 직원, 사장과 직원이 가족 같은 관계를 유지하는 올드 홈스테드는 실제로도 가족들로 이루어져 있다. 가족 관계인 직원들이 많기 때문이다. 채소를 담당하는 호세 히메네스 씨와 고기를 자르는 존 히메네스 씨는 부자지간이다. 아들인 호세 히메네스 씨는 아버지와 함께 일해서 불편한 점은 없다고 말한다. 오히려 자신이 부족한 면을 항상 도와준다고 말한다. 바텐더 프란시스코 베뇽 씨 역시 어머니, 아버지, 사촌까지 이곳에서 함께 일한다. 올드 홈스테드는 창업 당시부터 가족채용을 경영방침의 하나로 여겨왔다. 직원들의 이직률이 낮은 이유도 여기에 있다.

올드 홈스테드를 구성하는 직원들에게는 단순히 일을 함께하는 것 이상의 유대 관계가 있다. 그것이 가게를 성공으로 이끈 비결이기도 하다. 가게의 모든 직원들이 가족처럼 마음 편히 일하는 환경은 올드 홈스테드를 이끄는 최고의 경쟁력이다.

20~30년 된 단골손님들이 있고 변화가 잦은 이 지역의 특성상 지금 이 순간에도 새로운 단골들이 계속 생기고 있다. 직원들도 대부분 20~30년 이상 된 사람들이다. 그래서 그레그 사장은 가게의 모든 이들이 한 가족처럼 느끼고 즐겁게 일할 수 있기를 바란다.

"우리 가게의 문은 모두에게 열려 있고 나는 모두의 가족들과 아이들을 알고 있어요. 제 파티에 그들을 항상 초대합니다."

올드 홈스테드의 인사관리와 경영철학은 모두 '가족'이라는 한 단어로 통한다. 지역사회의 일원으로서 뉴욕 시민들을 가족처럼 여기고 직원과 손님들 역시 모두 가족이라고 생각하는 마음이 이어지는 한 어떤 위기가 찾아와도 두렵지 않을 것이다.

직원들은 모두 달인

오픈 시간이 다가오자 직원들이 막바지 준비 작업을 서두른다. 오후 5시, 올드 홈스테드의 하루는 지금부터가 시작이다. 한 시간도 채 되지 않아 2층 테이블까지 만석이다. 주말이면 말 그대로 손님들이 물밀 듯이 밀려온다. 주중에는 150명에서 250명 정도가 오고 금요일과 토요일에는 300명에서 400명 정도의 손님들이 온다고 한다. 더 많을 때는 600명까지 온다.

가게의 문이 열리는 동시에 주방을 지키는 열 명의 직원들은 일제히 음식 준비에 돌입한다. 주문은 수십 개씩 한꺼번에 쏟아진다. 27인분의 메뉴를 준비하는 직원들의 손이 분주하다. 고기, 샐러드 그리고 감자나 양파튀김을 비롯한 부수 요리까지, 하나의 메뉴에는 평균 세 가지 이상의 음식이 포함된다. 그럼에도 불구하고 단 20분 만에 모든 요리를 완성해서 한 치의 실수 없이 손님의 식탁에 올린다.

아무리 주문이 밀려와도 20분 안에 완벽한 요리가 나오는 이유는 주방 안 직원들이 주어진 임무를 실수 없이 해내고 있기 때문이다. 직원들은 모두 각자의 역할을 알고 있으며 각자의 자리에서 자신이 맡은 바를 충실히 해낸다. 총주방장이 지시하면 바로 자신의 요리를 시작하고 그 요리들을 모아서 나가기만 하면 된다.

무엇보다 평균 경력 20~30년으로 숙련된 직원들은 가장 큰 경쟁력이다. 호세 오타리오 씨만 해도 30년째 감자튀김과 양파튀김만 담당하고 있다. 그는 일하면서 파슬리와 약간의 소금 그리고 후추를 넣어 만드는 맛있는 감자튀김의 비결을 터득했다.

올해로 경력 21년 차에 접어든 호세 히메네스 씨 역시 자신의 담당인 샐러드에 오랜 세월 동안 터득한 노하우를 담는다. 그가 채소 전문가이듯 정육만 33년째 담당해온 존 히메네스 씨는 정육 전문가다. 손님의 약 90퍼센트가 남성이기 때문에 갈빗살 같은 경우에는 900그램씩 잘라 나간다. 그런데 존 히메네스 씨는 단 1그램의 오차도 없이 정량을 맞춘다.

총주방장인 오스카 씨는 고기를 굽는다. 이 역시 그가 아니면 할 수 없는 일이다. 몇 세대에 걸쳐 내려오는 비법으로 양념한 고기를 센 불로 달군 그릴 위에 올린다. 스테이크 하나를 굽는 데 필요한 시간은 평균 15분. 스테이크의 맛은 불의 세기와 굽는 방법에 달려 있다. 겉은 바삭하고 속은 부드럽게, 그릴로 속을 먼저 데우고 철판으로 겉을 익히는 방식은 최상의 스테이크를 만들기 위해 올드 홈스테드가 창안한 기술이다. 이렇게 하면 육즙은 보존되면서 표면은 바삭해진다.

겉은 바삭하게, 속은 부드럽게

한입 베어 물면 겉은 바삭하면서 입 안은 육즙으로 물결을 이루고 쫄깃한 육질이 느껴진다. 누구나 열광하는 두 가지 식감을 한 번에 즐기는 것이다. 두툼한 고기에서 배어 나오는 진한 육즙에 손님들은 하나같이 극찬을 쏟아놓는다. 여기서 스테이크를 먹는 것이 행복이라고 말하는 손님들의 얼굴에는 정말로 웃음이 가득하다.

쉬워 보이지만 결코 사소하지 않은 직원들의 노하우가 올드 홈스테드의 맛을 완성한다. 모든 직원은 각 분야의 최고 전문가이고 총주방장도 사장도 이들의 일을 대신할 수 없다.

끝나지 않은 도전과 변하지 않는 마음

일주일에 한 번, 평균 경력 20년의 베테랑 직원들이 메뉴 품평회를 갖는다. 주 단위로 정해, 판매 중인 대표 메뉴를 직접 평가해보는 자리다. 잘 팔기 위해서는 잘 알아야 한다. 총주방장은 얇게 자른 일본식 소고기 애피

점심 스페셜 '미니 햄버거 세트'

타이저를 달콤한 칠리소스와 함께 소개한다. 이 자리에서 직원들은 차례로 시식하고 편하게 의견을 이야기한다.

    일주일에 세 번은 사장, 총주방장, 매니저가 함께 품질 테스트를 한다. 가게에서 판매하는 모든 요리를 다시 한 번 점검하는 시간이다. 그레그 사장은 총주방장에게 후추와 소금이 조금 더 들어가면 좋을 것 같다고 제안한다. 총매니저 후안 아코스타 씨 역시 후추를 조금 더 넣으면 좋겠다고 말한다. 이렇게 의견을 주고받으면서 요리사의 판단에 도움을 준다. 이 작업을 통해 부족한 맛을 보완하고 새로운 맛을 개발하는 것이다. 최근 점심 메뉴로 인기를 끌고 있는 미니 햄버거 세트 역시 이 과정을 거쳐 탄생했다. 총주방장 오스카 마르티네즈 씨는 오랜 역사를 가졌다고 해서, 지금 장사가 잘된다고 해서 결코 긴장을 늦춰서는 안 된다는 점을 잘 알고 있다.

    "뉴욕에는 3천 개 이상의 레스토랑이 있습니다. 항상 경쟁이죠. 새로운 아이디어와 유행으로 고객을 만족시켜야 해요. 그러지 않으면 고객을 새로운 아이디어에 뺏기게 됩니다. 그러므로 우리는 현재에 만족하지 않고 항상 새로운 것에 도전해야 합니다."

뉴욕에서 차로 3시간 거리에 위치한 애틀랜틱시티. 약 2천 개의 방을 보유한 대규모 관광호텔 '보가타 호텔 카지노'에 올드 홈스테드의 두 번째 가게가 있다. 2003년에 문을 연 첫 지점이다. 이 호텔의 대표이사가 뉴욕에 있는 올드 홈스테드를 찾은 뒤, "이곳이야말로 스테이크하우스의 표본"이라며 자신의 호텔에 그대로 옮겨놓은 것이다.

지난 한 세기 동안 뉴욕을 터전으로 삼아온 올드 홈스테드이기에 지점 운영은 쉽지 않은 선택이었다. 재료 구입부터 직원 관리까지 모든 것을 처음부터 다시 시작해야 했기 때문이다. 그러나 올드 홈스테드의 도전은 보란 듯이 성공했다. 스테이크의 맛은 물론이고 직원들의 서비스까지 올드 홈스테드는 뉴욕의 모든 것을 애틀랜틱시티 지점에 그대로 반영했다. 그 결과, 애틀랜틱시티에서 가장 성공적인 스테이크 사업을 이루었다는 평가를 받았다.

144년 역사의 스테이크 명가, 올드 홈스테드를 지탱하는 힘은 무엇보다 '정통'에 대한 고집이다. 절대로 조리 방법이나 질을 바꾸지 않는다. 이곳을 찾는 사람들은 여기에 오면 항상 변하지 않는 그 맛을 볼 수 있다는 것을 알고, 그것을 예상하고 오기 때문이다. 그래서 "손님들이 그동안 이곳에서 맛본 것들을 알기에 새로운 시도를 할 때는 충분한 시간을 가지고 천천히 진행합니다"라고 그레그 사장은 말한다.

올드 홈스테드는 결코 요란하게 변화를 이야기하지 않는다. 손님들이 기대하는 전통의 맛을 잃지 않으면서 조용히 변화를 준비한다. 멈추어 있지도, 과속하지도 않는다. 승차감 좋은 자동차처럼 안에 탄 사람들을 배려한다. 지구가 자전하는 것을 느낄 수 없는 것처럼 사람들이 알아챌 수 없도록 위화감 없는 속도로 나아간다. 그러나 마음만은 한결같다. 기본과 정통에 충실하면서도 변화와 도전을 추구하는 마음, 손님과 직원을 소중히 대하는 마음. 올드 홈스테드는 오늘도 같은 자리에서 같은 마음과 같은 맛으로 손님을 맞이한다.

올드 홈스테드의 성공 비결

1. 최고의 소고기를 고집한다
올드 홈스테드는 세 곳의 도축장에서 고기를 공급받아 거래처가 긴장을 늦추지 않게 하며 최고 중의 최고만을 고집하기 때문에 거래처에서 가장 중시하는 고객이 되었다. 사장이 도축장에 가서 직접 고기를 검수하고 가게에 들여오면 총주방장이 한 번 더 엄격하게 살핀다.

2. 가족 같은 신뢰감
오래된 역사만큼이나 손님들도 직원들도 오래되었기 때문에 모두가 가족 같고 친구 같은 친근한 분위기가 이곳을 찾는 사람들을 기분 좋고 편안하게 만든다. 직원과 손님, 직원과 사장 사이의 신뢰야말로 절대적인 경쟁력이다.

3. 숙련되고 전문화된 직원들
직원들은 철저히 분업화되어 있으며 자신의 분야에서 20~30년간 일한 사람들이다. 따라서 모두 각자의 분야에서 전문가이며 누구도 대신할 수 없다. 이는 직원들이 오래 일하며 노하우를 갈고닦을 수 있는 환경을 만들어준 결과다.

4. 신중한 도전 정신
전통과 변화 사이의 밸런스는 어렵고도 중요하다. 올드 홈스테드는 쉽게 맛이나 질을 바꾸지 않지만 손님도 알아채지 못할 정도로 천천히 진화를 계속한다. 100년 이상 된 메뉴를 유지하면서도 끊임없이 새로운 맛을 궁리한다.

INFORMATION

주 소	56 9th Ave(between 14th and 15th st), New York, USA
홈페이지	www.theoldhomesteadsteakhouse.com
전 화	+1-212-242-9040
영업시간	점심 : 월-금 12:00~16:00
	저녁 : 월-목 16:00~22:45/ 금 16:00~23:45
	토 13:00~23:45/ 일 13:00~21:45

행복이 담긴 살아 있는 초콜릿

프랑스 수제 초콜릿 가게
이르상제르

"초콜릿을 사랑하는 사람들이 있기에 우리가 있다.
우리의 목표는 그들의 입맛을 만족시키는 것뿐이다."
- 이르상제르 4대 사장, 에두아르 이르상제르

🏠　**프랑스** 동부, 쥐라 지방의 작은 도시 '아르부아'. 짙은 녹음과 아담한 집들이 어우러진 이 도시는 동화 속으로 들어온 착각이 들 만큼 아기자기하고 푸근한 경치를 자랑한다. 4만여 명의 인구 중 50퍼센트 이상이 농업으로 생계를 이어가는 도시인만큼 때 묻지 않은 자연을 자랑하지만 그 외에도 숨은 자랑거리가 많다.

아르부아가 속한 쥐라 지방은 프랑스의 대표적인 와인 생산지다. 쥐라 지방을 중심으로 수백 년 전부터 와인 생산을 이어온 아르부아는 '노란 포도주'란 뜻의 '뱅존Vin jaune'을 도시의 특산품으로 손꼽는다. 뱅존은 알이 작고 껍질이 두꺼운 청포도를 오크통에서 최저 6년, 병에 담은 후 최고 200년까지 숙성시키는 와인으로 향이 짙고 쓴맛이 강하다. 고농축 와인으로 향과 맛이 입 안에 오래 머물며 푸아그라는 물론 특히 초콜릿과 멋진 조화를 이룬다. 시청 건물의 지하실, 18세기에 지어진 이 오래된 공간에는 와인 생산에 관련된 모든 것이 전시되어 있다.

아르부아 사람들에게 있어 뱅존 와인과 최고의 조화를 이루는 음식은 초콜릿이다. 깊이 숙성시킨 와인 한 모금에 곁들이는 초콜릿 한 조각은 혀끝에 남은 쓴맛을 부드럽게 녹여준다.

도시의 자랑이 된 초콜릿 전문점

아이들 간식과 식후 디저트로는 물론 선물로도 주고받는 초콜릿은 프랑스인들의 삶에서 떼려야 뗄 수 없는 존재다. 국가적으로도 초콜릿의 품질을 보호하는 법률이 제정되어 있을 만큼 초콜릿은 프랑스의 문화 그 자체다. 그래서 프랑스 사람들은 초콜릿에 관해서라면 뛰어난 미각을 가졌으며 당연히 그들에게 맛을 인정받기란 쉬운 일이 아니다. 초콜릿을 한입 베어

프랑스의 작은 도시 아르부아의 상징 '이르상제르'

물고는 여느 평론가 못지않은 뛰어난 표현력으로 평가를 쏟아놓는다.
 "초콜릿은 어떤 화음과 같은 조화라고 할 수 있습니다. 혀로 느낄 뿐 아니라 정신적으로도 느끼는 매우 큰 기쁨이지요. 좋은 차 한 잔을 마셨을 때와 같은 기쁨을 줍니다."
 도시 중앙에 자리한 광장에서 만나볼 수 있는 이르상제르Hirsinger는 1900년부터 이곳을 지켜왔다. 이르상제르 가문은 초콜릿을 만들며 전통과 현대성을 함께 보전해왔으며, 그 다양하고 특별한 향과 높은 품질 덕에 이르상제르는 지역 내 최고의 초콜릿 가게로 등극했다. 프랑스의 작은 도시 아르부아에서 오랫동안 한자리를 지켜온 초콜릿 가게는 이제 도시의 상징이 되어 지역 경제에 활기를 불어넣고 있다.
 아르부아 시민들에게도 이르상제르처럼 명성 있는 초콜릿 장인을 가졌다는 것은 크나큰 자부심이다. 이곳 사람들이 와인을 마실 때 이르상제르의 초콜릿을 찾는 것은 당연한 일이다. 이 지역을 방문한다면 꼭 이르상제르에 들러 초콜릿을 맛보아야 한다고 시민들은 입을 모아 말한다.

아르부아의 유일한 초콜릿 가게인 이곳이 타지에서도 소문을 듣고 찾아오는 명소가 되면서 도시까지 명성을 얻게 되었다. 많은 외국인과 다른 지역 사람들이 초콜릿을 사기 위해 이 도시를 찾는다. 100킬로미터 거리를 차를 타고 한 시간 반 동안 달려온 사람이 있는가 하면 일본 관광객도 있다. 이르상제르는 일본에 지점이 있을 정도로 일본에서도 굉장히 유명한 가게라고 한다.

가게는 문을 여는 오전 8시부터 오후 7시까지 쉴 새 없이 손님들로 북적인다. 손님들이 이곳을 선호하는 가장 큰 이유는 다양한 맛에 있다. 이르상제르는 현재 과일과 잡곡 등 계절에 따라 여러 가지 재료를 넣어 만든, 50여 종류의 초콜릿을 선보이고 있다. 감초 맛 초콜릿, 열대과일 맛 초콜릿, 초콜릿 과자……. 원하는 맛으로 선택해 담은 초콜릿 한 상자는 먼 길을 달려 찾아온 수고를 보상해준다. 한 조각 한 조각 각기 다른 맛을 지닌 초콜릿 속에는 보다 많은 이들의 만족을 위해 애쓰는 초콜릿 장인의 신념이 담겨 있다.

장인 정신이 탄생시킨 맛

초콜릿의 천국이라 불리는 프랑스에서 이르상제르가 112년의 역사를 이어올 수 있었던 이유는 놀라울 정도로 섬세하고 너무 달지 않은, 오로지 이르상제르만이 낼 수 있는 맛을 추구해왔기 때문이다. 또한 생강이나 딸기 등 다양한 맛과도 완벽한 조화를 이룬다. 이런 점에서 이르상제르는 다른 초콜릿과 크게 차별화된다.

크리스마스를 한 주 앞둔 주말, 작업장은 '마롱글라세' 준비로 분주하다. 밤을 재료로 하는 마롱글라세는 변함없이 사랑받는 제품으로 당과류 중에서 가장 비싸다. 마롱글라세는 초콜릿과 더불어 크리스마스와 연말에 선물로 주고받는 프랑스의 전통 디저트로 연말에만 판매하는 특별 상품이다. 가을에 수확한 알이 굵은 햇밤을 설탕 시럽에만 수차례 절여 윤을 내는 것이 특징이다. 설탕 시럽을 입힌 후에는 마지막으로 200도의 고온에서 약 5분 동안 겉은 바삭하고 속은 부드럽게 익힌다.

마롱글라세 제조가 마무리되는 시각부터 주문이 물밀 듯이 밀려든다. 온 가족이 수작업으로 만드는 이르상제르의 마롱글라세는 미리 주문해놓지 않으면 구입이 어려울 정도로 인기가 높다. 일주일 전 예약은 기본이다. 예약된 것을 제외한 소량의 상품만을 매장에서 판매하기 때문이다. 어떤 사람은 200킬로미터를 달려와서 마롱글라세를 찾아간다. 전통 방식으로, 처음부터 끝까지 직접 만드는 초콜릿이기에 그 가치를 아는 손님들이 멀리서 찾아오는 것이다.

매년 12월에는 주문량이 세 배 이상 늘어난다. 마롱글라세가 다 팔려 뒤늦게 온 손님들이 사 가지 못하는 일도 허다하다. 문을 열기가 무섭게 가게는 발 디딜 틈 없이 북적인다. 선물을 구입하러 찾아온 손님들에게서 가게는 오히려 더 큰 선물을 받는다. 그것은 무엇으로도 가치를 환산할 수 없는 신뢰다. 이들에게 보답하는 방법은, 앞으로도 정직하고 성실하게 가게를 이어가는 것이다.

이르상제르는 일주일 평균 4천 개 분량의 초콜릿을 만든다. 한 종류의 초콜릿을 만들기 위해 소요되는 시간만 총 4일이다. 기계를 사용한다지만 작업의 대부분은 손을 거쳐 이뤄진다. 판매하는 모든 초콜릿은 매장 뒤편의 작업장에서 직접 만든다. 30년 경력의 초콜릿 장인이자 가게의 4대 사

마롱글라세　　　　　　　　　　　　　콰트로

  장인 에두아르 씨는 이곳에서 초콜릿 제조를 책임지고 있다.

  그가 자랑하는 초콜릿 '콰트로'는 프랑스어로 숫자 4를 뜻한다. 직접 만든 가나슈, 과일 젤리, 아몬드 반죽의 세 가지 층으로 겹겹이 쌓아 만들고 그 위에 다시 젤리를 얹어 총 네 개의 층으로 완성하는 초콜릿이다. 이르상제르가 만드는 초콜릿 안에는 이처럼 정교한 장인의 기술력이 숨어 있다. 에두아르 사장은 이를 프랑스의 장인 정신이라고 소개한다.

  "많은 정성을 들여 여러 가지 작업을 합니다. 시계 제조나 보석 세공과 비슷합니다. 이것은 보석입니다. 우리가 먹을 수 있는 보석이죠."

  초콜릿 만드는 일을 하는 사람들 중에는 종종 만든 양을 중요하게 여기는 이들이 있다고 한다. "나는 1년에 O톤을 만들었다"면서 가장 많이 만든 사람이 최고인 것처럼 말한다는 것이다. 하지만 에두아르 사장은 얼마나 많이 만들었느냐는 중요하지 않다는 것을 안다. 중요한 것은 훌륭한 품질이다.

  이르상제르는 112년의 깊고 진한 역사를 간직한 채 전혀 느껴보지 못한 새로운 맛을 창조한다. 부드러운 감촉과 풍부한 향은 절로 꿈꾸는 듯한 표정을 짓게 만든다. 초콜릿 장인이 만든 정교한 초콜릿 한 조각이 입 안 가득, 가슴 한가득 삶의 기쁨을 안겨준다.

살아 있는 초콜릿을 창조하는 전통

이르상제르는 1900년, 프랑스 대형 제과점에서 기술을 익힌 후, 아르부아로 귀향한 초대 사장 오귀스트 이르상제르의 창업으로 시작됐다. 가업은 아버지에게서 아들로 이어졌고 112년이 흐른 지금, 이르상제르는 아르부아를 대표하는 초콜릿 장인의 가문으로 역사를 이어가고 있다. 현재 이르상제르 가족에게 역사를 이어가는 것만큼 중요한 것은 지난 역사를 잊지 않고 기억하는 것이다.

이르상제르 가족의 모든 추억이 이 가게에 스며 있다. 그 덕분에 할아버지, 아버지, 아들로 대를 이어 일할 수 있었다.

가게 건물의 지하에는 전시관이 마련되어 있다. 12년 전 100주년을 기념해서 선대가 사용하던 도구들을 전시해놓은 곳으로 가족의 역사박물관이기도 하다. 초콜릿을 만드는 데 사용하는 주방도구들 사이에 녹색 표지의 책 한 권이 놓여 있다. 1대 사장이 1892년에 쓴 책이다. 여기 그의 모든 조리법이 적혀 있다. 내용은 인쇄된 것이 아니라 손으로 직접 쓴 것이다.

"설탕 1kg, 바닐라, 카카오 250g, 헤이즐넛 750g."

뚜드세프라는 초콜릿의 레시피다. 이 초콜릿은 수정되면서 더욱 발전했다. 1대 사장이 연구하며 수정하고 또 수정해 완성한 조리법은 가게의 역사를 지탱하는 뿌리나 다름없다. 에두아르 사장은 총 일곱 가지의 맛이 담긴 '바로탱'이라 불리는 초콜릿 한 상자를 보여준다. 보석 같은 초콜릿들이 들어 있다. 바로탱은 1900년부터 선보여온 상품으로 설립 당시부터 항상 존재해왔다. 그러나 그 안에 담기는 초콜릿은 시대를 따라 끊임없이 변화해왔다. 발전을 통해 엄청나게 다양하고 서로 다른 제품군을 만들어냈다. 이는 세대를 거쳐 내려온 비법이다.

초콜릿의 맛은 끊임없이 진화했지만 제조 비법은 여전히 전통에 뿌리를 두고 있다. 중요한 것은 재료의 비율이다. 비율에 따라 초콜릿의 농도가 달라지기 때문이다. 뜨겁게 끓인 후, 향신료를 걸러낸 크림을 다시

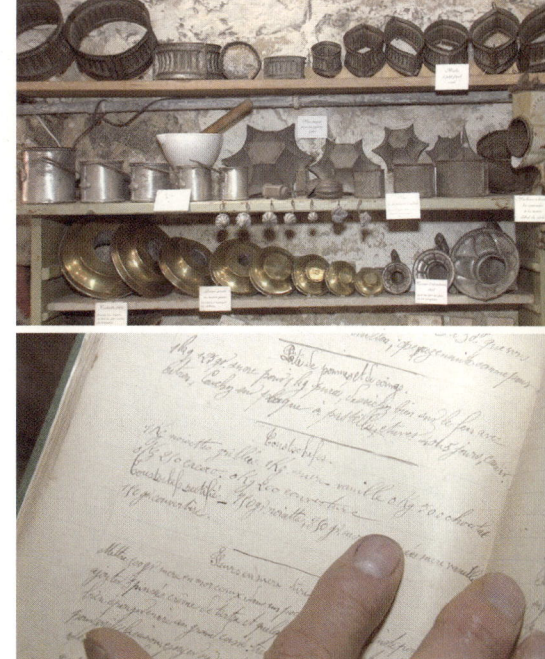

가게 지하 역사박물관에 전시된 주방도구(상)
1대 사장이 쓴 레시피가 적힌 책(하)

일정 비율로 배합해 섞어준다. 이 과정을 거치면, 입 안에서 빠르고 부드럽게 녹는 식감이 특징인 초콜릿, 가나슈가 완성된다. 단순해 보여도 결코 단순하지 않은 비법이다. 그 안에는 4대에 걸쳐 초콜릿 장인의 길을 걸어온 가게의 역사가 담겨 있다. 112년 동안 스스로 만들어온 비법이며 현재까지 가장 오래된 조리법이다.

걸쭉하게 만든 가나슈는 하루 동안 굳힌 후, 한입 크기의 조각으로 자른다. 그리고 다시 하루 동안 자연 숙성시키는데 이 과정에서 이르상제르는 보존 기간을 늘리는 식품첨가물, 즉 방부제를 절대 사용하지 않는다. 마찬가지로 선대에서도 넣은 적이 없다. 초콜릿은 살아 숨 쉰다는 정신을

4대 사장, 에두아르 이르상제르

바탕으로 만들기 때문이다. 살아 있는 초콜릿이란 이 지역의 좋은 재료를 사용해 최고의 맛을 내면서도, 항상 새롭게 느껴지는 제품을 말한다.

이르상제르는 창업한 지 2년째 되던 해인 1902년에 열린 파리 요리 엑스포에서 이미 상을 받았을 정도로 그 실력을 인정받았다. 상뿐만이 아니다. 가게는 창업 이후 10여 년간 세 번에 걸쳐 프랑스 우수 초콜릿 업체로 선정될 만큼 빠르게 성장했다. 그러나 1914년 제1차 세계대전으로 최대의 위기를 맞았다. 독일군 침략 당시에는 가게 문을 닫고 적군을 상대로 일하기를 거부했다. 5년 동안 가족들은 그동안 저축해놓은 돈으로 생활하고 정원에서 채소를 길러 먹으며 살았다고 에두아르 사장은 말한다.

"그 후 제 할아버지와 아버지 세대가 가게를 망치지 않고 잘 이어오셨다는 점이 중요합니다. 낭비하지 않고 경제적으로 잘 관리해오셨죠."

하루하루 쌓인 소중한 역사를 바탕으로 이르상제르는 미래를 그린다. 20년 전 아들에게 경영권을 물려준 3대 사장 클로드 씨. 그는 건강이 허락

하는 날까지 자신이 배우고 익혀온 모든 기술을 후대에게 전해주고자 한다. 그의 아버지인 2대 사장이 알려준 것을 4대 사장은 물론 그의 아들에게까지 전해주고 싶은 것이다.

가르침은 평범한 일상 속에서 이뤄진다. 매일 저녁, 이르상제르 가족은 다음 날 사용할 재료를 함께 준비한다. 에두아르 사장의 아들, 열일곱 살의 오귀스트는 아버지와 할아버지가 그래왔듯 궂은일부터 하나하나 배우며 가업을 이을 준비를 한다. 이런 과정을 통해 일과 친숙해지고 수습생과 같이 난관을 겪으며 필요한 요건들을 갖춘 뒤에야 가게를 이을 자격을 갖게 된다.

지역과 공존하는 친환경 재료

저녁 6시가 되자 에두아르 사장이 작업장을 나선다. 차로 10여 분을 달려 향한 곳은 아르부아 교외에 자리한 축산 농가다. 에두아르 사장은 매일 저녁 이곳에서 직접 우유를 구입한다. 좋은 우유는 좋은 풀을 먹고 자란 소에게서 얻을 수 있다. 여기에는 포도밭이 없고 곡식을 위한 들판이 있는데 소들의 먹이를 위한 것이다. 아르부아 축산 조합에 소속된 이 목장은 해발 600미터 고지대에서 유기농 목초를 직접 재배해 젖소들의 먹이로 사용한다.

우유의 품질이 초콜릿의 필수 재료인 버터와 크림의 품질을 결정하기 때문에 초콜릿의 맛은 궁극적으로 건강한 소를 키우는 농장에서 시작된다. 친환경 재료를 구하는 것은 112년 동안 이르상제르가 지켜온 원칙 중 하나다. 에두아르 사장 역시 이 원칙을 철저히 지킨다.

"저는 주변 환경과 공존해야 한다고 생각합니다. 할아버지, 증조할아버지 때부터 질 좋은 우유를 이 지역에서 구입했습니다. 우선 품질의 수준이 높고 친환경적이죠. 거리가 가까우니까요."

이르상제르가 추구하는 또 하나의 원칙은 반드시 지역 농가에서 난 재료만을 사용한다는 것이다. 이는 지역과 함께 성장하고자 하는 마음에서다. 우유를 비롯해 초콜릿 제조에 쓰이는 모든 재료를 아르부아가 속한 쥐라 지방에서 얻는다. 또 한 가지 조건은 근방 20킬로미터 내에서만 공급받는 것이다. 이동 거리에 따라 신선도가 달라지기 때문이다.

좋은 초콜릿을 만들기 위해서는 첫째로 좋은 재료를 사용해야 하고, 둘째로 좋은 기술을 갖추어야 한다. 또한 신선도가 매우 중요하다. 아무리 좋은 재료와 좋은 기술을 갖추었다 하더라도 오래된 제품을 판매한다면 헛일이 된다. 그러므로 좋은 재료, 높은 기술, 신선도 이 세 가지를 지키는 것이 무척 중요하다.

완성된 초콜릿의 보존 기간은 평균 15일이다. 공장에서 대량생산하는 제품에 비해 열 배 이상 짧지만 신선한 재료로 다양한 식감을 전해주는 이르상제르의 초콜릿은 그 자체만으로 고객을 만족시킨다.

아침 6시에 작업장의 하루가 시작된다. 초콜릿을 만드는 첫 번째 과정은 크림을 만드는 것이다. 초콜릿의 종류는 크림의 맛에 좌우된다. 크림을 만들 때는 계피를 넣는다. 분말은 향이 약하기 때문에 그것만 넣으면 맛이 없고 손으로 직접 빻은 것이 들어가야 맛이 더 좋다고 한다.

이르상제르는 계피, 오디, 생강 등 계절에 따라 자연에서 직접 채취한 식물성 재료를 손수 가공해 향신료로 사용한다. 초콜릿의 주재료인 카카오는 볼리비아, 에콰도르, 베네수엘라 등 세계 각국의 품질을 수시로 비교해 최상품만 구입한다. 크림이 준비되면 첨가물이 섞이지 않은 100퍼센트 카카오매스에, 버터 그리고 천연감미료인 포도당을 일정한 비율로 배합한다.

공장에서 만든 초콜릿에는 팜유를 쓰기도 하는데 건강에 그리 좋지 않다. 설탕을 넣기도 하는데 기름진 재료와 설탕이 많이 들어가면 6개월 동안 보존이 가능하지만 너무 달고 기름지기 때문에 금방 질리게 된다.

이르상제르의 초콜릿은 너무 달지도 않고 쓰지도 않으면

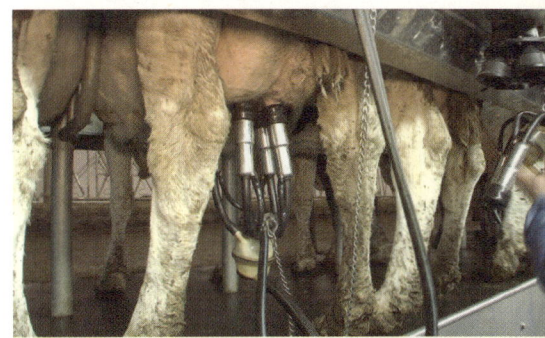

이르상제르는 당일 생산한 우유와 최상 품질의 카카오를 직접 구매한다.

서 진한 향을 흩뿌린다. 신선하고 건강한 재료로 만들었다는 것을 느낄 수 있다. 자극적인 맛으로 일시적인 만족을 주는 초콜릿보다는 카카오의 깊은 맛을 느낄 수 있는 이르상제르 초콜릿의 맛은 이렇듯 엄격하고 정직한 재료 선택에서 나온다. 거짓 없고 양심적인 제조는 그 맛에서 고스란히 드러나며 먹는 이들에게도 그대로 전해진다.

새로운 맛을 창조하는 열정

이르상제르의 작업장에는 네 명의 수습생들이 있다. 이들은 혹시라도 실수할까 봐 긴장을 늦추지 않는다. 모두 전문 직업학교 학생들로 2년 동

갓 만들어낸 '이르상제르 초콜릿'

안 학교 수업과 현장 실습을 병행한다. 이르상제르는 이렇게 수습 과정을 거쳐 수료증을 취득한 학생들을 대상으로 조리 시험을 실시해 직원으로 채용한다.

수습생들의 목표는 단연 초콜릿 장인이 되는 것이다. 그래서 가장 명성이 높은 이곳에 와서 일한다. 사장은 수습생들이 얼마나 능동적으로 일하는가를 먼저 본다. 일을 시키기만을 수동적으로 기다리는가 아니면 스스로 정리하러 다니는가 하는 태도를 본다. 배우는 데 의욕이 없으면 이곳에 있을 필요가 없다는 게 사장의 생각이다.

한 사람 한 사람, 자신에게 주어진 자리에서 최고가 되기 위해 노력하는 직원들의 뜨거운 열정이 이르상제르의 미래를 밝힌다. 직원들 스스로 해야 할 일을 잘 알기 때문에 사장으로서는 더할 나위 없이 좋다. 이것저것을 주의하라고 말할 필요가 없기 때문이다. 직원들은 자신이 무엇을 해야 하는지 말하지 않아도 이미 알고 있다. 에두아르 사장은 이들이 "전 세계에서 최고인 직원들"이라고 말한다.

매주 주말, 일과가 끝나는 정오가 되면 에두아르 사장은 작업장의 직원들과 조촐한 모임을 갖는다. 쉴 틈 없이 달려온 서로의 노고에 감사하는 자리다. 오늘도 아낌없이 쏟은 이들의 열정은 이르상제르의 역사를 다지는 거름이 된다. 좋은 재료를 사용하고 뚜렷한 정체성이 있으며 역사를 중요시하는 가게에서 일한다는 것은 직원들에게 매우 기분 좋고 뿌듯한 일이다. 각자의 위치와 그 안에서 겪는 고민은 다를지라도 목표는 모두가 같다. 최선을 다해 최고의 맛을 만드는 것이다.

현재 가게를 지키고 있는 에두아르 사장은 스무 살 때부터 일을 배우기 시작해 서른 살이 되던 해에 가게를 물려받았다. 그는 무엇보다 새로운 맛 창조에 몰두했다. 지금도 직접 산과 들을 다니며 재료를 발굴하는 에두아르 사장은 매년 한 가지의 신제품을 선보인다. 이러한 노력은 그를 프랑스 최고 초콜릿 장인의 반열에 올려놓았다. 112년이 흐른 지금까지도 이르상제르의 목표에는 변함이 없다.

"파리에 있는 초콜릿 장인이 어떤 과일로 새로운 초콜릿을 만들었다고 해서 저도 그와 똑같은 과일로 같은 초콜릿을 만들고 싶지는 않습니다."

4대를 이어 초콜릿 장인의 길을 걸어가는 에두아르 사장도 마찬가지로 새로운 초콜릿을 끊임없이 창조하겠다는 목표를 좇는다. 그는 자신이 행여나 이미 만들어져 있는 것을 모방할까 봐 두렵기까지 하다고 말한다. 따라 하기보다는 창조하고 싶기 때문이다.

"항상 새로운 것을 만들고 그것은 특별한 것이 되어야 합니다. 사람들이 다른 데서는 전혀 먹어본 적이 없는 초콜릿이라고 말한다면 그것만으로도 저는 행복합니다."

4대 사장 에두아르 이르상제르 씨의 소망은 이렇듯 소박하다. 시간이 쌓아올린 깊고 진한 노하우, 늘 새로운 맛을 창조하는 열정으로 빚어낸 이르상제르의 초콜릿은 행복을 꿈꾸는 모든 이들을 위한 달콤한 선물이다.

미각의 기쁨을 뛰어넘어 언제나 살아 있는 맛으로 마음에 위로와 환희를 전해주는 초콜릿. 부드럽고도 진하게 새겨온 이르상제르의 정신은 한 조각의 달콤한 초콜릿 안에 영원히 살아 있을 것이다.

이르샹제르의 성공 비결

1. 대대로 전해 내려온 장인의 기술
1900년 창업 당시부터 내려온 제조 비법은 할아버지에서 아버지로, 아버지에서 아들로 전해 내려오고 있다. 현재 4대 사장인 에두아르 씨 역시 '프랑스 최고 장인상'을 수상한 초콜릿 장인이다.

2. 신선한 친환경 재료
현지 지역 농가에서 직접 공급받은 재료와 제철 과일을 사용하며 잼과 향신료도 직접 만들고 방부제를 일절 넣지 않는다. 유통기한이 15일밖에 되지 않지만 그만큼 건강하고 신선한 초콜릿을 제공한다.

3. 차별화된 맛을 추구한다
많은 양을 만들기보다 훌륭한 맛을 만들어내기 위해 애쓴다. 50여 가지의 다양한 맛을 제공해 손님들이 원하는 맛을 선택할 수 있게 하며, 동시에 어느 곳에서도 맛볼 수 없는 이르샹제르만의 맛을 선보인다.

4. 신제품 개발을 게을리하지 않는다
여전히 새로운 맛을 창조하기 위해 연구하며 매년 신제품을 내놓는 노력은 에두아르 사장을 장인의 반열에 올려놓았을 뿐 아니라 가게의 명성을 보다 널리 알리는 원동력이 되어왔다.

INFORMATION

- 주 소: 38 Place Liberté, 39600 Arbois, France
- 홈페이지: www.chocolat-hirsinger.com
- 전 화: +33-384-660-697
- 영업시간: 8:00~19:00

100년 전 모습 그대로의 낭만

체코 전통 레스토랑
우 깔리하

"우리 식당의 경쟁력은 '우리' 그 자체다.
맛있는 음식과 서비스를 지키기 위해
우리는 그저 우리의 일을 할 뿐이다."

– 우 깔리하 2대 사장, 파벨 토프르

체코의 역사가 깃든 레스토랑 '우 깔리하'

🏠 　**동유럽의** 아름다운 도시, 체코 프라하는 한 해에만 약 1억 명 정도의 관광객들이 찾아오는 유럽의 대표적인 관광 도시다. 그런 만큼 세계에서 가장 아름다운 다리라 불리는 카를교를 비롯해 이름난 명소들이 많다. 중세 시대의 건축물들이 고스란히 보전되어 있어 '열린 역사책'이라 불리기도 한다. 그 가운데 하나가 체코의 역사가 깃든 레스토랑 '우 깔리하 U Kalicha'다. 가장 체코스러운 모습을 느낄 수 있는 이곳은 단순한 맛집을 넘어 관광 명소이기도 하다.

　우 깔리하는 1900년에 '나 보이쉬띠' 거리에 문을 열었다. 체코어로 전쟁터라는 뜻이지만 무척 한적한 거리다. 이곳에 들어서면 조용한 거리와는 사뭇 다른 흥겨운 음악이 먼저 손님을 맞이한다. 신나는 아코디언 연주와 자유로운 분위기에 하나가 되는 세계 각국의 관광객들은 대개 입소문을 듣고 찾아온 이들이다. 체코인은 물론이고 인근 국가나 서유럽 사람들을 비롯해 전 세계에서 사람들이 찾아온다.

역사의 고비를 넘어

우 깔리하라는 이름은 '에르곤의 저택'에서 유래했다. 12세기 십자군 전쟁에서 십자군과 후스파(체코 종교 개혁 세력)가 이곳에서 전쟁을 했는데, 십자군의 상징이 십자가였다면 후스파의 상징은 잔 모양이었다. 병사들은 상징과 똑같은 모양의 잔으로 맥주를 마시곤 했다. 우 깔리하라는 이름은 부대의 상징인 승리의 잔을 따서 지은 것이다. 깔리하는 체코어로 잔이라는 뜻이다.

1900년 문을 연 이후 당시의 분위기를 그대로 내고 있는 우 깔리하에는 그 역사를 한눈에 볼 수 있는 방이 있다. 특히 눈에 띄는 것은 벽에 걸린 오래된 사진들이다. 그중 한 사진 속 여인은 파벨 사장의 할머니이자 1대 사장인 클라라 여사다. 그녀는 1949년 체코가 공산화된 후 공산주의 정부에서 한 통의 편지를 받는다. 가게를 나라에 기부하라는 내용이었다. 결국 가게는 국가에 귀속되고 만다. 가게가 할머니의 소유라는 것은 모두가 아는 사실이었지만 공산주의 시대에는 그런 말을 입 밖에도 낼 수 없었다. 현재 사장인 파벨 씨는 당시 다른 식당에서 일을 하며 가족의 생계를 꾸려갔다.

1980년대 동유럽에 자유화 바람이 불면서 체코 역시 1989년 공산 정권이 퇴진하고 비공산주의자 하벨 대통령이 취임한다. 그리고 가게는 다시 가족의 품으로 돌아오게 된다. 파벨 사장은 당시의 상황을 꿈만 같았다고 말한다.

"상상도 못했어요. 가게가 돌아오고 집을 되찾길 간절히 기도하기는 했지만 실제로 그런 일이 일어나리라고는 생각도 못했어요. 마치 복권에 당첨된 것 같은 기분이었죠."

그러나 역사의 소용돌이 속에서 어렵게 다시 찾은 가게는 이미 이전의 모습이 아니었다. 할머니가 모든 걸 바쳐 일군 식당은 서비스도 맛도 모두 엉망이 되어 있었다. 공산주의 시대에는 어느 레스토랑에서도 서비스라는 개념이 크지 않았기

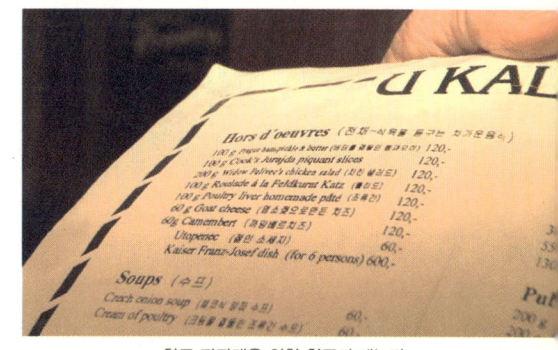

한국 관광객을 위한 한국어 메뉴판

때문이다. 식당이 좋든 나쁘든 음식의 가격은 같았기 때문에 누구도 음식이나 서비스의 질에 신경 쓰지 않았으며 이는 전국의 모든 음식점이 다 똑같았다.

수동적이고 타성에 젖은 직원들의 근무 태도부터 바꾸는 일이 시급했다. 공산주의 시절에 일하던 직원들을 내보내고 새로 직원들을 뽑았지만 여전히 그의 손이 닿지 않으면 제대로 되지 않았다.

그는 계속해서 새로운 서비스를 시도했다. 가게의 첫인상인 메뉴판도 그중 하나다. 현재 메뉴판은 26종류의 언어로 되어 있다. 이탈리아어, 폴란드어, 터키어, 한국어로 된 메뉴판도 준비되어 있다. 전 세계에서 찾아오는 손님을 위한 배려다. 다른 나라에서 온 관광객들이 이 식당을 찾을 때 모국어로 된 메뉴판을 보면 얼마나 기쁘겠는가 하는 생각에서 시작한 외국어 메뉴판은 이곳의 또 다른 서비스다.

열심히 일한 만큼 식당은 점차 자리를 잡아갔다. 파벨 사장의 헌신과 고민은 빼앗긴 세월을 되찾고 세계적인 명성을 만들어냈다.

작가 하셰크의 《착한 병사 슈베이크의 모험》

체코의 상징이 되다

매년 십만 명의 손님이 찾아오는 우 깔리하는 프라하에 온 관광객들이 꼭 들르는 명물 레스토랑이다. 세계인의 발길을 끄는 이유는 체코 전통의 맛도 맛이지만 무엇보다 오랜 세월에도 변함없는 식당의 고유한 분위기 덕분이다. 러시아에서 온 한 관광객은 이곳을 23년 만에 다시 찾았지만 기억속의 모습 그대로라고 말한다.

벽조차도 전혀 변함이 없다. 식당을 둘러싼 벽에는 낙서 같은 벽화들과 글귀들이 펼쳐져 있다. 모두 체코의 국민작가 야로슬라프 하셰크의 작품인《착한 병사 슈베이크의 모험》에 등장하는 인물들을 그린 것이다. 그림과 함께 소설 속 글귀들도 빼곡하다.

"어머니들이 우리를 낳은 이유는 입고 있는 옷들을 갈기갈기 찢고 결국 군복을 입게 하기 위해서다."

전쟁으로 얼룩진 역사를 말해주듯 슬픈 느낌마저 들지만 매우 체코다운 유머와 풍자다. 이 소설은 전쟁 중에 군대를 벗어나려고 멍청한 척하는 영리한 병사에 관한 이야기다. 제1차 세계대전을 배경으로 전쟁의 아픔을 웃음으로 승화시킨 소설로 전 세계 50개국 언어로 번역된 베스트셀러다. 그런데 왜 하필 이 소설의 내용으로 벽을 장식했을까.

"전쟁이 끝난 후 나를 만나고 싶은 사람은 매일 저녁 6시에 우 깔리하에서 나를 찾을 수 있을 것이다."

《착한 병사 슈베이크의 모험》에 나오는 구절이다. 주인공 슈베이크가 자주 가는 술집으로 우 깔리하가 등장한 것이다. 소설의 인기와 함께 식당도 엄청난 유명세를 타게 되었다. 식당 입구에 전시된 기념품과 벽에 걸린 액자의 캐릭터 역시 이 소설에 나오는 것들이다.

우 깔리하와 슈베이크는 분리할 수 없는 존재다. 둘 다 체코를 상징하기 때문이다. 마치 국기처럼 슈베이크도 우 깔리하도 체코 공화국을 대표하는 존재이다.

실제로 이 작품의 작가 하셰크 역시 이곳의 단골이기도 했다. 지금도 저녁 시간이면 소설 속 시대의 군복을 입은 악사가 아코디언 연주로 흥을 돋운다. 손님들은 모두 친구가 된다. 소설 속 분위기를 추억하고 느끼고 싶은 많은 사람들이 이곳을 찾는 이유다.

같은 건물의 옆 공간에 위치한 작은 맥주 펍 역시 100년 전 모습 그대로다. 오래된 시계와 테이블과 벽에 걸린 사진들, 실내는 마치 시간이 멈춘 듯 옛 모습이 그대로 보존되어 있다. 우 깔리하의 시초이기도 한 이 공간에서 맥주만 팔기 시작하다가 지금의 식당이 되었다.

작가 하셰크는 우 깔리하의 맥주 맛에 반해 1910년부터 단골이 되었다. 이제는 가게의 낡은 의자에 앉아 술을 마시지 않지만, 지금도 이곳은 100년 전 하셰크가 드나들던 당시 모습 그대로다. 그리고 여전히 소설 속 슈베이크처럼 술을 마시기 위해 찾아오는 손님들을 위해 똑같은 맛과 서비스를 지켜오고 있다.

체코에서는 '접대하는 사람'을 '호스트 포츠키'라고 한다. 이곳의 호스트 포츠키는 여전히 검은 복장에 모자를 쓰고 담배 파이프를 입에 문 채 그 시절과 같은 서비스로 손님들을 맞는다. 그중 하나는 맥주를 손님 테이블에 서빙할 때 맥주 받침대에 짧은 선을 그어 마신 잔의 수를 알 수 있도록 하는 것이다. 맥주를 받치는 받침대도 요즘은 다들 종이를 쓰지만 여기서는 옛날 도자기 받침대를 사용한다. 이 도자기마저 이미 골동품이다.

손님들은 이곳으로의 방문이 일종의 믿음 같은 것이라고 말한다. 손님이 들어오면 웃으며 반기는 호스트 포츠키는 인테리어처럼 이 공간의 일부로 느껴진다. 호스트 포츠키는 영혼이 있어야 하며 모든 맥줏집에도 영혼이 있어야 한다는 신념으로 이곳을 지켜오고 있다. 무엇보다 이런 노력으로 손님들이 기뻐한다는 것이 가장 큰 이유이며 서비스의 원동력이다.

낡음이 가게를 완성한다

이곳에서의 낡음은 쇠퇴가 아니라 완성이다. 등받이가 쩍 갈라진 의자도 버리지 않고 그대로 사용한다. 파벨 사장은 "이것이 저희의 역사입니다"라고 말한다. 역사를 버리고 새 의자를 놓을 수는 없는 일이다. 갈라진 의자지만 파벨 사장은 "이 낡은 의자는 슈베이크가 앉았던 의자다"라고 말하며 귀한 문화재를 다루듯 한다. 이 오래된 흔적 속에 소설 속 슈베이크가 살아 숨 쉬고 있다.

우 깔리하의 또 다른 명물은 한쪽 벽을 차지하고 있는 초대형 오르골이다. 이것이야말로 역사적인 유물로 이제는 거의 사라져 아마 박물관과 이 가게에만 있을 것이라고 한다. 120년 전 제작된 오르골은 개업 초기부터 이 자리에 있었다. 100년째 변함없는 여섯 개의 멜로디를 오래도록 보존하기 위해 매년 조율사를 불러 정기적인 점검을 한다.

오랜 시간에 걸쳐 이루어진 분위기는 물론이요, 포크와 칼, 조명까지 그대로 유지하는 게 이 식당을 운영하는 파벨 사장과 가족의 철학이다. 이

소설 속 슈베이크가 앉았던 옛날 그대로의 낡은 의자　　　식당 곳곳에 살아 있는 소설의 흔적들

　곳의 상징인 슈베이크는 100년 전에 창조된 인물이다. 파벨 사장은 모든 것이 당시의 모습 그대로이길 바라는 마음으로 가게를 지킨다. 음식도 마찬가지다. 100년 전 소설에 등장한 곳을 그 시대 모습 그대로 찾아볼 수 있다는 건 얼마나 멋진가! 마치 슈베이크가 정말 앉아 있을 것 같은 분위기를 유지한다는 것은 일종의 사명감과 같다.
　식당 관리와 경영 전반을 담당하는 큰아들 필립은 요즘 자주 관광지의 식당가를 찾는다. 시내 여기저기에서 슈베이크 캐릭터가 눈에 띈다. 우 깔리하를 모방한 가게들이 시내 중심지에만 여섯 곳이 있는데 관광객들을 대상으로 영업을 한다. 슈베이크를 그린 간판을 만들고 원조인 것처럼 꾸며서 사람들을 헷갈리게 하는 것이다. 소설에 나온 레스토랑인 것처럼 우 깔리하의 캐릭터를 그대로 가져다 쓰는 식당들이 계속 늘고 있다. 문제는 이런 식당들의 정체성 없는 메뉴다. 자칫 체코 전통 음식만을 고집해온 우 깔리하의 신뢰까지 무너뜨릴지도 모른다는 위기감이 생겼다. 체코에서는 저작권 보호가 제대로 되지 않기 때문에 막을 방법도 없다.
　우 깔리하의 실내에는 원조 캐릭터의 그림들이 벽에 걸려 있다. 이 그림들을 사진으로 찍어서 다른 식당들이 사용하는 것이다. 가짜 레스토랑에 대응하는 방법은 전통 음식을 복원하고 보존하는 것뿐이다. 캐릭터는 흉내 내도 맛은 따라 할 수 없다.

파벨 사장은 100년 전 1대 클라라 할머니가 만들던 전통 감자전의 오래된 조리법을 요즘 둘째 아들에게 전수하고 있다. 간단해 보이지만 밀가루 양과 튀기는 시간을 조절하지 못하면 실패하기 쉽다.

낭만이 있고 흥이 넘치는 프라하의 명물 우 깔리하는 식당이 잘돼도 지점을 내지 않는다. 직접 관리하지 않는 식당은 식당이 아니라고 여기기 때문이다. 진짜 우 깔리하는 여기 단 하나다. 100년의 시간을 훌쩍 뛰어넘는 우 깔리하는 그 유구한 전통과 역사성으로 식당을 찾는 모두를 추억으로 안내한다. 극장이나 문화재 같은 곳에서만 문화를 즐기고 역사를 느낄 수 있는 것은 아니다. 그 누구도 이런 곳이 없어지기를 바라지 않을 것이고, 그런 마음들이 모여 이곳을 더욱 견고하게 만든다.

전통의 맛, 꼴레노

옛 모습을 유지하는 것과 함께 전통의 맛을 지키는 일 또한 중요하다. 우 깔리하의 주요 메뉴는 체코의 전통 음식들이다. 체코는 바다를 접하지 않은 내륙 지방이라 육류 요리가 발달했는데 그중 돼지고기 요리인 '꼴레노'가 가장 대표적이다. 훈제 족발처럼 생긴 꼴레노는 전통 빵인 끄네들리끄와 함께 나가는데 우 깔리하의 최고 인기 메뉴다.

나이프와 포크를 꽂아 나가는 큼직하고 둥그런 고기는 마치 만화에 나오는 고깃덩이처럼 재미있는 모양새를 하고 있다. 손님들은 푸짐한 양에 먼저 놀란다. 그리고 곧 그 특별한 맛이 모두를 감동시킨다.

우 깔리하의 인기 메뉴 '꼴레노'

꼴레노는 체코의 어느 식당에서든 다 팔지만 이곳의 꼴레노는 독특하다. 비법으로 만들기 때문이다. 맛이 좋고 부드러운 데다가 훈제 맛이 나는, 이곳에서만 낼 수 있는 맛이다.

꼴레노는 체코 전통요리지만 기름기를 뺀 쫄깃하고 담백한 맛으로 다른 나라 사람들의 입맛에도 잘 맞는다. 한입에 먹을 수 있도록 썰어 절인 양배추와 겨자 소스를 곁들여, 톱날이 있는 칼을 이용해 껍질과 고기를 먹는다. 꼴레노의 가장 큰 특징은 껍질과 고기의 독특한 식감이다. 속은 아주 부드럽고 껍질은 바삭하다. 이 점 또한 우 깔리하만의 차별화된 맛의 비결이다.

꼴레노의 재료인 돼지고기는 일주일에 한 번, 네 시간 정도 떨어진 20년 된 거래처에서 20년 경력의 큰아들이 직접 가져온다.

고기는 오스트리아산을 쓴다. 둥근 모양에 양질의 고기로 맛이 뛰어나 오랫동안 사용해오고 있다.

고기는 향신료로 1차 훈제하여 냉동시킨 상태로 가져온다. 돼지 족발의 윗부분인 돼지 무릎 부위 중 최상급만을 고집한다. 먼저 돼지고기를 40분 정도 끓인 육수에 넣고 삶는다.

통후추, 양파, 당근, 무, 파슬리 등 열 가지의 재료가 들어간 육수에 삶아 고기의 잡내를 없애고 양념이 배어들게 한다. 그러면 고기가 부드러워진다. 한 시간 정도 푹 삶은 고기는 고루 잘 익었는지 확인한 다음, 120도 이상의 온도에서 30분을 구워야 한다. 음식을 조리하는 데는 정확한 온도와 요리 시간이 무엇보다 중요하다. 껍질이 황금빛이 되면 맛있게 만들어진 것이다.

그 사이 육수는 진해질 때까지 계속 졸인다. 부욤이라고 하는 이 육수를 나중에 꼴레노의 소스로 사용해야 하기 때문이다. 1차로 구워낸 고기에 육수를 붓고 한 번 더 구워내면 겉은 바삭하고 속은 부드러운 꼴레노가 탄생한다. 100년 전과 똑같은 맛을 완성하는 데 필요한 것은 시간과 정성이다. 꼴레노는 하루 평균 30개 이상씩 팔릴 만큼 최고의 인기를 자랑한다.

내가 맛본 것을 아들에게도 주고 싶다

체코에는 "좋은 호스포다체코식 선술집 겸 음식점는 오래 이어지지 않아도 나쁜 것은 이어지기 쉽다"는 말이 있다. 그러나 파벨 사장은 항상 음식 맛을 지키겠다고 다짐한다. 그는 자부심을 품고 요리한다. 마치 마라톤처럼 긴 여정이다. 음식 맛을 지키기 위해 매일같이 맛을 점검하는 일을 거르지 않는다. 체코의 전통요리 굴라시도 100년 전의 조리법 그대로 만든다. 굴라시는 기름에 양파를 볶다가 파프리카 가루와 고춧가루로 맛을 내고 소고기를 넣어 두 시간 정도 푹 끓여내는 요리다.

체코 음식이 보통 그리 맵지 않은 것처럼 굴라시 역시 자극적이지만 많이 맵지는 않다. 이처럼 맵지 않으면서 밋밋하지도 않은 맛을 내려면 요리사의 오랜 노하우가 필요하다.

2대 사장, 파벨 토프르

파벨 사장은 다른 요리사가 어제 만든 굴라시와 자신이 오늘 만든 굴라시를 비교해본다. 같은 요리인데 색의 차이가 확연하다. 양파를 볶을 때 시간을 지키지 않았기 때문이다. 같은 고기, 같은 양파, 같은 파프리카지만 얼마 동안 요리하고 어떤 색깔을 내느냐에 따라 맛은 달라진다. 그는 직원에게 맛을 비교해보게 한다. 잘못된 부분은 정확히 지적하고 바로잡는 것이 그의 방침이다. 그래야 100년의 맛을 유지할 수 있다.

요리가 완성되면 그는 첫째 아들과 둘째 아들을 불러 셋이서 함께 맛을 본다. 정확한 맛을 볼 줄 알아야 앞으로 100년을 이어갈 수 있기 때문이다. 이젠 아들들이 아버지의 시간을 이을 것이다. 주방 일을 시작한 지 17년째인 둘째 아들 파벨은 철저히 전통 방식을 고수한다.

"아버지가 지켜오신 50년 된 조리법을 지키려고 노력합니다."

세대는 달라지지만 기본은 변하지 않는다. 수십 년 전에 왔던 손님들은 그때의 맛을 추억하고 싶어 또 찾아온다. 우 깔리하의 맛은 그런 믿음일 것이다. 아버지가 쌓은 신뢰를 아들이 대를 이어 단단히 다져가야 한다. 대학에서 심리학과 철학을 전공한 큰아들 필립은 식당 일을 하면서 박사학위를 딸 정도로 공부에 열정이 있었다. 그러나 그는 식당을 이어받을 것이고 식당 일을 무척 중시한다.

"우리의 회사고 가족의 일이며 전통이니까요. 그것이 가장 중요한 가치라고 생각해요."

파벨 사장은 스비치코바, 굴라시와 같은 체코의 맛을 보존하고 싶다고 한다. 스비치코바는 온갖 야채와 과일을 넣어 만든 달콤한 소스에 부드러운 소고기를 넣어 만드는 음식이다. 파벨 사장은 50년 전에 자신이 먹었던 그 음식들을 20년 뒤에 아들 역시 먹을 수 있도록 하고 싶다. 다른 아버지들도 모두 그런 마음일 것이라고 생각하며 이 식당이 바로 그런 곳이 되었으면 한다. 아버지와 아들이 같은 방식으로 체코의 맛을 즐길 수 있는 식당이 있다는 건 정말 멋진 일이다.

성공은 시간이 말해준다

체코의 상징이 된 레스토랑 그리고 112년 동안 변함없이 지켜온 맛은 그냥 이루어진 것이 아니다. 결코 쉽지 않은 노력과 인생을 걸어 지불한 대가가 있었다. 50년째 이 일을 해오고 있는 사장 파벨 토프르 씨는 가게를 오랫동안 이어올 수 있었던 비결에 대해 아주 간단하고도 단호하게 말한다.

"모든 것을 포기해야 합니다. 가장 많이 포기해야 하는 것은 시간이죠."

좋은 가게를 만들기 위해 모든 것을 포기해야 한다는 신념은 스스로 몸소 행해온 일이기도 하다. 그는 자신의 경험담을 모아 3년 전 책 한 권을 출간했다. 《자발적이고 즐거운 219,600시간》이라는 책이다. 219,600시간은 그가 평생 식당에서 일한 시간이다.

책에는 우 깔리하를 되찾기 전 다른 식당에서 매니저로 일하던 시절부

2대 사장, 파벨 토프르가 낸 《자발적이고 즐거운 219,600시간》

터 35년간이 고스란히 담겼다. 정부로부터 식당을 되찾은 후 21년 동안 아침부터 저녁까지 쉬지 않고 일했다. 프라하를 찾는 유명 인사들도 꼭 들르는 명소가 되기까지 하루에 18시간씩, 약 22만 시간이라는 가늠하기 힘든 노력이 있었다. 일을 즐기지 않았다면 불가능했을 것이다.

그는 일을 즐길 수 있어야 한다고 생각한다. 일은 취미이며 열정이기도 하다. 무엇보다 자신이 쉰다면 가게가 최상의 상태를 유지할 수 없다는 것을 경험을 통해 알고 있다. 하루나 이틀만 비워도 청소나 정리가 되어 있지 않은 곳이 꼭 발견되곤 했다. 식당은 주인이 늘 자리를 지켜야 하고 그러지 못하면 퇴보한다는 것이 그가 터득한 비결이며 철학이다. 그래서 모든 곳을 관리해야만 한다는 철칙을 지킨다. 세계 최고가 되어야 한다는 일념 하나로 하루도 가게 일을 소홀히 하지 않았다. "레알 마드리드 축구팀 감독처럼 모든 걸 지휘해야 한다"고 말한다.

정년이 3년이나 지났지만 그는 아직 가게를 떠날 수 없다. 이른 아침,

우 깔리하의 문을 여는 사람은 늘 그렇듯 파벨 사장이다. 10시에 출근하는 다른 직원들보다 늘 두 시간 먼저 출근하는 그의 첫 일과는 전날 직원들이 정리한 식당 안을 일일이 재점검하는 것이다.

아침 8시에 출근해서 밤 11시까지 일하는 파벨 사장은 식당의 전등부터 양념통 정리, 화장실의 휴지까지 하루도 빠짐없이 점검한다. 어느 테이블에만 재떨이가 두 개 놓였다는 것까지 찾아내면서 예리하고 꼼꼼하게 확인한다. 그것이 체코의 품격을 지키는 길이라고 믿는다.

매일 이런 일을 반복해왔다. 낡은 의자도 역사가 되는 100년의 레스토랑은 오로지 평생을 바쳐온 한 사람의 노력이 있어 그 탄생이 가능했다.

파벨 사장은 프라하에 올 기회가 있다면 반드시 우 깔리하를 방문해야 한다며 "우 깔리하에 오지 않았다면 당신은 프라하에 왔던 게 아니다"라고 자신만만하게 말한다. 22만 시간의 노력과 사명감, 자부심이 있기에 할 수 있는 말이다.

프라하의 문화적 상징이 된 우 깔리하는 100년의 시간 동안 체코의 분위기와 맛을 지키기 위해 노력해왔다. 그리고 우 깔리하를 만든 22만 시간의 힘은 앞으로도 영원히 지속될 것이다.

우 깔리하의 성공 비결

1. 전통의 맛을 지킨다
체코의 전통요리인 꼴레노, 굴라시 등을 오래전부터 전해 내려온 이곳만의 비법으로 만든다. 그리고 대를 이어 전통의 요리법을 보전한다. 아주 사소한 차이도 잡아내며 후계자와 직원들을 교육시키는 집념이 역사를 만든다.

2. 오래된 것을 버리지 않는다
등받이가 갈라진 의자도 이곳에서는 역사 그 자체다. 소설에 등장한 100년 전 모습 그대로를 유지함으로써 이곳은 체코의 상징이자 최고의 문화 명소가 되었다. 식당은 단순히 음식만을 파는 곳이 아니라는 것을 역사 깊은 도시 프라하의 이 식당은 알고 있다.

3. 언제나 가게를 지키는 근면함
가게의 전통을 잇기 위해 가게는 주인이 지켜야 한다는 경영철학으로 아침부터 밤까지 매일같이 일한다. 사장이 하루라도 없으면 안 된다는 생각으로 항상 직원들보다 두 시간 먼저 출근해 철저히 점검한다.

4. 가게는 가족이 지킨다는 신념
체코가 사회주의 체제로 들어갈 당시 가게의 소유권이 넘어갔을 때도 2대 사장 파벨 토프르 씨는 다른 식당에서 요리사로 일하며 생계를 이었다. 그 후 가게를 되찾은 후에도 가업을 잇겠다는 일념 하나로 밤낮없이 일했다. 현재도 심리학 박사인 큰아들과 둘째 아들까지 성실히 아버지의 뒤를 잇기 위해 노력하고 있다.

INFORMATION

주 소   Na Bojišti 12-14, Praha 2, Czech Republic
홈페이지   www.ukalicha.cz
전 화   +420-224-912-557
영업시간   11:00~23:00

세계를 녹이는 터키의 달콤함

터키 디저트 가게
카라쾨이 귤류올루

"우리 가게의 손님들은 할아버지부터 손자까지
대를 이어 찾아온다. 3대째 이어오는 손님들에게
똑같은 맛을 전하는 게 우리의 사명이다."
— 카라쾨이 귤류올루 5대 사장, 나디르 귤류

🏠 　아시아와 유럽이 만나는 터키 최대의 도시, 이스탄불에는 현지인들이 주로 이용하는 시장인 이집시안 바자르가 있다. 이곳은 전통 디저트의 천국이라고 할 만큼 먹음직한 디저트들이 줄지어 있다. 맛보다 눈으로 먼저 즐기는 쫀득한 아

터키 전통 디저트 '바클라바'

이스크림 '돈두르마', 과일 향이 나는 젤리에 설탕을 입힌 디저트 '로쿰' 등 그 달콤함은 황홀할 정도다. 디저트 하면 프랑스를 먼저 떠올리는 우리에게 터키 디저트는 낯설 수도 있다. 하지만 터키인들에게는 삶의 중요한 일부이며, 그런 만큼 터키는 디저트로도 유명한 나라다.

　수많은 디저트들 가운데 터키의 명절이나 행사에 빠지지 않는 것이 있다. 파이의 일종인 '바클라바 Baklava'다. 바클라바는 16세기 오스만제국 때부터 전해 내려온 터키의 전통 디저트다. 최고 권력자였던 술탄이 사랑한 디저트로 황실의 요리사들이 모든 조리법을 동원해 다채로운 바클라바를 만들면서 발전을 거듭했고, 이제는 세계인의 입맛을 사로잡고 있다.

　이스탄불의 카라쾨이 거리에 위치한 디저트 가게, 카라쾨이 귤류올루 Karaköy Güllüoğlu는 무려 192년의 역사를 자랑하는 곳이다. 192년간 바클라바를 만들어온 카라쾨이 귤류올루는 전통을 고수하면서 한편으로는 포장이나 시설을 현대화하는 등 변화를 추구하며 발전하고 있다.

　터키인들의 사랑은 물론 세계인들의 사랑을 받는 달콤한 맛. 하루 만 명의 방문객이 다녀가는 바클라바의 명가가 카라쾨이 귤류올루다.

카라쾨이 귤류올루 전경

세계인을 사로잡은 디저트

긴 역사만큼 맛으로도 유명한 이 가게는 터키 전역은 물론 세계 각지에서 평일이면 하루 5천 명이 넘는 사람들이 찾아온다. 토요일에는 8천 명, 일요일에는 9천 명 정도가 찾는다고 한다. 게다가 매년 손님의 수는 늘어 가고 있다.

바클라바는 카라쾨이 귤류올루의 대표 메뉴로 얇은 피를 여러 겹 쌓은 다음 견과류를 넣고 시럽을 듬뿍 뿌린 과자다. 쫀득하면서도 바삭한 식감과 달콤하고 진한 맛이 일품이라 터키인은 물론 이국의 여행자까지 매료시킨다. 터키에는 한 해 약 3000만 명의 관광객이 온다. 그들에게 이곳은 디저트 명소로 이름나 있다. 달콤한 이야기를 속삭이려면 먼저 달콤한 디저트를 먹으라는 말처럼, 인생이 즐거워지는 터키의 전통 디저트 바클라바는 그 아찔하게도 달콤한 맛으로 모두를 매혹한다.

500여 년이 지난 지금 바클라바는 터키의 최대 명절인 희생절이나 라마단에도 꼭 찾는 과자다. 축하와 행복을 기원하는 자리에는 빠지지 않는다. 또한 평상시에 선물로도 인기라서 손님들이 포장을 많이 해 간다. 9천 명 중에 5천 명은 포장된 상품을 구매하는 손님이다.

바클라바는 그리스, 이집트 등 중동 국가에서 특히 인기가 많으며, 먼 나라에서 일부러 사러 올 정도다. 두바이에서 오직 바클라바를 사기 위해 이스탄불까지 날아온다는 손님도 있다. 해외에서 온 손님이나 해외 배송을 위해 진공 포장 시스템도 갖추고 있으며, 포장하면 5일 정도는 보관이 가능하다.

이렇게 성황을 이루는데도 이스탄불에서 카라쾨이 귈뤼올루는 여기 한 군데뿐이다. 품질 관리를 위해 지점을 내지 않기 때문이다. 매장에서 하루에 팔려 나가는 양은 평균 250쟁반이다. 또 한 가지 특이한 점은 이곳에서는 냉장고를 사용하지 않는다는 것이다. 긴 시간을 대기해야 한다면 당연히 냉장고가 필요하겠지만 한 쟁반이 2분 안에 다 팔려버리기 때문에 냉장고가 필요 없다. 그날 판매하는 바클라바는 반드시 그날 만드는 게 원칙이다.

최고의 식감을 만드는 기술

매장에서 약 200여 미터 떨어진 곳에 바클라바를 만드는 작업장이 따로 있다. 터키에서는 가장 큰 규모의 바클라바 작업장으로 제조 장인들을 포함해 약 60명의 직원들이 일하고 있다.

바클라바의 품질은 얇은 피인 유프카, 견과류인 피스타치오 그리고 버터에 의해 결정된다. 0.01밀리미터 두께의 얇은 유프카는 10년 이상 일해 온 장인이 수작업으로 만든다. 바클라바 맛의 핵심은 투명할 만큼 얇은 반

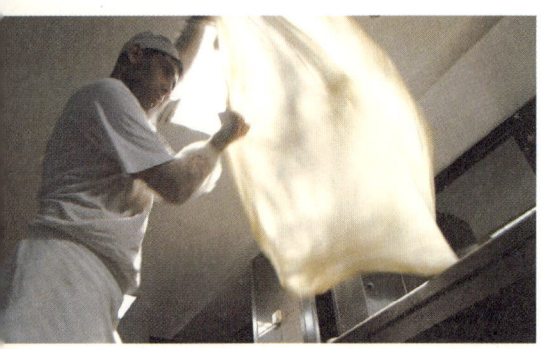
수작업으로 이뤄지는 작업 광경

죽이다. 마치 무명처럼 얇고 부드러우며 건너편이 비칠 정도다. 이 두께가 바클라바의 식감을 결정하기 때문에 반죽을 얇게 만드는 것이 가장 중요하다. 투명하되 찢어지지 않는 반죽을 만들려면 고도의 기술이 필요하다. 그래서 반죽을 미는 작업은 최소 10년을 넘긴 장인들만 할 수 있다.

반죽을 40~50회 정도 계속 밀어서 얇게 만드는데, 기계로는 불가능해 손을 사용할 수밖에 없다. 또한 손으로 해야 반죽이 더 얇고 바삭해진다. 반죽을 할 때 힘의 배분 못지않게 중요한 것이 밀가루 뿌리기다. 뭉치거나 모자라지 않도록 단번에 골고루 뿌려야 한다. 그래서 장인들의 얼굴엔 늘 밀가루가 새하얗게 내려앉아 있다. 반죽을 시작하면 눈썹은 금세 서리를 맞은 것처럼 하얗게 변한다.

얇게 민 피를 한 장 한 장 차곡차곡 쌓는다. 그래야 공기가 잘 들어가서 시럽이 스며들어도 바삭한 식감을 유지할 수 있다. 먼저 아래에 스무 겹을 쌓고 그 위에 피스타치오 가루를 뿌린다. 그다음에 또 스무 겹을 쌓는다. 피스타치오 가루나 호두, 아몬드 같은 견과류를 뿌리고 다시 켜켜이 반죽을 쌓으면 기본적인 바클라바가 된다. 여기에 반죽의 두께나 모양에 따라 다양한 식감과 맛의 바클라바가 탄생한다. 100가지 정도를 만들 수 있는데 현재 카라쾨이 귤류올루에서는 30~40종류의 바클라바를 만든다. 특히 단층 피에 피스타치오를 뿌려서 만드는 '싸르 부르마'는 카라쾨이 귤류

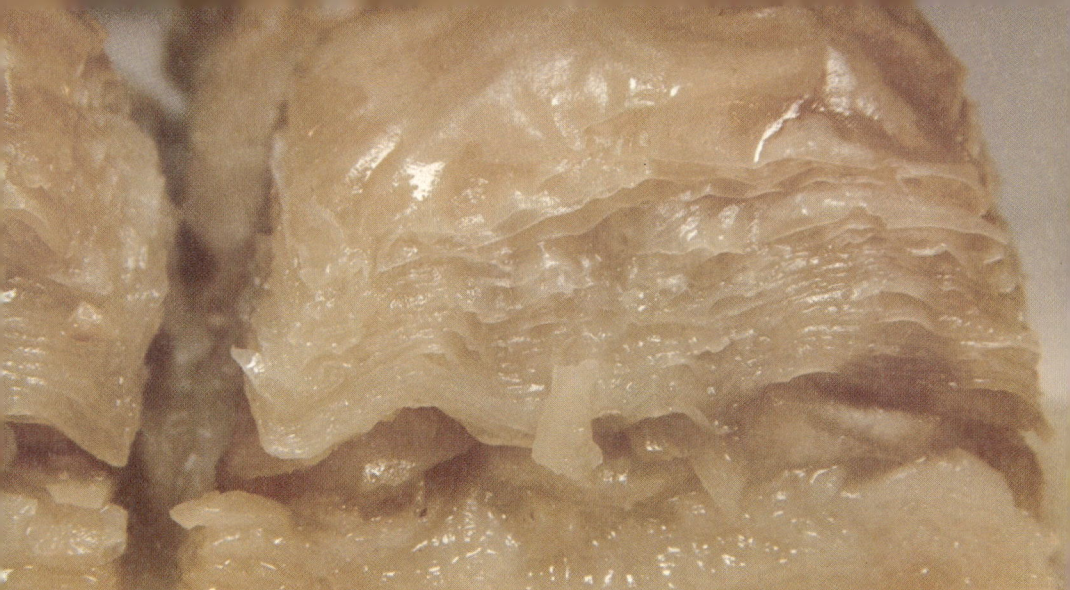

여러 겹을 쌓아 만든 바클라바

올루만의 비법이다.

반죽을 끝낸 바클라바는 160도의 온도에서 오븐에 굽는다. 반죽이 부서지지 않고 제대로 부풀었는지가 관건이다. 40년 동안 바클라바를 만들어온 나디르 귤류 사장은 이 과정에서 사소한 부분까지 직접 점검한다.

바클라바가 다 구워지면 끓는 시럽을 반죽 겹겹이 스며들도록 골고루 끼얹는다. 시럽을 뿌리면 반죽이 한 층씩 떨어지면서 다양한 질감을 가진 바클라바가 완성된다. 종이처럼 얇은 수십 장의 반죽이 만들어내는 경쾌한 식감과 시럽의 진득한 단맛 그리고 신선한 피스타치오의 향이 어우러진다. 바삭하면서 진득한, 상반된 식감이 묘하게 조화를 이룬다. 그 오묘하고 달콤한 맛이 지난 200년을 이어온 비결이다.

어떤 위기에도 지켜온 고집

세계 곳곳에서 찾아올 정도로 이스탄불의 명소가 된 카라쾨이 귤류올루는 터키 남동부의 가지안테프라는 미식의 고장에서 시작되었다. 지금도 바클라바의 성지라 불리는 그곳에서 1820년에 1대 메흐멧 첼레비가 바클라바를 만들기 시작했다.

그 후 2대에 이어 3대까지 귤류 가문의 자손들은 모두 가업을 이었다. 그리고 4대에 오면서 이스탄불 카라쾨이 항구에 진출, 지금의 가게를 세웠다. 카라쾨이 귤류올루는 바클라바를 알리기 위해 노력하면서도 결코 품질에 대한 고집을 버리지 않았다.

1980년 군사정권 때는 바클라바를 반값에 팔라는 지시가 있었다. 그러자 카라쾨이 귤류올루는 그 가격이면 질이 떨어질 것이라 생각했고 차라리 우유가 들어간 다른 디저트를 만들기로 결정했다. 결국 바클라바를 1년 동안 팔지 않았다. 지금까지 여러 일을 겪고 난관을 넘어왔지만 품질에는 전혀 변함이 없었다고 자부한다.

그 신념을 지키기 위해 카라쾨이 귤류올루는 재료부터 최상의 품질을 고집한다. 가게는 옮겼지만 지금도 모든 재료를 가지안테프에서 난 것만을 쓴다. 세계적으로 질 좋은 피스타치오 생산지로 유명한 가지안테프에서 온 일등급 피스타치오만 쓰며 밀가루, 녹말가루, 땅콩 등 대부분의 재료 역시 가지안테프에서 가져온다.

신선한 피스타치오는 바클라바의 향을 좌우하는 중요한 재료다. 그래서 피스타치오에 대해서는 더욱 엄격하게 관리할 수밖에 없다. 나디르 사장은 문제가 있다 싶으면 직접 보관 상태까지 확인하고 좋지 않은 것을 모두 골라낸다. 이런 깐깐한 관리가 있어 200년의 맛을 유지할 수 있었다.

원재료 값이 올라도 품질의 기준을 낮춘 적은 없다. 지역 특산품들이 모여 터키의 대표적인 맛이 된다는 것은 변함없는 사실이다. 그러니 바클

5대 사장, 나디르 귤류

라바의 재료는 그 무엇보다 중요하다. 고객에게 좀 더 좋은 맛을 전하기 위해서 고집스럽게 지켜온 철학이다. 나디르 사장은 자신은 경영자이기 이전에 장인이라고 생각한다. 장인으로서 책임감과 존경심 그리고 애정은 필수라고 말한다.

"내가 먹을 수 없으면 남도 먹을 수 없다고 생각합니다."

장인을 키우는 일이 회사를 키우는 일이다

나디르 사장은 자신이 해야 마땅한 일을 다른 사람에게 맡기지 않는다. 이 일은 그의 아버지 그리고 더 거슬러 올라가 할아버지에게서 물려받은 것이기 때문이다. 지난해, 아버지가 세상을 떠나면서 제조와 경영 전반까지 신경 쓸 일이 더 많아졌다. 직접 고객을 대하는 매장 관리는 나디르 사장이 특히 중요하게 생각하는 부분이다. 세심한 데까지 허투루 지나치는 법이 없다.

회사에 대한 사명감으로 일하는 직원들

그가 가족처럼 믿고 친구처럼 대하는 나이 지긋한 장인들은 든든한 버팀목이다. 모두 10년 이상의 과정을 거쳐 판매 장인이 되었다. 판매대에 서는 장인은 매장에서 최고의 위치에 있는 사람이다.

이들은 모두 가슴에 금빛 배지를 달고 있다. 배지에는 별 표시가 있고 직원마다 개수가 다르다. 이곳에서 일한 지 10년이 될 때마다 하나씩 부여되는 별이기 때문이다. 이들 가슴에 박힌 별은 세월과 연륜의 표상인 셈이다.

바클라바 장인은 크게 제조와 판매 부분으로 나뉜다. 매장에서는 서른 명 정도의 직원이 일하는데 5년부터 50년까지 저마다 경력이 다양하다. 올해로 입사 50년째인 판매 장인 무흐신 외즈칸 씨는 별 다섯 개를 달고 있는 최고참이다. 그는 열아홉 살에 일을 시작했고 어느새 칠순을 바라보고 있다. 최고 장인이지만 지난 50년간 그가 해온 일에는 큰 변화가 없다.

처음 이곳에 들어와 설거지부터 시작해 웨이터의 단계를 거쳐 판매원이 되기까지는 결코 짧지 않은 10년의 시간을 보내야 한다. 이제 그 길을 막 걷기 시작한 새내기들에게 무흐신 씨 같은 장인은 그 길을 열어줄 선배이자 스승이다. 오랜 세월 동안 같은 일을 하면서 무흐신 씨는 머릿속에 자신만의 틀을 만들었다. 이는 일종의 시스템이다. 새로 온 직원들에게도 같은 방식으로 차근차근 가르친다.

하루 영업이 끝나는 시간이 되면 열 시간의 근무를 마친 직원들이 퇴근

전에 들르는 곳이 있다. 바로 회사 안에 있는 이발소다. 이곳에는 15년 동안 면도를 해주고 있는 이발사가 있다. 직원들은 매일 여기서 이발과 면도를 한다. 근무에 지친 직원들이 미처 면도도 못하고 출근하자 나디르 사장이 생각해낸 방안이다. 음식을 대하는 직업인 만큼 위생과 청결도 챙기고 고단한 하루의 피로도 풀 수 있어 직원들에게 꽤 반응이 좋다. 매장에서 열 시간 동안 일하고 지쳐서 오는 직원들에게 이발사는 마사지도 잊지 않고 해준다. 회사의 배려로 직원들은 다시 힘을 얻고 내일을 준비한다.

카라쿄이 귤류올루는 세월이 밴 장인의 손을 존경하며 200년의 맛을 지켜왔다. 나디르 사장은 "무역가는 돈을 생각하지만 우리처럼 작은 가게의 정신을 이어받은 사람은 전문성에서 자부심을 느낍니다"라고 말한다. 그리고 "나는 터키의 바클라바 장인입니다"라고 자랑스럽게 말한다.

잠들지 않는 직원들의 열정

아직 깜깜한 밤중인데 작업장에 불이 들어온다. 매일 새벽 1시 반이 되면 카라쿄이 귤류올루의 수습생들이 작업 준비를 시작한다.

수습생도 연차에 따라 담당하는 업무가 조금씩 다르다. 한 시간 후, 장인들의 통근 버스가 도착한다. 장인들은 오후 1시에 퇴근해 새벽 3시에 출근한다. 그날 판매할 바클라바를 만들려면 새벽부터 작업을 해야 한다. 밤에 일을 해야 하는 힘든 직업이지만 이들은 바클라바 장인이라는 자부심으로 오랜 시간을 함께해왔다.

제조 부문에서 가장 오래된 장인은 40년째인 무스타파 씨다. 그가 일해 온 동안 공장의 작업 환경도 많이 달라졌다. 반죽 과정이 기계화되면서 바클라바의 대중화도 가능해질 수 있었다. 예전에는 대량으로 바클라바를 만들어낼 수가 없었다. 손으로 하던 일을 기계로 하기 때문에 가능해졌다. 가게가 지금처럼 성장할 수 있었던 요인 중 현대적인 설비가 차지하는 부분은 크다. 하지만 아무리 기계의 힘을 빌려도 가장 중요한 작업은 장인의 손과 경험을 거쳐야 한다.

작업장에서는 서열을 철저하게 따진다. 장인 양성을 위해 철저한 도제 제도를 실시하고 있기 때문이다. 장인을 키우는 일이 곧 회사를 키우는 일이라는 생각에서다. 예전의 장인이 그래왔듯 혹독한 훈련과 가르침을 거쳐 한 단계씩 성장하는 것이다. 진심으로 하고 싶은 마음이 없다면 쉽지 않은 일이다. 장인이 되기 위해서는 기술도 있어야 하지만 참을성도 있어야 한다. 가장 중요한 것은 결국 인내심이다. 배우는 데 인내심은 필수이다. 그 과정을 참아내지 못하면 장인이 될 수 없다.

5년 정도의 수습 과정을 거치면 밀가루 반죽을 만질 수 있게 된다. 자유자재로 밀가루를 가지고 놀 수 있게 되기까지 수많은 실수와 연습이 필요하다. 수습생 때는 반죽이 계속 찢어지고 제대로 잡지도 못하던 사람이 몇 년의 세월이 흘러 어느새 장인이 되고 가게의 또 다른 메뉴까지 책임지게 된다.

또 한 사람의 장인이 탄생하는 순간은 매장의 특별한 행사로 이어진다. 10년간의 노력 끝에 가슴에 빛나는 별 하나를 달게 된다. 누구보다도 감사하고 싶은 사람은 자신을 가르쳐준 장인들이다. 이제 막 장인이 된 사람 역시 수습생을 가르쳐 또 다른 별 하나를 띄울 것이다. 한 사람 한 사람의 가슴에 품은 별이 모여 200년이라는 빛나는 시간을 만들었다. 그리고 이 별이 늘어가는 한 이곳의 역사와 이름은 더욱 빛날 것이다. 바클라바를 쌓아 올리듯 차곡차곡 전해져온 카라쾨이 귤뤼올루의 전통과 그 황홀한 달콤함은 시간이 주는 값진 선물이다.

삶을 달콤하게 만들기 위해

뵤렉은 터키에서 아침에 먹는 빵으로, 아침에 바클라바 대신 판매하는 인기 메뉴다. 오전 6시면 먹음직스러운 빵과 디저트가 완성되어 나온다.

아침 메뉴 뵤렉

완성된 디저트는 작업장에서 매장까지 커다란 서랍장 모양의 수레를 이용해 운반한다. 이전에 차를 이용해서 다닐 때는 바클라바 모양이 흐트러지기 일쑤였다. 그래서 칸칸이 나뉘어 있는 서랍장 모양의 수레를 이용하기 시작했다.

수레의 칸 사이즈에 꼭 맞는 쟁반을 만들어 끼웠더니 바클라바의 형태를 유지할 수 있었다. 운반 직원은 이 수레를 끌고 보통 하루에 스무 번을 오간다. 힘들지만 바클라바의 모양을 그대로 지켜서 전달하니 이런 수고도 마다하지 않는다. 디저트는 맛도 중요하지만 눈으로 보기에도 아름다워야 하기 때문이다.

카라쿄이 귤류올루의 아침은 기다림으로 시작된다. 한 손님은 매일 아침 6시 30분, 문이 열리기도 전에 와서 기다렸다가 뵤렉을 먹고 바로 일하러 간다. 하루의 시작을 이곳의 빵과 함께하기에 카라쿄이 귤류올루는 그에게 일상이며 생활의 중요한 부분이다. 문을 여는 7시 전부터 찾아오는 손님들로 가게는 일찌감치 북적거린다.

바클라바는 주로 점심 이후에 먹는 디저트다. 그래서 바클라바가 잘 팔리지 않는 오전에도 손님을 끌기 위해 뵤렉을 팔기 시작했다. 그런데 이제는 이것만 먹기 위해 찾아오는 단골도 많이 생겼다. 오랜 단골에게 이곳의 맛은 즐거운 회상이다. 어릴 때부터 이곳의 빵을 먹어왔지만 맛은 전혀 변하지 않았다고 한다. 누구나 어릴 적 먹던 음식의 맛이 그리워지는 때가 있다. 그 맛을 지금도 그대로 맛볼 수 있다면 이는 배를 채우는 것 이상의 의미를 선사한다.

오랜 전통을 지키는 것만큼 시대의 변화를 읽는 것도 중요하다. 얼마 전, 나디르 사장은 새로운 고객층을 겨냥해 선물용 포장 상자를 만들었다. 매장이 조금은 한가한 오전 시간에는 직원들이 선물용 포장 상자를 접느라 분주하다.

상자의 한 면에는 터키 국기를, 다른 한 면에는 각기 다른 외국 국기가 인쇄되어 있다. 터키와 다른 나라들이 서로 친구처럼 지내기를 원하는 마음을 담은 것이다. 카라쾨이 귤류올루의 맛을 세계에 알리기 위한 새로운 시도라고 한다.

만국기 상자를 들고 해외 여행객이 많은 공원을 찾아 홍보에 나서면 관광객들이 상자에 먼저 흥미를 보인다. 누구에게나 즐거움을 선사하는 바클라바의 달콤한 맛은 국경을 넘는다. 작은 상자에 담은 바클라바지만 거기에 그려진 국기의 수만큼 전 세계로 알려지고 있다. 카라쾨이 귤류올루는 그렇게 세계인의 입맛을 사로잡아가고 있다.

카라쾨이 귤류올루의 성공 비결

1. 숙련된 장인이 수작업으로 만든 반죽

바클라바의 맛은 얇은 피인 유프카, 견과류인 피스타치오 그리고 버터에 의해 결정된다. 0.01밀리미터 두께로 글씨가 비쳐 보일 정도로 얇은 유프카는 10년 이상 일해온 장인이 수작업으로 만든다. 피를 만들고, 피스타치오 가루를 뿌리고, 자르는 등 여러 과정에서 수작업이 필수인 제조 과정을 숙련된 장인들이 맡아 맛있는 바클라바를 만든다.

2. 좋은 재료만을 고집한다

모든 재료는 가지안테프에서 난 것만을 쓰며 최상의 재료만을 사용한다. 특히 바클라바의 향을 좌우하는 피스타치오는 가지안테프에서 온 1등급만을 쓴다. 또한 마가린이 아닌 질 좋은 버터를 사용해 맛과 향을 좋게 한다. 재료 하나하나 신경 쓰고 철저하게 체크하는 것이 맛의 비결이다.

3. 어떤 일이 있어도 품질을 지킨다

군사정권 때 바클라바를 반값에 팔라는 지시가 떨어지자, 카라쾨이 귤류올루는 그 가격에 맞추려면 질이 떨어질 것이라 보았고 결국 바클라바를 만들지 않았다. 대신 다른 디저트를 만들어 팔았다. 원재료 값이 올라도 품질의 기준을 낮춘 적이 없으며 어떤 위기에도 품질을 떨어뜨린 적이 없다고 자부한다.

4. 장인을 존중하는 정신

카라쾨이 귤류올루에서는 10년마다 이름표에 별 하나씩을 단다. 이런 별을 4, 5개씩 달고 있는 직원들이 있을 만큼 오랜 장인들이 있는 이곳에서는 설거지부터 시작해 최소 10년 이상을 일해야 반죽을 할 수 있고, 판매만 20년 넘게 하면서 머리가 희끗희끗해진 판매 담당 장인이 있다. 오랜 경력의 장인들이 함께 일할 수 있는 환경을 유지하기에 바클라바의 맛은 처음 그대로 이어지고 있다.

INFORMATION

주 소   Mumhane Street No:171 Post Code:34420 Karaköy, Istanbul, Turkey
홈페이지 www.karakoygulluoglu.com
전 화   +90-212-249-96-80

오랜 시간 고객을 위해 지켜온 맛

일본 과자 명가
센슈안 총본가

"고객이 원하는 맛을 만드는 것은
우리에게 주어진 의무이자 책임이다."
– 센슈안 총본가 6대 사장, 마쓰다 쥰지

한적한 주택가에 자리 잡은 '센슈안 총본가 본점'

🏠　　일본 홋카이도 지방 남부에 위치한 도시, 하코다테는 400여 년 전 에도 시대부터 항구 도시로 발달해온 곳이다. 여전히 멈추지 않고 흐르는 이곳의 물길은 특별한 역사를 지니고 있다. 1859년 일본 최초의 국제무역항으로 개항하며 바깥세상에 문호를 열었다는 것이다.

일찍이 서양의 다양한 문화가 들어온 하코다테에는 이국적인 정서가 감도는 건축물들이 많다. 그런데 이곳에는 낭만적인 풍경과 더불어 관광객들 사이에서 으뜸으로 손꼽히는 또 하나의 명물이 있다. 바로 야마오야지山親爺라는 과자다.

152년, 도시의 역사와 한길을 걸어오며 도시의 멋과 맛을 담아 빚은 과자는 가슴 깊은 곳에 잊지 못할 추억을 안겨준다. 이 과자는 늘 같은 모습으로 같은 자리를 지켜온 일본 전통 과자 명가, 센슈안 총본가千秋庵 総本家의 대표 상품이다. 센슈안은 '천 년의 집'이라는 뜻을 가지고 있다. 백 년을 넘어 천 년을 내다보는 이들이 추구하는 맛은 고객의 마음을 움직이는 맛이다.

세월이 흘러도 변하지 않는 맛

관광객들로 붐비는 항구의 거리 뒤편에 자리한 한적한 주택가에 152년 전통 화과자 전문점 센슈안 총본가가 있다. 이 지역 주민이라면 누구나 이름만 대도 알 만큼 높은 명성을 지닌 곳이다. 허름한 외관과는 달리 가게 안을 가득 메운 화려한 모양의 화과자는 지난 세월, 조용하고도 견고하게 다져온 가게의 역사를 대신 이야기해준다.

워낙 오래되었기에 이곳을 찾는 손님들의 사연도 깊다. 돌아가신 아버지, 할아버지가 이곳의 과자를 좋아했다며 제사상에 올린다는 손님도 있다. 또 대여섯 살 때부터 이곳의 과자를 먹었다는 할머니는 나이가 벌써 일흔에 가까워졌다. 뿐만 아니라 센슈안 총본가의 이웃에는 3대에 걸쳐 약 100년 동안 센슈안 총본가의 화과자를 주문해온 단골 고객의 음식점도 있다.

손님들이 대를 이어 이곳을 찾는 이유는 단 하나다. 바로 세월이 흘러도 변치 않는 '맛' 때문이다. 6대에 이른 지금까지도 선대의 가르침을 본받아 변치 않는 맛을 완성한다.

대표 상품 '야마오야지'는 홋카이도는 물론 일본 내에서 센슈안 총본가가 유일하게 선보이는 화과자다. 과자는 둥근 형태를 띠고 있는데 이는 눈의 결정을 본뜬 것이고 그 안에는 곰이 연어를 짊어지고 스키를 타는 그림이 있다. 홋카이도에서는 큰 곰을 일컬어 야마오야지라고 한다. 야마오야지를 아무나 따라 할 수 없는 이유는 반죽에 찍어 굽는 곰 문양 때문이다. 이는 센슈안 총본가가 홋카이도의 자연환경을 바탕으로 직접 제작한 캐릭터다. 90여 년 전 처음 선보인 이 캐릭터는 현재 가게의 상징이자, 홋카이도의 상징으로 자리 잡았다.

쌀과 밀가루를 섞은 반죽을 얇게 밀어 구워낸 전병, 야마오야지는 무려 90여 년의 역사를 품고 있다.

마찬가지로 90여 년 전부터 선보여온 도라야키는 둥근 빵 안에 팥소를 넣어 만든 화과자로 역시 센슈안 총본가의 맛을 대표한다. 사흘에 걸쳐 정성 들여 만든 이곳만의 팥소가 들어 있다.

세월이 흘러도 변치 않는 맛. 그 안에는 시간과 정성을 들여, 최고의 맛을 만들려는 가게의

센슈안 총본가의 명물,
곰 모양이 찍힌 과자 '야마오야지'

고집이 담겨 있다. 센슈안이 어떻게 152년간 장사를 해올 수 있었는지를 묻는다면 물론 창업자부터 시작해 모두가 고생하면서 가게를 지켜왔기 때문이라고 말한다. 그러나 마쓰다 사장은 가장 큰 이유가 있다고 말한다.

"이 가게를 이용하는 고객이 계시기 때문이죠. 그런 고객에게 보답해드리고자 이어가는 노력이 가장 중요합니다."

좋은 재료로 전통의 맛을 지킨다

센슈안 총본가의 변치 않는 맛을 완성하는 첫 번째 비결은 엄선된 재료다.
하코다테에서 차로 한 시간을 가면 도착하는 홋카이도 모리쵸 지역에

는 팥 농가가 있다. 센슈안 총본가는 매년 늦가을, 이곳에서 수확한 팥을 공급받는다. 모리쵸 지역은 홋카이도 내에서 강설량이 적고 여름 평균 기온이 높지 않아 팥 재배에 좋은 조건을 갖추고 있다.

팥은 화과자의 필수 재료다. 그래서 마쓰다 사장은 매년 수확된 팥의 품질을 직접 눈으로 확인한다. 센슈안 총본가에서 사용하는 팥은 '다이나곤'이라는 품종으로 끓여도 알맹이가 잘 터지지 않는다. 마쓰다 사장은 낱알을 찬찬히 살피며 단단하고 색이 선명한 팥을 고른다.

좋은 팥을 고르는 그의 깐깐함은 거래처 사이에서도 소문이 자자하다. 센슈안 총본가에 납품할 때는 먼저 샘플을 보낸 다음, 좋다는 결정이 내려져야만 납품할 수 있기 때문에 업체들은 요구에 부응할 수 있도록 더 신중하게 선별 작업을 한다.

좋은 재료를 마련하면 전통의 맛을 구현해내는 일이 남는다. 센슈안 총본가에서 선보이는 모든 화과자는 각각의 제과 비법을 가지고 있다. 이것이 센슈안의 두 번째 비결이다. 대표 상품 야마오야지는 원재료로 쓰이는 곡식의 고소한 맛을 살리기 위해 물이 아닌 우유와 버터를 섞어 반죽을 만든다. 홋카이도 지방의 특징이자 가장 중요한 비법은 밀가루에다 쌀가루를 혼합해 밀과 쌀이라는 전혀 다른 성질의 두 가지 원료를 섞어 독특한 식감을 만들어내는 것이다.

야마오야지는 만들기가 무척 까다롭다. 씹을 때 바삭바삭하는 식감이 잘 살아나도록 구워야 하기 때문이다. 하지만 센슈안은 누구도 흉내 낼 수 없는 야마오야지를 만드는 기술을 가졌다.

제과 작업장은 가게에서 10분 거리에 있다. 센슈안 총본가의 모든 화과자가 만들어지는 곳이다. 작업장에 들어가기 전에는 반드시 손을 소독해야 한다. 비누와 온수로 손을 씻은 후 종이로 닦고 알코올로 소독한다. 이 과정을 아래층에서 한 번, 위층에서 한 번, 총 두 번 반복하고 나서야 작업장에 들어갈 수 있다. 누구도 예외 없이 거쳐야 하는 과정으로 지키지 않는 사원은 퇴사시킨다. 단순

위생을 중시하는 작업장의 모습

하지만 단호한 철칙은 만드는 이의 자세를 가늠케 한다.

센슈안 총본가는 재료 준비부터 포장까지 전 작업을 외부의 도움 없이 내부에 있는 제과 작업장에서 완수한다. 그렇게 훌륭한 재료를 공수해 오고 철저한 원칙을 따르며 기본에 충실한 과자를 만든다.

최고의 도라야키를 만드는 팥소

모든 작업이 중요하지만 그중에서도 가장 많은 노력이 필요한 일은 도라야키용 팥소 제조다. 팥소를 만들기 위해서는 먼저 팥을 하루 동안 꿀에 절이고 다시 하루에 걸쳐 끓인다. 팥소는 총 3단계 그리고 3일에 걸쳐 만든다. 팥소 제조의 마지막 과정은 끓인 팥을 증기로 찌는 일이다. 특이한 점은 팥 알갱이를 모두 건져낸다는 것이다. 계속 젓기만 하면 알갱이가 부서지기 때문에 모두 건져 올린다. 이 과정에도 꼬박 하루가 걸린다.

센슈안 총본가의 도라야키용 팥소는 낟알의 모양이 살아 있는 것이 특징이다. 살아 있는 낟알을 만들기 위해서는 다섯 시간 동안 팥물만 데운 후, 건져낸 알갱이를 넣고 다시 쪄야 한다. 이 과정을 거치면 팥의 단맛 또

90여 년 동안 변함없는 크기와 맛을 제공하는 '도라야키'

한 줄어든다. 모양과 맛이 모두 특별한 팥소가 완성되는 것이다.

이렇게 완성된 센슈안 총본가만의 팥소는 먹는 순간 달콤한 맛이 입 안에 확 퍼지다가 금방 사라진다. 그래서 달콤하면서도 아무리 먹어도 물리지 않는다. 센슈안 총본가는 달지만 달다고 느껴지지 않는 단맛, 깔끔한 단맛이 사람을 행복하게 해주는 단맛이라는 신념을 갖고 팥소를 만든다.

물리지 않는 맛의 팥소와 더불어 이곳의 도라야키는 또 다른 특징을 가지고 있다. 다른 도라야키보다 더 무겁다는 점이다. 일본 내에서 판매하는 도라야키의 무게는 보통 약 70에서 80그램이다. 그러나 센슈안 총본가는 지난 90여 년 동안 변함없이 110그램 정도의 무게를 유지해왔다.

많은 사람들이 어린 시절부터 먹던 것이기 때문에 그 맛이 머릿속에 깊이 새겨져 있을 것이고, 그런 만큼 제대로 만들지 않으면 안 된다. 조금이라도 맛이 달라지면 손님들은 귀신같이 알아채고 "오늘은 맛이 다르네요"라고 말한다.

고객이 기억하고 추억하는 맛을 저버린다는 것은 고객과의 관계를 저버리는 것과 같다. 센슈안 총본가는 고객을 그저 소비자로만 보지 않는다. 추억과 역사를 공유하는 동반자로 여긴다. 그들이 기억하는 맛을 지키고 기본을 지키려는 마음으로 상품을 만들고 있다.

대를 이은 성공을 이끈 화과자 디자인

일본에서 차와 곁들여 먹는 간식으로 발전해온 화과자는 흔히 첫맛은 눈으로, 끝 맛은 혀로 즐긴다고 한다. 그만큼 보는 즐거움이 중요한 음식으로 색과 모양의 조화에 따라 품질이 좌우된다. 그런데 화과자 제조에는 정해진 규칙이 없다. 화과자의 맛과 멋은 각각의 가게가 지닌 기술력 그리고 만드는 이의 능력에 달려 있다.

선대로부터 내려온 비법은 있지만 그 비법에 자신의 생각을 더해 새롭게 디자인하고 또 완성품을 만들어내는 것은 장인의 몫이다. 그러나 그 능력은 쉽게 얻을 수 있는 것이 아니다. 오로지 시간과 경험이 가져다준다.

센슈안 총본가는 하코다테가 국제무역항으로 개항한 이듬해인 1860년, 사사키 가문의 창업으로 문을 열었다. 초대 사장은 사사키 기치베에이 씨였다. 도시의 인구가 늘며 가게 역시 나날이 번창했다. 그렇게 60여 년 동안 1대에서 3대까지 사사키 가문이 이어오던 가게는 변화를 맞이했다. 사사키 가문이 아닌 마쓰다 성을 가진 마쓰다 사키타로 씨에게 경영권이 계승된 것이다.

마쓰다 4대 사장은 도쿄에서 제과 지도 교사로 일하던 사람이다. 그 후 제자들과 함께 하코다테의 센슈안에 파견되어 기술 지도를 했다. 직원들을 지도한 인연으로 마쓰다 사키타로 씨는 가게를 이어 4대 사장이 되었다. 그는 당시 '과자의 신'이라 불리던 실력자였다. 가게의 번성을 위해 혈연이 아닌 능력을 선택했던 것이다. 이는 적중했다. 경영을 맡은 4대 사장은 현재 하코다테의 명물이 된 90년 전통의 과자 도라야키와 야마오야지를 개발해 가게를 일류 과자점으로 이끌었다. 야마오야지의 곰 문양도 그가 직접 그린 그림이다.

4대 사장은 디자인과 제과를 모두 했으며 무엇보다 다양한 맛과 모양의 화과자 개발에 힘을 쏟았다. 1922년, 4대 사장이 직접 지은 《과자제법장》은 가게의 가보로 남아 지금도 소중히 보관하고 있다. 100여 가지 과자 디자인이 담긴 이 책은 화과자의 교과서라 불리며, 당시 전국의 제과 직공들이 모두 이 책을 기초로 하여 화과자를 만들었다고 한다.

화과자의 맛과 멋을 창조한다는 신조는 세대를 넘어 또 다른 장인에게로 이어졌다. 47년 경력의 공장장, 가나미 마사미 씨다. 그는 신제품으로 출시할 '가라니시키'라는 고급 생과자의 도안을 완성했다. 가을의 이미지를 세 가지 색으로 표현한 것이다.

센슈안 총본가는 매월 새로운 디자인의 화과자를 선보이는데 이는 가나미 씨가 있기에 가능하다. 열다섯 살 무렵부터 마쓰다 사장을 도와 가게를 이끌어온 가나미 씨의 주름진 손끝에서 탄생한 다양한 화과자는 센슈안 총본가의 든든한 버팀목이다. 가나미 씨는 마쓰다 사장의 수제자에게 배우기도 하고 곁에서 눈여겨보며 기술을 배웠다.

단 10분 만에 장인의 손끝에서 달콤한 화과자가 피어나는 광경은 보는 이의 감탄을 자아낸다. 가위를 이용해 만드는 국화꽃 모양의 화과자 역시 90여 년 전 4대 사장이 개발한 것으로 지금은 일본 전역의 제과 장인들이 모두 따라 만들 만큼 널리 알려졌다.

화과자 탄생의 시작이 되는 도안　　　　　다양한 문양의 화과자

　수많은 장인들 사이에서 그 본연의 멋을 가장 완벽히 재현해내는 사람은 가나미 씨다. 그의 재능은 일본 내에서 가히 최고라 일컬어진다. 그는 다른 가게였다면 쉽게 만족할 수도 있지만 센슈안이기 때문에 더욱더 분발했다고 말한다. 유구한 역사를 가진 명성 높은 가게의 격에 맞추고 싶었기 때문이다. 그러한 정신이 또 하나의 히트 상품을 만들어냈다.

　가게의 명예를 지키고 자신의 실력을 쌓는 길. 현재 센슈안 총본가에서는 10여 명의 젊은 직원들이 그 길을 따라 걷고 있다. 오직 꿈을 믿고, 멀리 고향을 떠나 이곳을 찾아온 청년들이 있다. 이제 스무 살을 갓 넘긴 이들에게서 가게는 미래를 읽는다. 이들의 순수하고도 뜨거운 열정이 가게의 역사를 견고히 다져줄 것이라 확신한다.

서양과자에 도전하다

　센슈안 총본가는 3년 전 하코다테의 국제개항 150주년을 기념하여 사과를 재료로 사과파이를 만들기 시작했다. 마쓰다 사장은 사과파이를 만들 사과를 구하기 위해 하코다테 시 나나에쵸를 직접 찾는다. 사과 농업으로 유명한 나나에쵸는 약 140여 년 전, 일본 최초의 서양사과 재배가 시작된 지역이다. 당도가 높고 조직이 단단해서 사과잼으로 가공하기에 적합하다.

이곳의 사과는 주스 등 가공용으로 사용하곤 했지만 센슈안 총본가에서 사과파이를 만들기 시작한 후로 사과를 납품하고 있다. 농장 주인은 사과가 적소에 쓰일 수 있게 되어 기쁘다고 한다.

그런데 나나에쵸의 사과는 가게에 있어 재료 이상의 의미를 지닌다. 나나에쵸의 사과도 하코다테가 개항하면서 일본 최초로 재배되었기 때문에 서로 인연이 깊다. 게다가 이웃 마을이기도 해서 이곳의 사과를 사용하게 되었다. "늘 지역 주민에게 신세를 지고 있어서 조금이나마 지역에서 생산되는 식자재를 사용하고자 한다"는 마쓰다 사장의 깊은 배려 때문이다. 가게의 성공은 지역민들이 좋은 재료를 제공하고 또한 과자를 사랑해주기 때문에 가능하다는 것을 언제나 명심하고 감사하는 마음을 갖는다.

좋은 재료는 준비되어도 그 맛을 완성하는 일은 쉽지 않았다. 지금껏 만들어왔던 화과자와는 모양도 만드는 방법도 다른 서양과자를 만들기 위해 헤아릴 수 없이 많은 시행착오를 겪어야 했다. 사과를 100킬로그램 이상은 그냥 버린 것 같다고 한다. 사과뿐만 아니라 설탕, 아몬드 등 여러 가지 재료를 투자해야 했다. 또 수도 없이 많은 테스트를 하고 또 해야 했다.

무모하다고 말하는 사람도 있었다. 그래도 도전을 멈추지 않았던 이유는 단 하나다. 현재에 머무르면 변화하는 고객의 입맛을 만족시킬 수 없기 때문이다. 그렇게 3년의 노력 끝에 사과파이를 완성했다.

마쓰다 사장은 과자 굽는 센슈안이 예전부터 해오던 일이므로 비록 재료가 다르고 화과자가 아닌 양과자라도 꺼릴 게 없다는 생각이다. 사과파이뿐 아니라 프랑스 과자인 피낭시에도 만들었다.

시대의 흐름에 따라 변화하지만 뿌리는 결코 흔들리지 않는다. 센슈안 총본가가 만드는 맛은 고객이 원하는 맛이라는 신념이 그것이다.

6대 사장, 마쓰다 쥰지

작은 가게, 큰 자부심

변함없는 모습으로 하코다테의 골목을 지켜온 센슈안 총본가의 작고 소박한 가게에서 일하는 직원들의 자부심은 결코 작지 않다. 눈에 보이는 화려함보다 더 값진 가게의 역사가 있기 때문이다. 직원들은 역사가 깊은 가게이기 때문에 고객에 대한 응대를 스스로 책임지고, 철저히 해나가려고 늘 노력한다. 이들의 진심 어린 노력이 고객의 발길을 이끈다.

마쓰다 사장이 초심을 되새기기 위해 찾는 장소가 있다. 하코다테의 물길과 하코다테를 찾는 이의 발길이 가장 먼저 닿는 부두다. 가게의 역사가 시작된 곳이기도 하다. 이곳에는 '홋카이도 제일보의 땅'이라고 쓰인 표지판이 있다. 예전에는 누구나 이 부두에서 작은 배를 타고 홋카이도에 첫발을 내디뎠다. 초대 사사키 기치베에이 사장도 이곳 부두에서 첫발을 내디뎠다. 지금보다 더 열악한 환경에서 이곳까지 와서 가게를 일군 것이다. 마쓰다 사장은 그 생각을 하면 절로 고개를 숙이게 된다고 한다.

하코다테라는 도시의 품에서 하코다테의 사람들과 152년의 역사를 함께해온 센슈안 총본가는 또 다른 100년의 세월이 흘러도 잊히지 않는 맛을 지켜갈 것이다. 그 맛을 지키려는 가게의 정신이 변하지 않는 한 가게는 명성을 잃지 않을 것이다.

고객이 만족하는 맛을 만들기 위한 노력과 정성은 고스란히 고객에게 전해진다. 싫증나지 않는 맛, 그래서 계속 찾게 되는 맛을 추구하는 것이다. 센슈안 총본가에게 있어 밥 대신 이곳의 과자를 먹고 싶다는 손님의 말보다 더한 찬사는 없다.

마쓰다 사장은 가게는 가장 능력 있는 사람에게 물려줘야 한다는 선대의 원칙을 가슴에 품고 있다. 그래서 고객을 존중하며 더 나은 경영을 하고 맛있는 과자를 제공할 수 있는 사람이 7대 사장이 되어준다면 그걸로 만족한다고 말한다.

그리고 사람들이 과자가 먹고 싶다는 생각이 들 때 센슈안을 떠올린다면, 그들을 언제까지나 따뜻하게 맞아주는 가게의 모습이 변하지 않는다면 마쓰다 사장은 만족한다고 말한다. 센슈안 총본가의 화과자에는 언제나 그런 소박한 소망이 담길 것이다.

센슈안 총본가의 성공 비결

1. 변함없는 전통의 맛을 지킨다

센슈안 총본가의 대표 제품은 도라야키다. 도라야키에는 보통 70그램 정도의 팥소가 들어가지만 센슈안 총본가는 90여 년 전, 도라야키를 처음 만들 때부터 고집해온 110그램의 팥소를 넣어 빵을 만든다. 세월이 지나도 그 양이 변치 않는 이유는 고객에게 늘 같은 맛의 가게라는 기억을 남기기 위해서다.

2. 달콤하면서도 물리지 않는 팥소

센슈안 총본가는 달지만 질리지 않는 단맛을 추구한다. 팥소를 지나치게 달지 않게 만들어, 계속해서 찾을 수 있는 맛을 만드는 것 역시 센슈안 총본가만의 비법으로 3일의 시간을 들여 삶고 끓이는 작업을 반복해 팥소를 완성한다. 달콤하면서도 물리지 않는 팥소는 오로지 고객의 만족을 추구하는 가게의 신념을 상징한다.

3. 혈연이 아닌 능력을 택한다

센슈안 총본가는 사사키 가문의 창업으로 문을 열었지만 4대째에서 변화를 맞이했다. 사사키 가문이 아닌 마쓰다 사키타로 씨에게 경영권을 계승한 것이다. '과자의 신'으로 불리던 그가 사장이 되면서 가게는 더욱 번성했다. 지금의 6대 사장 역시 가게는 가장 능력 있는 사람에게 물려줘야 한다고 생각한다.

4. 장인이 만드는 최고의 디자인

화과자는 첫맛은 눈으로, 끝 맛은 혀로 즐긴다고 할 만큼 보는 즐거움이 중시되는 음식이다. 화과자의 맛과 멋은 가게가 지닌 기술력과 만드는 이의 능력에 달려 있다. 센슈안 총본가는 4대 사장이 디자인까지 겸하며 현재의 대표 상품들을 만들었으며, 그 뒤를 이어 지금의 공장장이 새로운 히트 작품을 내놓고 있다.

5. 양과자까지 도전, 새로운 시대를 준비한다

센슈안 총본가는 일본 최초의 무역항인 하코다테의 개항 150주년을 기념해 양과자를 만들었다. 전통 과자 제조기술로 양과자를 만드는 일은 쉽지 않았다. 100킬로그램이 넘는 재료를 버리고, 수없이 반복하는 테스트를 거듭했다. 끊임없는 시행착오에도 포기하지 않았던 이유는 과자점은 고객이 원하는 과자라면 무엇이든 만들 줄 알아야 한다는 신념 때문이다.

INFORMATION

주 소	北海道函館市宝来町 9-9
홈페이지	www.sensyuansohonke.co.jp
전 화	+81-138-23-5131
영업시간	9:00~18:00(월 1회 휴무)

546년, 전통의 복원

체코 전통 하우스맥주
우 메드비드쿠

"우리가 하는 일은 맥주를 파는 것만이 아니라
체코 전통 맥주의 내일을 여는 것이다."
– 우 메드비드쿠 사장, 얀 고에텔

전통 맥주의 고향, 체코 프라하

🏠 **중세** 유럽의 풍경을 간직한 체코의 도시 프라하는 사계절 내내 관광객들로 북적인다. 거리의 악사들이 선보이는 흥겨운 선율은 프라하가 방문객들에게 건네는 첫 번째 추억이다. 여기서 공연을 끝낸 다음, 악사는 당연한 듯이 맥주를 마시러 간다. 체코인들에게 맥주는 삶 그 자체이고 비타민이다. 그리고 그들은 체코 맥주가 최고라는 자부심을 가지고 있다.

이처럼 이 아름다운 도시가 선물하는 또 하나의 잊지 못할 추억은 낭만적인 풍경과 함께 음미하는 맥주다. 구시가지 광장 한편에 자리한 가게 우 메드비드쿠 U Medvidku는 1466년부터 한자리를 지키며 맥주를 만들어 판매해온 하우스맥주 전문점이다. 오전 11시부터 영업이 끝나는 밤 11시까지 350석에 달하는 자리는 손님들로 쉴 틈 없이 북적인다. 프라하 시민들에게 체코 정통 맥주의 고향으로서, 풍미가 좋은 맥주가 환상적인 맛을 선사하는 곳이다.

1466년, 체코 프라하에 처음 문을 연 하우스맥주 가게 우 메드비드쿠는 최근 체코에서 일어나고 있는 하우스맥주 붐으로 인해 재조명되고 있다. 직접 양조한 이곳의 맥주 맛을 보려고 체코 전역뿐 아니라 전 세계 사람들이 문전성시를 이루며 진풍경을 이룬다.

체코 맥주 명가 우 메드비드쿠는 오랜 역사의 발자취를 따라 전통 맥주의 맛을 복원하고 있다.

체코의 역사와 함께한 하우스맥주 가게

세계에서 개인 맥주 소비량이 가장 많은 체코. 최근에는 공장생산이 아닌 소규모로 만드는 하우스맥주가 인기를 끌며 가게의 명성 또한 높아졌다. 물, 맥아, 홉, 효모. 자연에서 얻은 재료와 15세기 전통 제조 방식으로 완성하는 청량하고도 깊은 맛의 맥주로 세계인의 사랑을 받고 있다. 얀 사장은 가장 중요한 것은 전통성이라고 말한다.

"이곳은 발자국마다 역사가 숨 쉬고 있고 저희는 옛날 방식을 고수하고 지키려 노력합니다."

올드곳Oldgott은 우 메드비드쿠가 1819년부터 선보여온 알코올 도수 5.2도의 하우스맥주다. 하루 천 잔이 넘게 판매되는 대표 상품이다. 역사 깊은 이 맥주의 품질은 작은 이쑤시개 하나로도 증명된다. 거품 위에 이쑤시개를 꽂으면 맥주 상태가 좋지 않을 때는 이쑤시개가 빨리 내려간다. 반면에 거품이 좋고 맥주가 잘 만들어졌으면 이쑤시개가 천천히 내려간다.

거품은 맥주의 탄산이 새어 나가는 것을 막고 산화를 억제한다. 단단한 거품으로 맥주의 청량한 맛을 살린 올드곳은 우 메드비드쿠의 자부심이다. 이렇게 거품이 좋은 맥주를 우 메드비드쿠의 조상들은 '액체로 만든 빵'이라 말하곤 했다. 좋은 맥주는 기력을 회복시키고 활력을 준다. 그야

체코 전통 하우스맥주 명가 '우 메드비드쿠' 대표 상품 하우스맥주 '올드곳'

말로 체코 민족의 액체 빵인 셈이다.

우 메드비드쿠는 관광명소로도 인기가 높다. 세계인들의 발길이 이어지는 이유는 건물 2층에 위치한 또 다른 매장에 있다. 15세기 고딕양식을 그대로 간직한 이곳은 가게가 창업할 당시부터 사용해온 양조장이기도 하다. 관광객들의 시선을 사로잡은 것은 작은 방 안에 빼곡히 들어찬 오크통이다.

546년의 전통을 가진 우 메드비드쿠 하우스맥주의 맛은 참나무로 만든 이 오크통 안에서 완성된다. 평균 100년의 세월을 품은 것들이다. 기계를 이용한 대량생산이 주를 이루는 상황에서 여전히 제 몫을 다하는 오래된 오크통에는 전통 맥주의 맛을 보전하려는 가게의 신념이 담겨 있다.

최고의 재료로 최고의 맥주를 만드는 기술

영업을 하는 월요일부터 금요일까지 우 메드비드쿠는 매일 맥주를 새로 제조한다. 맥주를 만드는 핵심 재료는 싹이 난 보리를 건조해 만든 맥아로 체코 모라비아 지역에서 생산된 최고 품질의 맥아다.

우 메드비드쿠는 최고 품질의 맥아로 완벽한 맥주를 만들기 위해 노력한다.

제조의 첫 과정은 맥아를 용해하기 적합한 상태로 분쇄하는 일이다. 여기서 중요한 점은 공기 중 노출을 최소화해야 한다는 것이다. 노출 시간에 따라 맥주의 향이 달라지기 때문이다. 분쇄한 맥아는 재빨리 물과 혼합해 끓인다. 이는 맥아의 단백질을 효모가 활동할 수 있는 당분으로 바꾸는 '당화 작업'이다. 이 방식이 체코의 전통 양조 방법이다.

당화는 섭씨 약 37도에서 75도까지 약 10도씩 온도를 올려가며 진행한다. 그리고 단계별로 요오드 용액을 이용해 당화 상태를 확인한다. 아직 전분이 남아 있으면 검은색으로 반응하고 최종적으로 당분이 되면 요오드 반응에서 황금색을 띤다.

40년 경력의 맥주 장인 베셀리 씨는 당화를 하는 내내 온탕기 앞을 지키며 온도 변화에 따른 당화 상태를 기록한다. 맥주의 이력서를 작성하는 것이다. 맥아가 당화되지 않으면 무알코올 맥주가 될 수 있다. 언제 문제가 생길지 모르니 항상 주의를 기울여야 한다.

그렇게 세 시간 정도가 지나면 당화가 완료되고 밝은 황금 빛깔의 맥아즙이 완성된다. 맥아를 끓여서 나온 밝은 황금색은 사랑스럽기까지 하다.

그러나 장인은 보는 것만으로 확신하지 않는다. 얀 사장의 1차 검수가 끝나면 베셀리 씨는 곧바로 다음 작업을 준비한다. 홉을 넣어 맥아즙을 섭씨 100도로 다시 한 번 끓인다. 남아 있는 단백질을 침전시켜 빛깔을 맑게 하기 위해서다. 뽕나무과의 덩굴성 다년초인 홉은 맥주 특유의 씁쓸한 맛을 내는 재료다. 이어서 맥아즙의 침전물을 걸러낸 후 냉각 틀로 옮겨 한 시간 동안 서서히 식힌다. 너무 뜨거우면 효모가 활동하지 못하기 때문이다.

우 메드비드쿠의 전통 제조 기술은 이 냉각 방식에도 깃들어 있다. '쉬톡'이라는 이 방식이 독특하다. 공기 중에 자연으로 냉각하는 쉬톡 방식은 19세기 초에 도입된 것으로 기계로 급속냉각을 할 때 사라질 수 있는 맥아 특유의 향과 맛을 잡아준다. 이는 맥아즙을 100도에서 70도로 냉각시키는 데 사용한다. 이곳만의 독특한 방식이기도 하다.

전통 맥주의 맛을 지키려는 노력은 모든 작업 과정에서 묻어난다. 효모를 준비하는 작업에서도 마찬가지다. 우 메드비드쿠는 발효를 끝낸 맥주 아래 침전된 효모를 다음 발효를 위한 재료로 사용한다. 효모는 다음번 맥주를 만들 때 이어서 사용한다. 효모를 깨끗이 잘 유지하면 다섯 번에서 열 번까지 연결해서 쓸 수 있다. 지속적으로 사용되는 동일한 효모로 맥주의 맛을 유지하는 것이다. 장인은 행운을 기도하며 발효를 시작하고 이렇게 546년의 전통이 다시 한 번 이어진다.

전통적인 양조 기술을 따르다

가게는 양조장을 보존하는 동시에 양조 기술 역시 전통을 따르고 있다. 맥주 발효 기술은 복원 작업 중에서도 가장 심혈을 기울였던 부분이다. 보편적으로 밀폐된 용기를 사용하는 다른 양조장들과는 달리 우 메드비드쿠는 반드시 뚜껑이 없는 오크통에서 14일 동안 저온으로 '하면발효'를 한다. 산소와의 접촉을 통해 향과 맛이 보다 복합적으로 나타나게 하기 위해서다. 다른 양조장에서는 사용하지 않는 이 열린 오크통은 상당히 효율적이고 기술적인 것으로 우 메드비드쿠는 대단히 큰 자부심을 갖고 있다.

특히 이곳의 자랑인 올드콧 맥주는 갈색이고 효모가 적어 덜 발효된 맥주와는 다르다. 덜 발효된 맥주는 누렇게 보인다. 이런 비법 역시 가게의 옛 자료를 공부해가며 얻은 노하우다.

오크통은 대량 제조 방식과는 맛과 향에서 비교가 안 된다. 오크통을 이용한 소규모 생산 방식은 다양한 맥주 제조의 밑거름이 된다. 오크통에서의 발효와 숙성 기간에 따라 맛과 향이 달라지기 때문이다. 그런데 이 오크통을 사용하는 데는 겉으로는 드러나지 않는 남다른 노력이 따른다.

숙성할 때 오크통의 저장 용량이 커지면 맥주가 샐 우려가 있다. 우 메드비드쿠는 1년에 한 번, 오크통을 체코의 플젠 지역으로 보내 보수한다. 오크통 내부에 씌운 기존의 송진 막을 제거한 후, 새로 도장하는 것이다. 소나무나 잣나무에서 얻은 진액을 압착해 만들어 나무 향이 나는 송진이 오크통 내부의 도장 재료로 사용된다. 이렇게 송진으로 도장한 오크통은 미세한 틈도 차단되어 맥주의 탄산이 새어 나가는 것을 방지한다. 또한 송진의 나무 향이 더해져 맥주의 향은 더 깊고 풍부해진다.

오크통의 상태가 안 좋아지면 이렇게 보수하거나 교체를 해줘야 하지만 장비나 재료, 전문가는 점점 부족해지고 있다. 얀 사장은 이점이 가장 안타깝다고 말한다. 그러나 수고스럽고 번거로운 일이지만 전통의 복원을 위해 기꺼이 감수하는 사람들이 있기에, 맛 좋은 맥주를 마시고 행복해하는 손님들이 있기에 있는 힘을 다해 전통 방식을 이어나간다.

발효와 달리 숙성의 핵심 조건은 밀폐다. 벌집을 녹여 만든 소청 왁스를 숙성용 오크통 뚜껑에 바른 후 갈댓잎으로 테두리를 꼼꼼히 둘러 마감한다. 밀폐가 제대로 되지 않으면 숙성 후, 맥주에 부유물이 떠오르고 불쾌한 냄새가 난다.

새롭게 도장한 오크통

맥주는 특별한 멸균 과정 없이 밀폐된 오크통 안에서 자연 숙성시킨다. 일주일 후에 맥주는 효모가 살아 있는 신선한 생맥주가 된다. 맥주의 도수에 따라 숙성 기간이 다른데 강한 맥주는 숙성 기간이 더 길다. 도수가 높을수록 알코올이 많아지며 길게는 1~2년까지 숙성한다. 우 메드비드쿠가 선보이는 하우스맥주, 약 20일에 걸쳐 완성된 한 잔의 맥주 안에는 그 무엇보다 깊고 진한, 전통을 지키려는 노력이 담겨 있다.

최고의 장인이 만드는 맥주

얀 사장은 우 메드비드쿠가 사랑받는 비결로 세 가지를 꼽는다. 첫째는 좋은 맥주, 두 번째는 이제는 거의 아무도 쓰지 않는 오크통을 이용해 전통 방식으로 맥주를 만든다는 점이다. 그리고 세 번째는 맥주 장인인 라디슬라프 베셀리 씨다. 체코에서 인정한 최고의 맥주 장인 중 한 명이다.

현재 우 메드비드쿠는 체코 최고의 맥주 양조장으로 꼽힌다. 가게의 가장 큰 조력자인 베셀리 씨가 있기에 가능한 일이다. 그는 2009년 체코 맥주 장인 기술대회에서 1위를 수상했다. 이 대회에서는 많은 양조장이 참가해 1년 동안 만든 맥주의 평균량과 품질 등을 점수로 평가한다. 그 많은 양조장 중에서 최고의 맥주 장인이 된 것이다.

스무 살 무렵부터 체코 내 크고 작은 양조장에서 기술을 익혀온 베셀리 씨는 8년 전, 얀 사장의 전통을 복원하려는 노력에 공감한 후 이곳에 자리 잡았다. 이제 일흔을 바라보는 나이지만 여전히 이곳에서 체코 전통 맥주의 내일을 꿈꾼다. 그리고 그 역시 얀 사장과 같은 가치를 공유한다. 전통이 유지되려면 오크통을 이용한 작은 맥주 양조장이 답이라고 말한다. 작은 양조장들은 계속 같은 방식으로 품질 좋은 맥주 양조를 할 수 있으므로 그것을 경쟁력으로 삼아야 한다는 것이다.

베셀리 씨는 걸러지지 않고 살균되지 않은 살아 있는 맥주를 만들고 싶어 한다. 이런 맥주가 더 좋고 신선하기 때문이다. 이처럼 우 메드비드쿠의 맥주는 멸균을 하지 않는 탓에, 보관 기간이 대량생산 맥주의 10분의 1밖에 되지 않는다. 한 달이 지나면 즉시 폐기한다. 그래서 멀리 세계 각국에서 찾아온 손님들에겐 이곳의 맥주가 오늘이 아니면 맛볼 수 없는 특별한 맥주로 통한다.

우 메드비드쿠는 맥주가 손님에게 전달되는 순간까지 긴장을 늦추지 않는다. 서빙 담당 직원 빼뜨르 씨는 손님에게 맥주를 전달하기 전에 맥주의 맛을 수시로 직접 확인한다. 그래야 전문가라고 믿기 때문이다.

저녁 7시를 넘어선 시각. 관광객이 주를 이루는 낮 시간 때와는 다르게, 이 무렵의 가게는 프라하 시민들로 붐빈다. 이들은 이곳에서 전통 맥주보다는 조금은 특별한 맥주를 즐긴다. 오크통에서 200일간 숙성시켜 만든 우 메드비드쿠의 또 다른 맥주 '엑스 비어 33'이다. 알코올 도수가 12.6도로 전통 맥주보다 알코올 함량이 두 배나 높다. 2006년에 개발한 상품으

로 변화의 시초가 된 맥주이기
도 하다. 우 메드비드쿠는 2006
년에 개발한 엑스 비어의 인기
를 바탕으로 매년 새로운 맥주
를 선보이고 있다.

베셀리 씨와 얀 사장은 함께
새로운 맥주에 대해 진지하게
의견을 나누며 미래를 일군다.
꿀을 이용해 맛이 좋으면서도
강한 맥주를 만들 수 있는 방법
을 고민한다. 손님들이 달콤한
맛에 대해 어떻게 생각하는지
의논하고 새로 개발할 맥주를
연구할 것이다. 재료와 발효, 숙

신제품 '엑스 비어 33'

성 기간을 달리해 전통 하우스맥주의 다양성을 알리는 것이 현재 우 메드
비드쿠가 추구하는 가장 큰 목표다.

기울어진 가게를 일으켜 세우다

그러나 이 깊은 전통을 지키는 일이 쉽지만은 않았다. 1466년, 슬라데
로쿠 가문의 창업으로 문을 연 우 메드비드쿠는 1900년대 초, 대형 양조
장이 생겨나는 상황 속에서도 소규모 전통 양조 방식을 고집했다. 그러나
1948년 공산주의 정권에 경영권을 빼앗기며 대량생산체제로 운영하게
된다. 그리고 1989년, 민주혁명이 일어나고 경영권을 되찾았지만 가게는

제 모습을 잃어버렸다. 후손들은 의학을 공부했기 때문에 맥주와 연관성이 전혀 없었고 가게를 되돌려 받을 생각도 없었다.

1993년, 경영에 뜻이 없던 전 운영자로부터 가게를 인수한 얀 사장이 다시 시작했을 때 가게는 이미 엉망이 되어 있었다. 공산주의 하의 운영으로 생긴 문제들이 산더미처럼 쌓여 있었다. 사실 얀 사장은 맥주양조와는 전혀 관련이 없는 회계학을 전공했다. 전통 맥주에 대한 지식이 만무했던 그는 발로 뛰는 수밖에 없었다. 가게가 안고 있는 문제를 해결해서 가게가 정상화되도록 무척이나 노력했다.

가장 먼저 한 일이 전통의 복원이었다. 창고 안에 쌓여 있던 옛 도구들을 재정비하고 도서관과 박물관을 누비며 자료를 수집했다. 뿐만 아니라 처음부터 옛날 방식대로 만드는 길을 택했다. 큰 맥주 회사를 따라 하고 싶지는 않았다. 소규모 양조장으로서 전통을 따르는 것이 오히려 차별점이 될 것이며 경쟁력을 확보할 수 있는 길이라고 믿었다. 얀 사장은 전통 양조 장인을 찾아 '쉬톡' 방식을 복원할 전통적인 오크통 양조 방법을 배우려고 했다.

무려 6년간의 노력 끝에 가게가 제 모습을 되찾았다. 이제 우 메드비드쿠의 맥주는 546년 전과 같은 모습으로 오크통 안에서 깊이 익어간다.

전통을 복원하는 일

고난의 역사 속에 잃어버린 전통을 제 모습으로 복원하는 우 메드비드쿠. 전통을 존중해온 일이 이제는 존경받는 일이 됐다. 이보다 값진 보상이 있을까. 복원은 그 어떤 보상을 바라고 시작한 일이 아니다. 단지 전통 양조 방식이 사라지는 것을 두고 볼 수 없었을 뿐이다. 세월의 녹이 내려앉은 낡은 맥주잔, 가게와 역사를 같이하는 작은 소품 하나하나가 얀 사장에게 있는 체코의 자존심과 같다.

건물 역시 역사의 흔적을 품고 있다. 맨 처음 지어진 건물의 벽이 남아 있는데 이는 법적으로 보호받는 유적이 되었다. 얀

가게의 역사와 전통을 복원하기 위해
우 메드비드쿠가 사들인 사진

사장은 양조 기술뿐 아니라 가게의 모든 역사와 전통을 원래의 모습으로 회복하고자 했다. 가게에는 100여 년 전에 방문한 손님들이 찍은 사진이 붙어 있다. 얀 사장이 수집가에게서 어렵게 사들인 것이다.

우 메드비드쿠는 1466년에 맥주 가게와 호텔을 함께 창업했다. 얀 사장은 건물을 인수할 당시 호텔을 다시 열고자 했지만 인가(人家)로 사용됐다는 자료가 없어 허가가 나지 않았다. 그러나 전 건물주의 도움으로 사진 한 장을 찾게 됐다. 가게의 옛날 모습을 찍은 사진이었다. 그 사진에서 네 개의 방이 있다는 걸 확인할 수 있었고 이를 통해 방을 만들 수 있다는 허가를 받았다. 1999년, 비로소 호텔 운영을 재개했다. 옛 사진 한 장에서도 전통을 복원하려는 가게의 노력을 엿볼 수 있다.

원래 옥상이었던 피폐해진 호텔과 양조장을 보수하는 데 6년이 걸렸다. 건물의 골조는 그대로 유지한 채 인테리어만 깨끗하게 보수했다. 방의 분위기 역시 골동품 가게를 돌며 수집한 가구와 소품들로 채워 초기 운영 상태로 복원했다.

"지금 저희가 가진 전통을 계속 유지하길 간절히 원합니다. 동시에 전

새롭게 만든 '맥주 초콜릿'

통을 지키는 것만으로 만족해서는 안 되죠. 왜냐하면 손님들이 원하는 것을 충족시켜야 하니까요."

얀 사장은 이곳의 귀중한 전통을 기념하면서 '어떻게 하면 맥주로 사람들을 매혹할 수 있을까?' 또는 '다른 무엇과 연결할 수 있을까?' 하는 고민의 끈을 놓지 않는다. 늘 새로운 아이디어를 생각하고 실현하려 노력한다.

아이디어는 비단 맥주 제조에만 머물지 않는다. 새로운 상품을 개발하는 데도 열심이다. 2년 전에는 밸런타인데이를 기념해 캐러멜처럼 졸인 맥주를 넣어 만든 맥주 초콜릿을 내놓았다. 여성들 사이에서 선풍적인 인기를 끌면서 이틀 만에 다 팔렸다.

맥주를 다르게 맛볼 수 있는 방법을 연구하는 우 메드비드쿠의 변화는 여기서 멈추지 않을 것이다. 체코 사람들에게 그리고 우 메드비드쿠에게 맥주는 단순한 음료가 아닌 문화이기 때문이다. 맥주는 목이 마르거나 취하고 싶을 때만 필요한 게 아니라, 사람들을 만나고 얘기를 나누는 매개체가 된다. 얀 사장은 우 메드비드쿠가 여러 방면으로 노력하는 만큼 전통은 계속 이어질 것이라고 생각한다. 옛것의 소중함을 알고 새로이 진화해나가는 이들의 노력은 깊게 익어가는 맥주 안에 고스란히 담길 것이다.

우 메드비드쿠의 성공 비결

1. 천연 재료로 만드는 신선한 맥주

우 메드비드쿠 맥주 맛의 비결은 천연 재료를 이용한다는 점이다. 오직 체코에서 난 물, 맥아, 홉, 천연 효모. 이 네 가지 재료만을 사용해 화학첨가물이 전혀 들어가지 않은 천연 생맥주를 제조한다.

2. 신선한 맥주를 제공한다

우 메드비드쿠의 맥주는 멸균을 하지 않는다. 신선하고 좋은 맛을 제공하기 위해서다. 그래서 보관 기간이 다른 맥주의 10분의 1밖에 안 되며 한 달이 지나면 즉시 폐기한다. 이곳의 맥주가 더욱 특별한 맥주로 인정받는 이유이다.

3. 새로운 맥주 개발

우 메드비드쿠는 천연 하우스맥주를 기본으로 발효시간을 조절해 다양한 도수의 맥주와 맥주 초콜릿을 선보이고 있다. 세계에서 가장 독한 맥주로 손꼽히는 알코올 함량 12.6도의 '엑스 비어 33'이나 맥주를 졸여 만든 초콜릿도 인기가 높다. 전통을 지키면서도 진화해가고 있으니, 멈추지 않는 역사를 쓰고 있는 것이다.

4. 최고의 맥주를 만드는 전통의 기술력

맥주를 제조하는 기술부터 잔에 따르는 기술까지, 전통 방식으로 오크통에서 숙성시키고 신선한 맥주를 손님에게 그대로 전달할 수 있는 것은 우 메드비드쿠 직원들의 뛰어난 능력 때문이다. 맥주의 온도, 거품의 양, 잔에 따르는 속도까지 고려해 손님이 맥주를 마시는 그 순간까지 최고의 맛을 유지하려는 기술이 우 메드비드쿠의 힘이다.

5. 전통을 복원하려는 노력

공산화 시절에 빼앗겼던 가게를 되찾은 얀 사장이 가게의 명성을 되찾기 위해 가장 먼저 한 일은 전통의 복원이다. 그는 장인을 찾아 배웠고 전통 제조 방식을 복원했다. 가게 건물 역시 옛날 모습을 최대한 유지하고 복원했다. 가게 안 소품 하나하나까지 모두 문화의 일부이고 역사이며 자부심이라고 생각했다. 이제 전 세계에서 관광객들이 우 메드비드쿠를 찾아와 체코를 느끼고 간다.

INFORMATION

주 소   Na Perštýně 7, 100 01 Praha 1, Czech Republic
홈페이지   www.umedvidku.cz
전 화   +420-224-211-916
영업시간   월~금 11:00~23:00/ 토 11:30~23:00/ 일 11:30~22:00

뉴욕을 점령한 이탈리아의 맛

미국 디저트 가게
베니에로

"우리의 케이크가 사람들에게 즐거움을 준다면
그것이 나의 행복이다."
– 베니에로 4대 사장, 로버트 제릴리

뉴욕 디저트 가게 '베니에로' 전경

🏠   세계인이 사랑하는 도시, 뉴욕에는 다양한 국가의 사람들이 이주해 살면서 참으로 다채로운 식문화가 발달했다. 자국의 맛을 재현하며 향수를 느끼고 시대가 변함에 따라 음식도 변형되면서 그 나라의 전통과 뉴욕의 정취가 어우러졌다.

19세기 후반 세계의 이민자들이 뉴욕으로 몰려들 때, 이탈리아 이민자들은 뉴욕 맨해튼의 이스트 빌리지에 하나둘 모여 정착했다. 많은 이탈리안 레스토랑과 베이커리, 정육점 등 이탈리아 가게들이 이 지역에 생겼다. 지금은 다른 문화권과 섞여 있지만 여전히 이탈리아의 전통을 이어가면서도 뉴욕의 명성 높은 가게로 이름을 떨치는 곳들이 많다. 그중 베니에로 Veniero's는 이탈리아 디저트의 전통을 이어가며 디저트 천국 뉴욕의 대표적인 베이커리로 자리 잡았다. 전통 있는 페스트리 가게답게 소박하고 빈티지한 분위기를 뽐내며 이스트 빌리지의 주변 환경과도 잘 어울린다.

1894년 문을 연 이래 뉴요커들의 발길이 끊이지 않는 베니에로는 주변의 이탈리아인들을 상대로 커피와 간단한 디저트를 팔던 작은 가게로 시작했다. 118년이 지난 지금은 뉴욕 시민 모두가 사랑하는 가게가 되었다. 베니에로는 그렇게 맛있는 초대를 시작했다.

이탈리아의 과자점, 뉴욕에 오다

베니에로의 시초가 된 곳은 이탈리아의 카페 '제릴리'였다. 제릴리 가문이 운영하던 과자점으로 그 가문의 안토니오 베니에로 씨가 뉴욕으로 건너와 카페 베니에로를 창업했다. 처음에는 작은 캔디 가게였지만 1970년대에 2대 사장의 사촌인 프랭크 제릴리가 맡으면서 베니에로는 급성장했다. 이탈리아는 물론 뉴욕의 각종 대회에서 수상하며 우수 케이크로 인정받은 것이다. 〈마이 웨이〉를 부른 유명 가수 프랭크 시나트라는 이곳 최고의 단골이었다.

1970년대 후반부터 만들기 시작한 치즈케이크가 지금의 명성을 얻게 한 계기가 되었다. 이탈리안 치즈케이크는 리코타 치즈라는 독특한 재료를 사용한다. 말랑말랑한 질감의 숙성되지 않은 치즈다. 미국에서는 다른 크림치즈나 베이커리치즈를 사용하지만 이탈리아에서는 리코타 치즈만을 사용한다.

치즈케이크는 유럽 이민자들을 따라 대서양 건너 미국까지 전파되었다. 크림치즈를 쓰는 뉴욕식의 치즈케이크는 부드러운 질감을 가진 반면, 리코타 치즈를 쓰는 이탈리아식은 달콤한 풍미에 알갱이가 씹히는 특징이 있다. 베니에로에서는 뉴욕식과 이탈리아식 두 가지를 모두 만들지만, 재료와 굽는 방법뿐 아니라 맛 또한 전혀 다르다.

이곳에서 만드는 뉴욕식 치즈케이크는 오븐 안에서 증기로 구워서 만

베니에로의 시초가 된 이탈리아 카페 '제릴리'   독특한 리코타 치즈를 사용하는 '이탈리안 치즈케이크'

든다. 틀에 반죽을 넣고 물을 약간 부어 450도의 오븐에서 구우면 오븐의 열기에 증기가 더해지면서 케이크가 완성된다. 익으면서 색깔이 먹음직한 갈색으로 변한다. 제빵사는 색의 변화와 손의 감촉으로 케이크가 어느 정도 구워졌는지 파악한다.

로버트 사장은 베니에로의 성공에는 별다른 비밀이 없다고 담담하게 말한다. 무엇보다 중요한 것은 "손님들에게 정직해야 한다"는 것이다. 또 좋은 품질의 케이크와 적절한 가격 그리고 항상 그 자리에 문을 열고 있는 것이 비결이라면 비결이라고 한다. 항상 이곳에서 일주일에 7일, 1년에 365일간 손님들을 위해 가게를 열고 있다는 사실이 무엇보다 중요하다. 로버트 사장은 손님을 위해서라면 24시간이라도 가게를 열 수 있을 것 같다고 말한다.

번호표까지 뽑아 기다려야 하는 가게지만 기다림 뒤에는 행복한 선택의 순간이 온다. 36가지의 케이크가 있고 핼러윈과 크리스마스 때에는 48가지로 늘어나 더욱 다양해진다. 한입에 쏙 들어가는 미니 페스트리와 타르트, 쇼트케이크, 크놀리와 치즈케이크가 대표 메뉴다. 줄을 서서 기

신선한 생딸기만을 재료로 사용하는
베니에로의 '스트로베리 쇼트케이크'

다리는 번거로움을 감수해야 하지만 손님들은 맛을 보는 순간 모든 것을 보상받는 만족을 느낀다. 다소 생소한 이탈리아 전통 디저트지만 유럽인들뿐 아니라 모두의 입맛을 사로잡았다.

하루에 300명이 넘는 사람들이 찾아온다는 베니에로에는 포장해 가는 이들도 많지만 가게 안쪽의 테이블 역시 항상 사람들로 가득하다. 코스타리카와 프랑스에서 치즈케이크를 먹으러 여기까지 온 가족들도 보인다. 그야말로 세계 곳곳에서 베니에로의 맛을 찾아온다.

통 큰 재료의 원칙

베니에로의 케이크 가운데 베스트셀러는 단연 스트로베리 쇼트케이크다. 새하얀 생크림 케이크 위에 커다란 딸기들을 통째로 얹은 이 케이크의 하루 판매량은 무려 60개에서 70여 개에 이른다. 방금 제빵실에서 만들어 케이크를 가져오면 진열장에 채워놓기가 무서울 정도로 금세 동이 난다.

신선한 딸기와 달콤한 생크림 그리고 촉촉한 빵이 어우러진 스트로베리 쇼트케이크는 남녀노소 할 것 없이 모두가 사랑하는 맛을 자랑한다. 이

케이크의 촉촉함을 결정짓는 비결은, 잘라둔 빵 사이에 바닐라 향이 첨가된 물을 바르는 것이다. 다른 가게에서는 케이크를 만들 때 빵에 아무것도 바르지 않기 때문에 딸기를 안에 넣으면 빵이 쉽게 말라 딱딱해진다.

또한 신선한 딸기를 사용하지 않고 시럽에 든 딸기를 사용하는 곳이 많은데 베니에로에서는 그날 가져온 신선한 생딸기만을 사용한다. 이러한 점이 맛과 질의 분명한 차이를 가져온다. 캔에 든 시럽과 신선한 재료의 차이는 생각보다 크다. 그리고 그 차이를 손님들은 정확히 알아챈다. 비용이든 정성이든 더 많이 쏟아야 하는 이 작고도 큰 차이가 가게의 비법 중 하나다.

재료에 대해 엄격한 베니에로는 당연히 최고의 재료만을 고집한다. 질이 나쁜 재료는 바로 돌려보낸다. 사장은 좋은 재료를 위한 추가 비용을 아까워하지 않는다. 아낌없는 투자는 선대 때부터 지켜온 원칙이다.

사장만 통이 큰 게 아니다. 제빵사들 역시 케이크를 만들면서 값비싼 재료를 아끼지 않는다. 그래도 손해를 보지 않는 이유가 있다. 두 개의 케이크 대신 열두 개의 케이크를 파는 전략이 있기 때문이다. 더 많이 팔아서 이윤을 남기자는 것이다. 하지만 낮은 가격이라 해도 좋은 질은 유지한다. 보통의 가게들은 가격을 높이 책정한 두 개의 케이크만 팔아서 이윤을 남기려 하지만, 베니에로는 저렴하면서도 질 좋은 케이크를 많이 팔아서 수익을 얻는다.

베니에로의 또 다른 원칙은 이탈리아에서 온 재료만을 고집한다는 것이다. 1년에 딱 한 번 만드는 이탈리아 전통 과자는 디저트 중에서 가장 손이 많이 가는 과자다. 몇 배의 시간과 정성을 들여 만드는 데다 재료 또한 이탈리아에서 공수한 전통 재료를 그대로 사용한다. 특히 절인 오렌지

껍질은 다른 가게들은 비싸서 잘 사용하지 않는 재료다.

재료의 원칙을 중시하는 베니에로에서 지하의 식품 창고는 심장이나 마찬가지다. 원칙에 따라 선택된 재료들만 모인다. 그 재료들은 정직하다. 겉으로 보이지 않는 재료라고 함부로 쓰지 않는다. 신선한 재료끼리 어울려야 최고의 맛을 끌어낼 수 있다는 것이 가게의 철칙이기 때문이다. 재료도 정성도 모자람 없는 한결같은 베니에로의 맛은 이런 통 큰 원칙에서 나온다.

베테랑들의 손에서 탄생하는 케이크

118년간 베니에로의 역사를 만들어온 곳은 다름 아닌 제빵실이다. 모든 디저트가 여기서 만들어진다. 베니에로 제빵실에 미리 만든 재료란 없다. 기존 제품은 전혀 사용하지 않는다. 케이크와 디저트의 기본이 되는 모든 재료를 비롯해 다양한 색의 스펀지 빵도 제빵사들이 이곳에서 손수 만든다.

빵을 만드는 버터크림 역시 직접 만든다. 버터와 설탕, 크림이 준비되면 불 위에서 저어주면서 크림 거품을 만든다. 항상 이를 지키며 절대 원칙을 바꾸지 않는다.

가게는 항상 손님들로 북적이지만 신기하게도 케이크는 늘 신선하다. 손님이 많아지면 맛이 떨어질 수도 있건만 사람이 아무리 많아도 한결같은 맛을 유지한다. 베니에로의 케이크는 판매 전 창고에 보관되는데 머무는 시간은 딱 하루다. 오늘 팔 분량만 만들어 창고에 보관해놓는 것이다. 그날 준비한 양이 다 팔리기 때문에 재고가 쌓이는 법이 없다.

제빵실의 하루는 새벽 6시부터 시작된다. 평일에는 보통 150개 정도의 케이크를 만들지만 주말 아침에는 케이크 주문이 두 배 가까이 많아진다. 그래서 16명의 제빵사들이 무려 200개가 넘는 케이크를 만들어야 한다. 이들은 최고의 재료와 경험으로 100퍼센트의 맛을 빚어낸다. 치즈케이크와 딸기케이크, 초콜릿무스 등 베니에로의 100가지가 넘는 디저트들은 정직한 재료는 기본이고 이를 다루는 제빵사들의 노련하고도 숙련된 기술이 만든 결과물이다.

대부분의 직원들이 15년에서 20년가량 근무했다. 그 오랜 시간 동안 이곳에서 함께 일해온 것이다. 20년간 동고동락한 직원들은 가족 그 이상의 관계다. 취향은 물론이고 서로에 대해 모르는 게 없는 단단한 동료애는 베니에로의 100년을 다져온 힘이기도 하다.

주방 직원들은 각자가 자기 분야에서 최고다. 케이크 완성 작업을 맡은 8명 그리고 반죽과 굽기를 담당한 제빵사 8명은 모두 자기 분야의 베테랑으로 이 일을 오랫동안 해왔다. 새로 들어온 직원이라면 하루에 열 개에서 열다섯 개의 케이크밖에 만들지 못하겠지만, 숙련된 직원들은 하루에 30, 40개의 케이크를 만든다.

20년 동안 딸기 손질을 담당한 제빵사는 딸기를 한 손으로 잡고 다른 한 손으로 긴 칼을 이용해 딸기를 채 써는데 그 손놀림이 마치 무사처럼 빠르다. 20년 동안 해온 일이기에 가능하다.

케이크를 만들 빵을 반죽하는 것은 경력이 더 많은 장인의 몫이다. 부드럽고 차진 반죽을 만드는 데 필요한 것은 장인의 손뿐만이 아니다. 그가 사용하는 롤러 역시 20년쯤 되었다. 그는 이 롤러가 자신의 친구라고 말한다. 20년 넘게 케이크를 만들어온 노장 제빵사의 투박한 손끝을 거치면 베니에로만의 완벽한 케이크가 탄생한다. 100년의 역사를 간직한 바

20년 넘게 일한 노장 제빵사의 손을 거치면 베니에로만의 케이크가 탄생한다.

로 그 베니에로만의 맛이다.

대를 이은 열정

베니에로 매장 바로 옆 건물에 배달 센터가 따로 운영되고 있다. 전화나 온라인 주문을 받아 미국 전역으로 배달을 시작한 지 벌써 20년째다. 이 배달 전략은 베니에로를 더 널리 알린 중요한 계기가 되었다.

예약 주문한 이들을 위한 케이크는 미리 만들어둔다. 3,000마일 떨어진 로스앤젤레스에서 주문하는 손님도 있다. 100년이 넘는 오랜 시간 동안 많은 사람들이 찾는 명소로 자리 잡은 가게이다 보니 어린 시절을 이 지역에서 보낸 사람들이 그때 먹은 맛을 잊지 못한다. 그래서 성장해 타 지역으로 떠난 후에도 이곳의 치즈케이크와 쿠키를 그리워한다. 그런데 이만큼 뛰어난 이탈리안 베이커리를 찾기가 어디 쉽겠는가. 그러니 배달 비용을 지불해서라도 베니에로의 케이크를 맛보려고 한다.

뉴욕 인근에서 들어오는 주문은 가게에서 직접 배달을 나간다. 현재 뉴욕에 있는 스무 군데의 카페에서 베니에로의 케이크를 주문해 판매하고 있다. 베니에로는 최고의 가게 중 하나이기 때문에 많은 거래처가 주문을 하려고 한다. 현재 배달 업무를 맡고 있는 사람은 4대 사장의 아들인 프랭키 제릴리다. 로버트 사장 자신도 30년 전 아버지에게 배운 대로 아들을 가르치고 있다. 그는 아들이 가게의 모든 일을 제대로 배우기를 바란다.

"힘든 일부터 배워 올라오는 거죠. 저도 배달 일부터 시작했어요. 그다

4대 사장, 로버트 제릴리

음에는 주방으로 갑니다. 이 아이는 아직 많이 배워야 해요."

　가게 경영을 배우기 위해 배달 업무부터 하는 이유가 있다. 배달을 하다 보면 거래처를 파악할 수 있고 그들과 관계를 맺는 데 큰 도움이 되기 때문이다. 배달 업무를 충분히 터득한 다음에는 가게 안에서 주문을 받는 일을 할 것이다.

　이탈리아 이민자의 전통을 그대로 계승한 베니에로는 뉴욕에서 큰 성공을 거뒀다. 이탈리아 본점에서 뉴욕 베니에로까지 이어진 성공의 중심에는 24시간 동안 오로지 디저트만 생각해온 열정이 있었다. 그 결과, 마침내 100년의 역사를 만들었고 뉴욕 시장, 힐러리 클린턴 등 수많은 명사들이 베니에로의 단맛에 매료되었다.

　베니에로의 4대 사장인 로버트 제릴리 역시 어릴 때부터 아버지가 가게를 운영하는 것을 보아왔다. 그의 아버지는 이 사업을 무척 소중히 생각했다고 한다. 그런데 영업시간은 전혀 생각하지 않아서 1년에 적어도 360

일은 영업할 정도로 가게에 온몸을 바쳤다. 긴 시간 동안 일을 하니 당연히 힘이 들었고 가게가 폭발할 것처럼 정신없이 바쁜 나날이 이어졌다. 손님들이 너무 많이 와서 마치 공짜로 케이크를 나눠 주는 기분이 들 정도였다고 한다.

주문, 제빵, 배달까지 직접 하며 열정적으로 회사를 이끌어온 선대 사장들의 모습을 보면서 자랐기에 부담도 적지 않다. 로버트 사장의 뒤를 이을 아들 프랭키는 솔직히 걱정도 된다고 한다. 아버지와 할아버지 또 그전의 선대들이 어떻게 그토록 오랜 시간 동안 훌륭히 잘해올 수 있었는지 아득하게만 느껴지는 심정이다. 그럴 만도 한 것이 프랭키는 이제 막 시작했기 때문이다. 그들의 헌신으로 최고의 명성을 얻은 가게이기에 자신이 망쳐서는 안 된다는 부담감이 언제나 따라다닌다. 그러나 선대들만큼 잘하고 싶은, 아니 더 잘하고 싶은 바로 그 마음이 그의 안에서 열정이라는 이름의 꽃을 피우고 있다.

위기를 통해 깨달은 나눔의 의미

베니에로의 주말에는 생일용 케이크나 웨딩케이크 주문이 많다. 특히 웨딩케이크는 보통 케이크와는 모양도 규모도 남다르기에 하나를 만드는 데에도 여러 제빵사들의 손이 필요하다. 대개 5단까지 케이크를 올리는 데 신중하게 균형을 잘 잡아서 세우는 것이 중요하다. 누군가에게 평생의 기쁨을 선물할 케이크이기에 직원들의 손길이 유독 조심스럽고 표정도 진지하다.

기쁜 날이나 뭔가를 기념하는 날에 케이크가 빠질 수 없다. 축복의 분위기를 내는 데도 케이크만 한 것이 없다. 자연히 즐거운 일, 나눌 일이 많

배달용 맞춤 케익

아질수록 베니에로를 찾는 이들도 많아진다. 손님들은 각기 다른 여러 이유로 이곳에 와서 케이크를 사 가고 가족이나 친구들과 함께 즐거운 시간을 갖는다. 케이크는 나누어 먹어야 한다. 그리고 맛있는 케이크일수록 나눌 때 그 기쁨이 배가된다.

그러나 베니에로는 케이크가 기쁨을 나누는 역할뿐 아니라 슬픔이나 노고를 위로하는 일도 할 수 있음을 보여줬다. 뉴욕의 3대 디저트 가게로 꼽힐 만큼 입지를 굳혔지만 베니에로에도 힘든 시기가 있었다. 뉴욕의 모든 가게들이 그러했듯 9·11테러 때였다. 매출의 40퍼센트가 감소한 그때, 베니에로는 가장 힘든 위기를 맞았다. 그러나 당시 베니에로는 매출을 늘리려고 애쓰기보다는 인근 소방서에 기부를 시작했다. 그 공로로 감사패까지 받았다. 소방관들이 목숨을 걸고 자기희생을 감수하면서 얼마나 힘들게 일하는지 알기 때문에 매일 소방서에 케이크를 기증했다. 케이크가 그들에게 위안이 될 수 있다는 것을 알았기 때문이다.

지금도 로버트 사장은 틈날 때마다 케이크를 들고 가게에서 5분 거리에 있는 소방서를 찾는다. 모두가 힘들었던 시기에 베니에로의 달콤한 맛은 사람들에게 위안을 줬고 그 덕분에 가게도 다시 일어설 수 있었다.

어려운 상황에서 로버트 사장은 더 움켜쥐기보다는 손바닥을 활짝 폈다. 그리고 지역의 이웃들과 손을 맞잡았다. 서로 나눌 것이 있어 우정은 더 깊어졌다. 지구상의 어떤 가게나 기업도 온전히 홀로 서 있지 않다는 사실을 베니에로는 몸소 보였다. 한 터전을 이웃과 공유하며 이웃들의 사랑으로 발전할 수 있다는 감사와 겸허의 정신이다. 베니에로는 위기를 통해 그 사실을 다시 한 번 입증했고 보란 듯 금방 제자리를 찾았다. 가게가 터 잡고 있는 지역의 안녕과 이웃들의 행복 없이는 100년이 아니라 천 년이 된 가게라도 살아남기 힘들 것이다.

베니에로는 기쁨의 상징인 케이크를 만들어 파는 곳으로서 그 의무를 잘 알고 있다. 베니에로가 나눈 것은 단순한 케이크가 아니라 케이크가 전하는 기쁨과 나눔의 의미였다. 사람들은 그 의미를 사기 위해 오늘도 베니에로에서 줄을 선다.

향수와 추억의 장소

이탈리아의 전통 명절이 있는 3월은 베니에로가 가장 바쁜 달이다. 이탈리아 전통 과자를 사러 오는 사람들 때문이다. 이는 오래된 전통 방식으로 만들며 지금도 충실히 따른다. 무엇보다 중요한 것은 반죽할 때 달걀을 한꺼번에 넣지 않고 나눠서 넣는 것이다. 아래에 불을 지피고 저어주면서 조금씩 넣는다. 달걀이 너무 익지 않도록 하기 위해서다.

빨간색, 하얀색, 초록색, 이탈리아 국기를 연상시키는 색색의 장식을 얹은 전통 과자는 아름답기도 하지만 이탈리아인들에겐 더 특별한 의미로 다가온다. 고향을 멀리 떠나왔어도 마음속에 늘 조국을 품고서 그리워하는 그들이다.

베니에로의 디저트 대부분은 이탈리아에서 시작되었다. 그래서 더욱 이탈리아 전통 방식을 이어가려고 한다. 입 안으로 가득 밀려드는 달콤함이 고향을 그리워하는 마음을 달래준다. 어린 딸과 함께 자주 찾았던 가게를 이제는 할아버지가 되어 손자들과 함께 와서 추억을 공유한다.

다양한 종류의 케익들(상)
이탈리아 국기를 연상시키는 전통 과자 '스핀지'(하)

점점 전통을 찾아보기 힘든 빠르게 변화하는 세상, 더 빨리 돌아가는 뉴욕에서 이곳은 한결같은 전통의 맛을 느낄 수 있는 장소다. 25년, 30년 안에 이 아이들이 또 자녀를 이곳에 데리고 올 것이다. 사람들에게 향수와 추억의 맛으로 기억되는 베니에로는 그 경영철학처럼 사람들에게 행복감을 선사한다. 다시 100년이 지나도 베니에로는 이 자리를 지키며 추억이 깃든 특별한 장소로서 문을 열고 있을 것이다.

많은 사람들이 행복해지고 싶을 때 이곳을 찾는다고 말한다. 최고의 재료를 사용해 항상 신선한 맛을 내는 케이크를 사러 온다는 것은 항상 즐거운 일이다. 숨은 비법이 아닌 눈에 보이는 정직함, 사람들을 행복하게 만들겠다는 소박하고도 위대한 소망이 100년을 지켜온 맛의 비결이다.

베니에로의 성공 비결

1. 정직한 재료의 원칙을 지킨다

베니에로는 재료를 아끼지 않는다. 다른 곳에서는 비싸서 쓰지 않는 재료에도 신선도를 위해서라면 과감히 투자한다. 높은 질을 합리적인 가격에 제공해 판매량을 늘림으로써 이윤을 남긴다는 전략은 그대로 맞아떨어졌다.

2. 노련한 제빵사들

보통 20년에서 30년 동안 함께 일한 제빵사들은 서로가 가족 같은 관계를 유지하며 자신의 능력을 한껏 발휘한다. 숙련되었기에 더 많은 케이크를 만들 수 있으며 손님들이 아무리 많아도 항상 훌륭한 맛을 유지할 수 있다.

3. 케이크도 배달한다

베니에로 가게 옆에는 주문 배달을 위한 점포가 따로 있다. 전화나 온라인으로 주문을 받아 미국 전역으로 배달한다. 피자처럼 케이크도 배달한다는 새로운 발상이 베니에로를 더욱 유명하게 만들었다.

4. 바닥부터 배우는 경영수업

대를 이을 후계자는 배달부터 시작해 고된 일들을 모두 배운다. 가게 일을 모두 알아야 경영자가 될 수 있다. 선대들은 영업시간이 무척 긴 베니에로를 밤낮없이 일하는 열정으로 키워왔고 그 모습을 보며 자란 후계자도 같은 열정을 품는다.

5. 상품 그 이상의 의미를 나눈다

매출이 급격하게 떨어진 9·11테러 발생 당시, 베니에로는 나눔으로 위기를 이겨냈다. 또한 삶의 기쁜 순간들을 이곳의 케이크와 함께해온 손님들에게 베니에로는 단순한 가게가 아닌 향수와 추억을 느끼는 특별한 장소가 되었다.

INFORMATION

주　소　342 East 11th Street & 1st Ave. New York, USA
홈페이지　www.venierospastry.com
전　화　+1-212-674-7070
영업시간　8:00~24:00(금, 토 8:00~25:00)

- 미야와키 바이셍안
- 루돌프 셰어
- 보욜라
- 랑팔 라투르
- 후카이원 먹 공방
- 세라스 로우라

2부

역사와 예술이
살아 숨 쉬는
백년의 가게

진심을 전하는 바람

일본 부채 명가
미야와키 바이셍안

"미야와키 바이셍안은 언제나
일본 문화의 어진 바람이 될 것이다."
— 미야와키 바이셍안 7대 사장, 미야와키 센죠

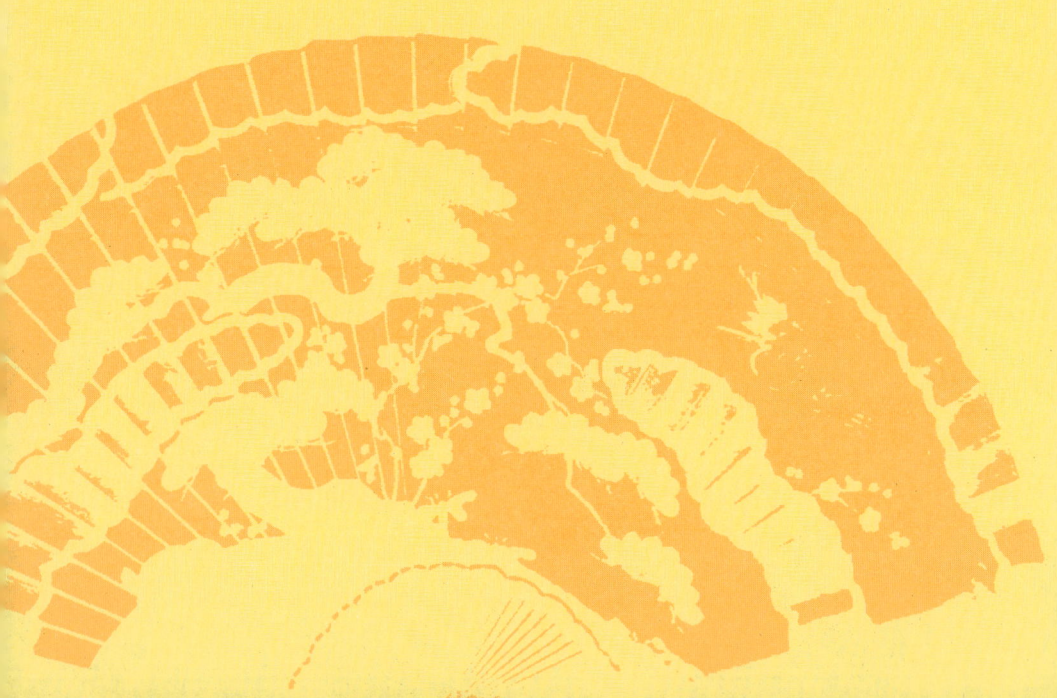

유네스코 세계문화유산 '기요미즈사'

🏠 **일본의** 옛 수도인 교토 시 남부에 자리한 사찰, '기요미즈사'는 서기 780년에 승려 엔친이 교토 남부에 세운 사찰로 유네스코 세계문화유산으로 지정된 곳이다. 일본 고유의 정취가 풍겨 나오는 이곳은 교토를 찾은 관광객들의 발길이 가장 먼저 향하는 명소다. 사찰 아래의 돌담길에는 전통 상품을 파는 거리가 형성되어 있다. 이곳은 우리나라로 치면 경주와 같은 곳이어서 일본 내에서 학생들이 수학여행으로 많이 찾는다. 학생들은 기념품으로 부채를 많이 사 간다. 여름이 지난 지 오래인데도 부채를 구입하는 모습이 생경하기도 하다.

부채는 교토가 일본의 수도였던 헤이안 시대부터 발달해왔으며 이제는 교토를 대표하는 특산품이 되었다. 미야와키 바이셍안宮脇賣扇庵은 이른바 명품 부채를 판매하기로 명성이 높은 곳이다.

교토에서는 매년 가을에 '시대제'라는 축제가 열린다. 약 1200년 전 헤이안 시대부터 메이지 시대까지, 각 시대별 의상의 변천사를 보여주는 행사다. 이 행사에서 펼쳐지는 화려한 퍼레이드에 눈에 띄는 소품이 하나 있다. 누군가는 허리춤에, 누군가는 손에 쥐고 있는 것, 바로 부채다.

일본인들은 전통 복장인 기모노를 입을 때 부채를 꼭 갖춰야 할 필수품으로 여긴다. 시대가 변해도 달라지지 않는 풍습이자 일본인의 문화다. 더 이상 부채가 필요 없다고 하면서도 여전히 많은 사람들이 찾는 필수품의 자리를 내주지 않고 있다. 부채는 단순히 더위를 쫓는 용도를 넘어 일본 문화의 큰 축이 되었다.

손 안의 바람을 넘어 문화의 바람을 일으키는 데 큰 역할을 해온 백년의 가게가 있다. 그 커다란 문화의 바람이 시작되었으며 여전히 바람을 일으키고 있는 곳이다. 일본 부채의 역사를 고스란히 품고 있는 189년 전통의 부채 명가, 미야와키 바이셍안이다.

문화를 담은 다채로운 부채들

가게 안에는 부채 전시관이 마련되어 있다. 천장을 보면 메이지 시대 때 그려진 그림들이 빼곡히 메우고 있다. 그림들은 교토를 대표하는 48명의 화가들이 손으로 직접 그린 부채 그림이다. 1902년에 완성된 것으로 그림 한 장에 천만 엔, 우리 돈으로 1억 원을 호가한다고 한다.

벽면에는 역시 같은 메이지 시대에 완성된, 도쿄 화가들의 작품들이 채워져 있다. 당대의 화풍을 엿볼 수 있는 이 그림들은 천장의 작품과 함께 현재 교토 문화재로 지정되어 있다. 이 밖에도 전시관에는 189년을 이어온 미야와키 바이셍안의 역사는 물론 일본 부채 역사의 흔적들이 가득하다.

이 전시관에는 부채의 종류가 이렇게 다양했나 싶을 정도로 개성 있고 화려한 부채들이 전시되어 있다. 당대의 화풍을 엿볼 수 있는 부채들

로 가득하다. 그중 일본 부채의
원형을 볼 수 있는 부채가 가장
눈길을 끈다. 명주실로 엮은 노
송나무 부챗살 위에 그림이 그
려진 형태로 1200년 전에 부
채가 일본에 첫선을 보이던 당
시 귀족들에게만 허락된 소품
이라고 한다. 이 부채는 '목간'
이라고 불리는데 나무판에 글
자를 쓰거나 그림을 그리는 공
책이라고 할 수 있다. 손에 들
고 펼쳐 암기하는 용도로 썼던
것이다.

귀족에게만 허락된 소품 '목간'(상)
어린이용 '시치고산 부채'(하)

　섣불리 그 가치를 가늠할 수
없는 전시관 속 부채들 안에는 일본에서 가장 오래된 부채 가게의 자부심
이 담겨 있다. 전시관뿐 아니라 현대의 상품을 판매하는 매장에서도 무척
이나 다양한 종류의 부채들을 볼 수 있다.

　그중 하나는 혼례용 부채다. 일본에서는 결혼 전에 예물로 부채를 주고
받는 전통이 있다. 한 면은 금, 한 면은 은으로 된 부채를 신랑 신부가 서
로 교환한다. 이는 남녀의 조화로운 미래를 뜻하는 것으로, 끝으로 갈수록
퍼지는 부채 모양은 점차 번창해나간다는 의미다.

　어린이용으로 나온 작은 부채도 있다. '시치고산 부채'로 역시 전통 의
식에 쓰인다. 아이들이 세 살, 다섯 살, 일곱 살이 됐을 때, 가족들은 건강

을 기원하고 축하하는 의미로 부채를 선물한다.

선물용만 있는 것이 아니다. 양면의 문양이 똑같은 무용 부채는 예술인들이 공연에 사용하는 부채다. 무용수들의 춤 동작을 고려해 양면의 문양이 동일할 뿐만 아니라 다른 부채에 비해 손잡이 쪽이 더 무겁다는 특징이 있다. 위로 던졌을 때 손잡이 부분이 먼저 떨어져서 손 안에 제대로 착지하도록 만든 것이다.

일본의 부채는 쓰임새에 따라 크게 총 7가지로 나뉜다. 장식용, 무용용, 전통예능용, 축의용, 다도용, 전통의례용, 여름용이 있다. 더 세분화하면 크기, 문양, 재료에 따라 헤아릴 수 없이 많은 종류의 부채들이 존재한다. 부채라는 단어 하나로 정의하기에는 부족할 정도다. 미야와키 바이셍안이 판매하는 것은 일본의 문화, 그 자체다.

장인의 손으로 만드는 뼈대

미야와키 바이셍안은 오로지 최고의 부채를 만들어야 한다는 일념 하나로 여전히 까다로운 원칙을 고수한다. 미야와키 사장은 절대로 불량품이 나와서는 안 되고, 두 번 손이 가서도 안 된다는 점을 직원들에게 항상 강조한다.

교토에서 차로 두 시간을 달리면 시가 현의 작은 농업 도시 '아도가와'가 있다. 이곳은 울창한 대나무 숲으로 유명하다. 대나무는 부채의 뼈대가 되는 가장 중요한 재료다. 더위와 추위를 고루 견디며 자란 이 지역의 대나무는 부채의 뼈대로 가장 적합한 성질을 갖고 있다. 섬유의 밀도가 촘촘해서 가공이 쉽다는 특징이 있다. 부드러운 대나무는 쉽게 구부러지므로 부챗살의 탄성을 유지하기 위해서도 단단한 대나무는 필수다.

경력 65년의 부채 장인, 후루타 간죠 씨

　죽순이 난 다음 3년에서 5년까지의 대나무가 부채 재료로 가장 알맞다. 엄격히 대나무를 선별하고 나면 가장 먼저 하는 일은 대나무를 가늘게 잘라서 햇볕에 말리는 일이다. 그런 다음 장인의 손을 거쳐 부챗살로 거듭나게 된다. 경력 65년의 후루타 간죠 씨는 열네 살 때부터 이 일을 해왔다.
　언뜻 단순해 보이는 작업이지만 기계가 아닌 손으로 하는 일이기에 더욱 집중해야 한다. 조금만 빈틈이 있어도 훌륭한 부채가 나올 수 없다. 재료나 작업 과정에서 작은 실수나 하자가 있어도 제품에 바로 나타나기 때문이다.
　65년 경력의 장인이 추구하는 빈틈없는 작업은 톱밥으로 대나무 결을 적시는 과정에서 시작된다. 스펀지에 물을 묻혀 정성껏 대나무를 적신다. 대나무는 물에 적셔두면 재료가 잘 쪼개지지 않고 다듬을 때도 칼날이 덜 무뎌져 오래 쓸 수 있다고 한다.
　대나무를 적신 다음에는 부챗살을 다듬는다. 먼저 밑동이 되는 부분을 둥글게 깎는데 너무 깊이 깎으면 안 된다. 그래서 힘을 조절하면서 두 번에 걸쳐 깎는다. 그렇게 하면 부챗살이 안팎으로 다 맞게 만들어진다. 이어서 손으로 붙들게 되는 살 부분을 정리하고 지금까지의 작업을 반대편 면에다 다시 한 번 한다. 이 과정을 통해 거친 대나무살은 매끈한 부챗살로 거듭난다.

한 번에 다듬는 부챗살의 개수는 2천 개로 대략 부채 50개 정도의 분량이다. 그는 이렇게 매일 천 개 분량의 부채를 만든다. 힘이 들 만도 하건만 나이가 들어도 건강하게 일할 수 있다는 사실 하나에 감사하는 마음을 갖고 있다.

그의 주변에 흩어진 도구들은 모두 낯설다. 작업을 하면서 때때로 필요한 것을 직접 만들어 쓰기 때문이다. 65년 동안 이 일을 하면서 손과 머리로 익힌 노하우는 그 누구도 흉내 낼 수 없는 경쟁력이다.

다듬는 작업을 끝내고 마침내 형태를 갖춘 부챗살은 다시 한 번 햇볕과 바람의 힘을 빌리게 된다. 이 과정을 거치면 대나무의 수분이 완벽히 제거된다. 부챗살을 펼쳐보면 푸른색이 나는 부분이 있는데 날씨가 좋을 때 이 부분을 노출시켜 골고루 햇볕을 쬐게 한다. 여름에는 4, 5일 정도면 충분히 마르지만 가을, 겨울에는 종잡을 수 없다. 부채 제작에는 기다림이라는 과정도 포함되어 있다.

미야와키 바이셍안의 부채는 총 87번의 과정을 거쳐 탄생한다. 그 장대한 작업의 마무리는 25년 경력의 부채 제작 장인 다이토 도시유키 씨가 맡는다. 다이토 씨의 할아버지와 아버지 역시 부채를 만드는 장인이었다. 그 역시 가업을 이었다.

다이토 씨는 부채의 양쪽 기둥, 즉 변죽이라 불리는 부챗살을 매끄럽

부챗살 말리는 과정을 통해 대나무의 수분은 완벽히 제거된다.

게 다듬고 윤을 내는 작업을 한다. 햇볕에 잘 마른 변죽은 이 작업을 거치면서 붉은빛을 띤다. 변죽에 광을 낸 다음에는 부챗살과 연결한다. 뜨겁게 달군 연장으로 변죽과 부챗살을 엮은 고무를 녹여 고정하면 드디어 부채의 뼈대가 모두 완성된다. 이제 사북고정쇠을 박은 다음 교토의 가게에 출하만 하면 된다. 이렇게 교토가 자랑하고 일본이 사랑하는 전통 부채가 탄생한다.

예술과의 교류로 부채의 격을 높인다

회사 내에는 지금은 찾아보기 힘든 옛날 도안 자료들이 보관되어 있다. 옛날 소방관인 히케시들의 작업복에 그려져 있던 문양의 일부를 비롯해 자료는 무척이나 다양하다. 이는 회사의 가보이며 부채를 만드는 원천이다. 창업 당시부터 보관해온 각 시대 화가들의 빛바랜 원화는 빛나는 아이디어로 재탄생한다.

창업 당시부터 보관 중인 각종 부채 도안

　디자인실장 오가와 히로시 씨는 20세기 초반, 전통 회화의 거장으로 불렸던 다케우치 세호의 작품으로 부채를 만들 생각이다. 이러한 원화로만 시리즈로 엮어 새해용으로 제작하려는 것이다. 고전적인 디자인을 원하는 고객들은 여전히 많다. 그렇다고 시대의 흐름을 모르는 척할 수는 없다. 그래서 원화의 고전적인 문양에 현대적인 색감을 조합한다. 그 결과 누구도 상상할 수 없었던 새로운 부채 그림이 그려진다. 세상에 하나밖에 없는 도안이 또 하나 탄생하는 순간이다.

　회사의 데이터베이스에 보관된 오랜 도안들은 미야와키 바이셍안의 가장 큰 재산이자 경쟁력이다. 신규 업체들은 절대로 이런 자료를 보유했을 리가 없다. 결국 그들은 모든 것을 새로 다 고안해야 한다. 하지만 미야와키 바이셍안은 고전적인 문양을 보유하고 있기에 이를 바탕으로 현대적인 문양도 창조할 수 있다. 그러나 이 방대한 자료들의 가치를 살리고 가게의 발전을 이어가기 위해서는 신구를 융합하는 작업이 반드시 필요하다. 옛것을 존중하며 발전시키는 작업은 가게는 물론 일본 부채의 역사를 지키는 일이기도 하다.

7대를 이어온 가게의 힘은 빛바랜 책 한 권으로 대변할 수 있다. 7대 사장의 할아버지이자 5대 사장인 미야와키 신베에이 사장 때 만든 책이 그것이다. 여기에는 1901년, 당시 일류 화공들의 손을 빌려 만든 부채 그림의 도안들이 실려 있다. 한 장 한 장 넘길 때마다 부채꼴 안에 그려진 아름다운 풍속화가 펼쳐진다.

선대 때부터 예술인들과 활발히 교류해온 역사는 미야와키 바이셍안이 오래도록 가게를 지속할 수 있었던 힘의 원천이다. 바람을 일으키는 도구에서 그 이상의 의미를 만들어낸 부채 명가의 성공 비결이기도 하다. 그래서 7대 미야와키 사장도 그 정신을 이어간다.

하나하나 손으로 그리는 작품

미야와키 바이셍안에서 5분 거리에 위치한 교토 시내의 중심에 '롯카쿠도' 사찰이 있다. 관광객보다 주변 시민들의 방문이 드물게 이어지는 조용한 사찰이다. 한때는 사찰 앞 거리에 전통용품점들이 넘쳐났다고 한다. 많은 장인들이 둥지를 틀고 있었지만 지금은 완전히 변했고 상점들도 많이 사라졌다.

다카시마 점장은 이 거리의 끝자락에 자리한 한 예술가를 방문하곤 한다. 부채 그림 화가 간 사이게츠 씨는 지난 20년간, 잘 꾸며진 화방이 아닌 허름한 책상 위에서 부채의 꽃이 되는 그림을 그려왔다. 직접 손으로 하나하나 그리기 때문에 그림이 조금씩 달라지기도 하지만 그것이 바로 육필의 장점이자 아름다움이다.

수백 년 전의 부채 화가들도 집에서 그림을 그려 판매해왔다고 한다. 가내수공업인 셈이다. 선조로부터 이어받은 전통은 그뿐만이 아니다. 화

가내수공업으로 작업하는 부채 그림 화가의 도안

가는 같은 문양일지라도 열 장이건 백 장이건 그리고 또 그린다. 문양 수는 헤아릴 수 없이 많다. 제작량은 연간 1만 개나 된다. 그래도 온전히 손으로만 완성한 그림은 부채 그림 화가의 자긍심이다.

화가는 그동안 그려온 부채 도안과 그림 자료를 빠뜨리지 않고 모아왔다. 손님이 원하는 그림을 무리 없이 그리기 위해서는 장인도 배우고 익히는 과정이 필요하다. 관심이 가는 자료는 무조건 모아두고 미술관이나 박물관도 자주 찾는다. 평소에 틈틈이 자료를 입수해두지 않으면 자칫 그림을 그릴 때 애를 먹을 수 있다고 한다.

미야와키 바이셍안은 지금도 부채의 그림 하나하나를 화가의 감각을 통해 만들고 있다. 이는 선조의 경영철학이기도 하다. 세기를 넘어 지속해온 예술인과의 교류와 노하우를 바탕으로 미야와키 바이셍안은 새로운 부채를 창조해나가고 있다.

미야와키 바이셍안 전경

기쁨의 바람을 만드는 곳

미야와키 바이셍안은 약 60여 년 전인 1952년부터 일본 황실에 부채를 납품하고 있다. 그저 오랜 세월을 지나온 가게가 아니라 최고 품질의 부채를 판매하는 명가이다.

쉽게 만들 수 없는 좋은 부채를 파는 가게, 미야와키 바이셍안에는 특별한 홍보 수단이 없다. 부채 하나에 3천 엔에서 4천 엔이면 가격도 만만치 않다. 그런데도 가게에는 손님이 끊이지 않는다.

오전 9시가 되면 어김없이 가게의 문이 열린다. 가게 이름이 쓰인 천을 내걸고 본격적으로 손님 맞을 준비를 한다. 빨갛고 큰 부채는 미야와키 바이셍안의 유일한 홍보 도구다.

그런데 그보다 문 앞에 떡하니 자리 잡은 평상이 더 눈에 띈다. 이곳은 부인이 쇼핑하는 동안 남편이 기다리면서 쉬는 곳이다. 가끔 그냥 지나가는 사람들도 사용한다. 손님의 모습이 보이지 않을 때까지 인사를 거듭하

일본의 부채 문화를 나타낸 '인풍재악'

는 백발의 점장처럼 이 평상도 미야와키 바이센안이 손님을 대하는 자세를 보여준다. 그래서 사람들은 잊지 않고 이곳을 찾는다.

올해로 35년째 가게를 지켜온 점장 다카시마 쇼지 씨에게는 한 가지 철칙이 있다. '부채만을 팔지 말자'는 것이다. 진심을 담아 손님을 위한 최고의 서비스를 제공하고자 한다. 생일 선물을 사는 손님이 있으면 다카시마 점장이 직접 붓을 들고 멋스러운 필채로 축하 메시지를 쓴 다음, 그 종이로 부채를 포장한다. 사는 사람과 더불어 파는 사람의 마음도 함께 담는 것이다.

다카시마 점장은 일본의 부채 문화를 인풍재악人風在握이라는 말로 설명한다. '삶의 바람은 자기 손에 쥐어 있다'는 말이다. 미야와키 바이센안은 사람들의 손 안에 기쁜 바람風을 전하고자 노력한다.

"손님에게 기쁨을 주는 바람을 제공하면서 장사를 영위한다는 뜻이 이 '인풍재악'이라는 네 글자에 담겨 있다고 생각합니다."

7대 사장, 미야와키 센죠

미야와키 바이셍안에서 판매하는 부채는 바람을 일으키는 도구, 그 이상의 의미를 지니고 있다. 창업 이래 189년이라는 긴 세월이 흘렀지만 이 오래된 부채 가게는 여전히 건재하다. 창업 당시부터 굳게 지켜온 신조가 있기 때문이다.

미야와키 바이셍안은 제품에 가치와 문화를 담아 손님을 기쁘게 한다는 정신을 이어왔다. 이것이 미야와키 바이셍안이 189년이라는 긴 역사를 이끌어올 수 있었던 이유다. 그리고 앞으로 더 많은 시간을 거쳐갈 진짜 이유다. 미야와키 바이셍안은 언제나 일본 문화의 풍향이 될 것이다. 88세의 미야와키 사장은 좋은 것들은 남을 수밖에 없다고 말한다.

"시류에 너무 집착해서는 안 됩니다. 착실하게 좋은 제품을 만든다면 사람들의 미움을 받을 일도 없지요. 자연도태로 부채 제작업자들은 줄어들겠지만 저희는 마지막까지 남아 있을 것입니다."

단지 기능만을 따진 부채였다면 첨단 에어컨이 존재하는 현대에는 이미 흔적을 찾아볼 수 없었을 것이다. 그러나 부채가 예술이 되고 문화를 만들어냈기에 100년을 이어올 수 있었다.

 작은 부채 하나로 교토를 넘어 일본 문화의 자부심이 된 미야와키 바이셍안은 언제나 같은 자리에서 사람의 마음을 움직이는 바람을 일으키며 일본 문화의 기쁜 바람이 될 것이다.

미야와키 바이셍안의 성공 비결

1. 과거와 현대의 조합

회사 내에는 옛날 부채 도안의 자료들이 보관되어 있어 아이디어의 원천이 된다. 또한 1901년 당시 일류 화공들이 만든 부채 그림의 도안들이 실린 책도 남아 있다. 이런 자료들이 있기에 고전적인 문양을 만들어낼 수 있다. 그러나 시대의 흐름도 무시하지 않는다. 여기에다 현대적인 색감을 더해 새로운 부채 그림을 만든다.

2. 예술가와의 교류

선대 때부터 미야와키 바이셍안은 예술인들과 교류해왔다. 예로부터 화가들이 가내수공업으로 그림을 그려 제공했고 지금도 부채의 그림 하나하나를 화가의 손으로 만들고 있다. 이는 선조의 경영철학이기도 하다. 한 세기를 넘어 지속해온 예술인과의 교류가 새로운 부채를 창조한다.

3. 수작업을 거쳐 탄생하는 명품 부채

인생의 절반이 넘는 시간을 부채에 바친 장인들은 명품 부채를 만든다는 자부심으로 이곳의 전통을 이어가고 있다. 단 하나를 만들더라도 최적의 조건에서 자란 재료들을 사용하고 87번에 이르는 공정을 빠짐없이 거쳐야만 탄생하는 미야와키 바이셍안의 부채는 가히 예술의 경지에 도달했다고 할 수 있다.

4. 부채만이 아니라 마음을 담은 진심을 전한다

손 안에 기쁜 바람을 전한다는 마음가짐으로 고객을 대하는 미야와키 바이셍안의 경영철학은 창업 당시부터 굳게 지켜온 신조로 189년의 역사를 이어나가는 힘이 되었다. 단지 상품만을 판매하지 않는다는 신념으로 방문하는 손님 한 명 한 명에게 정성을 다한다.

5. 다양한 부채 제작

예물의 용도나 건강을 기원하는 의미에서 부채를 선물하는 것은 일본인들의 전통 풍습이다. 미야와키 바이셍안에서는 크기, 문양, 재료에 따라 다양한 부채들을 제작해 어느 누구에게나 의미가 담긴 선물이 될 수 있도록 판매하고 있다.

INFORMATION

주 소 京都市中京区六角通富小路東入ル 大黒町 80-3
홈페이지 www.baisenan.co.jp
전 화 +81-75-221-0181
영업시간 연중무휴 9:00~18:00 (하절기 19:00)

세상에 단 하나뿐인 신발

오스트리아 구두 명가
루돌프 셰어

"발에 잘 맞는 신발을 위해
최선을 다해 최상의 결과를 내야 한다."

— 루돌프 셰어 7대 사장, 마르쿠스 셰어

약 200년의 전통을 자랑하는 '루돌프 셰어'

🏠   **유럽의** 오래된 도시, 오스트리아 빈은 도시를 가득 채운 고풍스러운 건물 사이로 음악이 끊이지 않는 예술의 도시다. 빈의 어느 골목길에는 도시의 토박이부터 관광객까지 꼭 들르는 명소가 있다. 무려 196년 역사의 신발 가게, 루돌프 셰어Rudolf Scheer다. 이곳의 구두에는 사람들을 매료시키는 특별한 무엇이 있다.

사람들의 발이 제각기 다르듯 신발 역시 똑같은 것이 없다. 오랜 열정과 지식으로 탄생시킨 구두 한 켤레는 세상에서 하나뿐인 신발이다. 루돌프 셰어는 그 유일함을 만드는 곳이다.

"수공업은 영혼으로 완성됩니다. 손으로 하는 일은 기계와는 아주 다른 방식으로 생명을 얻죠. 오직 사람의 손으로만 완성시키는 루돌프 셰어의 신발은 고도의 기술이 낳은 결과입니다."

루돌프 셰어의 7대 사장 마르쿠스 셰어의 말처럼 이곳의 모든 제품은 수제작이다. 또한 개개인의 발에 꼭 맞는 맞춤형 신발을 만든다. 발을 위한 편안한 옷, 이것이 루돌프 셰어가 생각하는 신발이다.

　루돌프 셰어는 1816년에 창업한 이후 지금까지 오스트리아뿐 아니라 영국, 독일, 이탈리아에까지 명성을 떨치고 있다. 한 번 셰어의 고객이 되면 재구매율이 무려 80퍼센트나 된다. 건강을 위한 맞춤형 신발로 고객의 신뢰도가 높기 때문이다. 루돌프 셰어는 최고 품질의 신발을 만들기 위해 1년에 단 250켤레만을 제작한다.

장인의 손끝에서 탄생하는 구두

　제작 과정이나 가게의 모습 모두 전통 그대로를 유지하고 있는 루돌프 셰어의 긴 역사는 가게의 2층부터 시작된다. 유럽 최고의 신발 가게라는 인증서와 과거 황실에서 받은 훈장들은 루돌프 셰어의 자부심이다. 그 자부심으로 고객 한 명 한 명을 위한 특별한 신발을 만든다. 루돌프 셰어의 신발이 특별한 이유는 개개인 발의 특징과 문제점을 정확히 보완하는, 이른바 치료적 개념의 신발을 만들기 때문이다.

　루돌프 셰어를 찾는 손님들은 매우 다양하다. 어떤 손님은 특별한 신발을 찾고 또 어떤 손님은 건강상의 문제로 이곳을 방문한다. 우리가 흔히 생각하는 신발의 기능이나 패션의 측면 외에도 여러 가지 이유로 루돌프 셰어의 신발을 구입한다. 그래서 제품에는 그들의 요구를 충족시킬 수 있는 모든 것이 담겨야 한다는 것이 이곳만의 철학이다.

　루돌프 셰어의 모든 신발은 2층에 있는 작업장에서 열 명 남짓한 직원들이 만든다. 두 명이 한 팀을 이루는 작업 방식으로 구두 제작의 전 과정을 담당한다. 그 모든 과정을 총괄하는 이는 다름 아닌 7대 사장, 마르쿠스 셰어 씨다. 구두 만들기의 시작은 그의 손에서 비롯된다.

그중 가죽 재단은 사장의 주요 임무다. 발을 본대로 정확하게, 또 가죽의 낭비 없이 재단해야 하기 때문에 매우 중요한 일이다. 한 켤레당 사용되는 가죽은 평균 여섯 조각에서 일곱 조각이다.

재단이 끝나면 신발 주인의 이름표를 덧붙여 작업장으로 가져가 담당 직원을 배정한다. 어떤 고객의 신발인지에 따라 만드는 직원도 달라진다. 편안함에 중점을 두는 고객의 구두, 큰 힘을 들이지 않고 만들

루돌프 셰어는 특기에 따라 배정된 직원이 구두의 전 제작 과정을 담당한다.

수 있는 구두, 좋은 가죽을 사용하고 잘 다뤄야 해서 많은 경험이 필요한 구두 등 여러 경우를 고려해 신발을 만들 직원을 결정한다. 고객의 특성을 고려할 뿐 아니라 직원의 특기를 파악하고 각각에게 적절한 직무를 주는 것이다.

담당 직원이 정해지면 먼저 발의 목형과 가죽 밑창을 밀착시키는 작업을 한다. 발바닥의 곡선대로 밑창의 틀을 잡기 위해서다. 발의 목형에 밑창을 고정하면 윗부분에 가죽을 대고 연결하는 작업을 해야 한다. 가죽과 나무가 달라붙지 않도록 가루를 뿌린 뒤 목형에 씌우는데, 다음 단계로 넘어가기 전에 반드시 검사가 필요하다. 직원들은 마르쿠스 사장에게 작업

2부 역사와 예술이 살아 숨 쉬는 백년의 가게 147

결과를 보여주고 조언을 얻는다. 작업장에서 마르쿠스 씨는 사장이자 조언자다. 중간 과정에 실수나 문제가 없는지 늘 확인하고 바로잡는 역할을 한다.

신발의 각 부분에 따라서도 세심한 기술이 필요하다. 특히 복숭아뼈가 닿는 부분은 장력이 제일 강하기 때문에 더 신경을 써서 만들어야 한다. 마르쿠스 사장은 손가락으로 만져보기만 해도 잘못된 부분을 바로 짚어낸다. 그의 엄지와 검지, 이 두 손가락은 센서나 마찬가지다. 이 정도의 감각과 자신만의 비결을 얻기까지 적지 않은 시간이 걸렸다. 10년 전 7대 사장으로서 가게를 물려받은 마르쿠스 씨는 20년 동안 할아버지와 함께 일했다.

196년의 전통, 유럽 최고의 맞춤 신발 가게

루돌프 셰어는 1816년에 와인 창고 한쪽에서 신발을 만들기 시작했다. 2대에 걸쳐 수집한 지식과 노하우가 쌓이면서 3대 루돌프 사장에 이르러 수제화의 품질은 정점에 달했다. 왕실을 위해 수제화를 만들며 품질 인증서와 구두 제작 독점권까지 받았다. 회사의 유리 진열장 안에는 지금도 황제들이 신었던 신발이 보관되어 있다.

그러나 점차 수제화의 명성이 사그라지기 시작했고 3대 사장의 죽음과 함께 회사에 위기가 찾아왔다. 그러나 위기는 기회이기도 하다는 것을 루돌프 셰어는 실감했다. 왕가가 무너지고 두 번의 세계대전을 거치면서 혁신의 기회가 찾아왔다. 제2차 세계대전이 일어난 후 신발의 새로운 측면이 부각되었다.

전쟁에서 다쳐서 돌아온 사람들은 정형외과 치료를 받아야 했다. 그래서 5대 사장은 '건강에 좋은 신발'에 초점을 맞춰 신발을 제작하기 시작했

창고에 보관된 구두의 나무 목형

다. 정형외과적인 요소를 고려한 신발을 만들면서 회사는 전환점을 맞았고 수제화가 다시 일어나는 계기가 되었다.

회사의 창고에는 루돌프 셰어가 만든 모든 구두의 나무 목형이 진열되어 있다. 4천 켤레의 목형이 보관된 루돌프 셰어의 작은 박물관인 셈이다. 이곳에 보관된 발의 변천사는 셰어의 신발을 발전시켜온 원동력이기도 하다.

창업 초기부터 200여 년 가까이 가죽을 보관해온 가죽 창고 역시 루돌프 셰어의 보물 창고다. 악어가죽, 염소가죽, 소가죽 등 희귀 가죽을 포함한 2천 장 정도의 가죽이 보관되어 있다.

지난 세월 동안 루돌프 셰어를 지켜온 세대들은 이처럼 귀중한 유산을 남겨주었다. 또한 후손에게 자신의 인생을 바쳐 배운 비결을 직접 가르쳐주었다. 이런 방식 덕분에 196년 동안 기술이 그대로 전수되어 언제나 동일한 제품과 품질의 신발을 생산해낼 수 있었다. 한 가족 안에서만 그 명맥을 이어나갔으니 작은 기적과도 같은 일이다.

　196년을 지켜온 셰어 가문은 자신이 가진 노하우를 다음 세대에 잘 물려주자는 신념을 잊지 않았다. 그 신념이 이어지면서 셰어의 신발도 발전을 거듭해왔다. 마르쿠스 사장의 아이들 역시 어릴 적부터 아빠의 회사를 놀이터 삼아 드나들며 신발을 만드는 일에 익숙해지고 있다. 몸으로 느끼며 자연스레 신발을 만드는 과정을 터득해가는 것이다. 이 점 또한 마르쿠스 사장이 할아버지에게 배운 가르침이다.

　물론 다음 세대를 생각한다는 것은 아직 먼 미래다. 마르쿠스 사장은 할아버지가 90세까지 왕성하게 일한 것처럼 자신도 아직은 현재에 충실하고 싶다고 한다. 관심이 있는 아이가 있다면 대를 이으라고 하겠지만 의무는 아니라는 생각이다. 그는 여전히 젊고 에너지가 넘친다. 해야 할 일도, 하고 싶은 일도 많다. 후손을 위한 선물을 충분히 준비한 후에야 다음 세대를 준비하게 될 것이다.

최고의 신발은 발이 편한 신발

　건강한 신발을 만드는 데 가장 기본이자 중요한 작업은 발의 치수를 재는 일이다. 그런데 단순히 치수만 재지 않는다. 마르쿠스 사장은 고객과의 대화를 통해 발을 쓰는 습관을 파악한 다음 부위별 치수를 기록한다. 치수를 재면서 마치 의사처럼 운동할 때 어느 발을 더 쓰는지 묻는다. 그리고 고객의 생활 습관 등을 꼼꼼히 받아 적는다. 발볼부터 발목까지 신발에 닿는 발의 모든 부분을 빠짐없이 기록하는데, 이때 중요한 것은 정확한 숫자가 아닌 장인의 감각이다. 발이 움직일 수 있는 여유까지 계산하는 것이 장인의 감이기 때문이다.

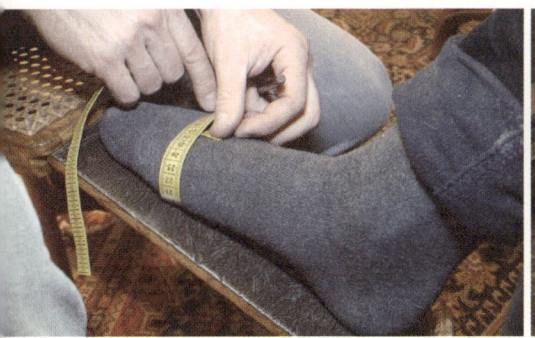
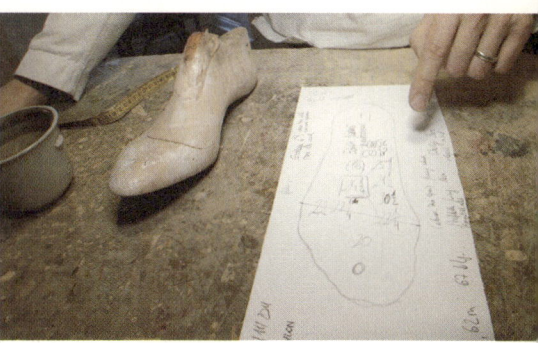

수제 신발 제작 과정에서 가장 중요한 일은
발의 치수를 재는 일이다.

고객의 특성을 고려해 만든 도안

 고객과의 상담이 끝나면 도안을 그린다. 도안을 보면 발의 각 부분이 측정되어 있어 발 모양을 알 수 있다. 여러 자세에 따라 측정하고 그 자료를 문서에 꼼꼼히 기록한다. 이 문서는 말하자면 고객에 대한 데이터를 모아 놓은 설계도다. 이를 토대로 작업에 들어가는데 손님의 발 모양이 달라질 수 있다는 사실을 감안해야 한다. 누구나 뚱뚱해지기도 하고 살이 빠지기도 하는데 그런 변화에도 편안하게 느껴지는 신발을 만들 수 있어야 한다.

 도안의 다음 과정은 나무 틀, 즉 목형을 다듬는 일이다. 평면적인 도안을 입체적으로 바꿔나가는 작업이다. 목형은 신발의 성공을 좌우하는 핵심 요소다. 고객마다 다른 발 모양이나 보행 시 각도까지 고려해 고도의 기술로 깎아야 한다. 발뒤꿈치 통증이 심한 족저근막염을 앓고 있는 고객을 위해서는 발의 아치에 체중이 실릴 때 무리가 없도록 디자인한다.

 마르쿠스 사장은 고객의 신발 목형을 만들 때도 고객이 몸을 어떻게 움직이는지, 취향이 어떤지를 생각하면서 작업한다. 고객이 원하는 많은 부분을 고려해야 좋은 구두를 만들 수 있다.

 발등 부분에 액체나무를 발라 채워주면 목형이 거의 완성된다. 길게는 스무 시간까지 걸리는 까다로운 작업이다. 그러나 목형이 곧 건강 신발의 시작이기에 소홀히 할 수가 없다.

목형 못지않게 가죽도 신발의 중요한 요소다. 가죽의 선택은 고객의 건강 상태를 고려해야 한다. 체중과 땀 흘리는 정도 등에 따라 두께나 재질이 달라지며 품질이 뛰어나야 제 기능을 할 수 있다.

회사에 가죽이 도착하면 직원들은 먼저 가죽에 결함이 있는지 검사한다. 손으로 문질러서 색상이 괜찮은지 살펴보고 또 구부려봐서 흠집이 나는 정도를 확인한다. 까다로운 검수를 통과한 가죽은 늘이는 과정을 거쳐야 사용할 수 있다. 오래된 재봉틀을 사용한 박음질 과정은 가죽의 두께와 부위에 따라 속도를 조절해야 한다.

루돌프 셔어는 오랜 기간 터득한 이들만의 기술로 최고의 건강 신발을 만든다. 좋은 신발이란 보기 좋은 것도 비싼 재료를 사용한 것도 아닌, 발이 편한 신발이라는 점을 경영철학으로 삼고 오늘날까지 수공예 신발 가게로서의 명성을 지키고 있다.

직원들 간의 관계가 좋아야 좋은 제품이 나온다

이곳의 직원이 되기 위해서는 먼저 손기술을 인정받아야 한다. 견습 과정은 3년 6개월이 걸린다. 사장의 테스트를 거쳐 회사에 들어오면 구두 장인과 한 팀을 이뤄 견습 과정을 거친다. 공동 작업을 하면서 동시에 일을 배우는 시스템으로 200년 동안의 노하우가 서서히 전수되도록 하는 게 마르쿠스 사장의 전략이다. 바로 윗선배의 경험담만큼 와 닿는 교육이 없기 때문이다.

선배와 함께 일하면 궁금증이 생길 때 신속하게 도움을 받을 수 있다.

선후배 사이에서만 조언을 주고받는 건 아니다. 자신이 많이 다뤄본 분야면 수습 직원들끼리도 서로 묻고 가르쳐주며 일을 습득한다.

루돌프 셰어에서는 직원 간의 위계관계를 유연하게 하고자 1년 전부터 새로운 인재 교육 방식을 도입했다. 명장 한 사람 아래 단순히 신발을 조립하는 보조직원을 여럿 두는 게 아니라 명장 한 명과 보조직원 한 명이 함께 일하는 새로운 제도를 도입했다. 이 방식은 곧바로 효과를 나타냈다. 딱딱한 위계질서가 아니라 평등하고 유연한 관계가 정립되면서 직원들 간의 관계가 좋아졌다.

이곳에 오기 전 자신의 구둣방에서 20년 넘게 구두 수선 일을 했다는 아돌 씨는 제대로 된 기술을 배우고 싶어 여기에 왔다. 루돌프 셰어에는 독일이나 영국에서도 기술을 배우러 오는 이들이 많다. 여러 세대에 걸쳐 이어진 전통이 있기에 여기에서 일을 배우면 세계 어디에 가더라도 문제없이 일할 수 있다.

직원들의 유대관계를 위해 또 다른 노력도 기울이고 있다. 일주일에 두세 번, 사장 및 직원들이 모두 함께 점심 식사를 갖는다. 열쇠공, 디자이너, 금속공까지 각자 손기술로는 뒤지지 않는 이력을 가진 직원들이 이제는 구두에 대한 열정으로 같은 길을 걷고 있다. 이들은 한결같이 마르쿠스 사장 같은 장인이 되고 싶어 한다. 열정적인 젊은 사장은 많은 아이디어로 젊은 직원들에게 좋은 영향을 주고 있다.

셰어의 작업실은 모두에게 개방되어 있다. 직원의 친구들이나 가족들도 언제든 초대할 수 있다. 가족이나 연인의 일터를 둘러보는 것은 흔치 않은 일이다. 지인들에게 자신이 일하는 모습을 보여주며 직원들은 자신의 일을 자랑스러워하게 된다. 방문하는 이들 또한 일터를 둘러보며 뿌듯

7대 사장. 마르쿠스 셰어

한 마음과 함께 수공업의 소중함까지 깨닫는다. 전 세계에서 가장 훌륭한 구두 가게에서 가족이나 친구가 일하니 뿌듯한 일이다.

직원을 가족처럼 대한다는 것이 마르쿠스 사장의 경영철학이다. 그는 직원에게 힘든 일이 있을 때 진심 어린 위로와 도움을 아끼지 않는다. 직원 아둘 씨가 부인과 이혼했을 때 역시 사장이 많이 도왔다. 조언을 해주고 아둘 씨가 쉬면서 마음을 추스릴 수 있도록 그의 일을 도와주었다. 세 달 동안 일을 하지 않아 빚도 많았는데 사장은 그 빚을 갚을 수 있도록 모든 법적 과정을 지원했다. 이제 그에게 회사와 사장은 소중한 가족이다.

직원들 모두 퇴근한 시간에도 마르쿠스 사장은 가장 늦게 하루 일과를 정리한다. 20대 때부터 할아버지에게 집중 교육을 받고 회사를 물려받은 지 10년이 지났다. 장인 자격증을 따는 데만 6년이 걸렸다. 서른아홉의 젊은 사장, 그에게 구두는 자신을 둘러싼 세계다.

수제 신발에 대한 특유의 고집과 품질

루돌프 셰어에서는 200년의 열정과 노하우를 동원해야 신발 한 켤레가 완성된다. 신발 제작의 마무리 작업은 광 내기이다. 세척제, 가죽 보호크림, 광택제 등 세 번에 걸쳐 작업하는데 이때 뜨겁지도 차지도 않은 온도를 유지해 반짝이는 보호막을 형성하는 것이 중요하다. 60시간의 긴 작업을 끝내고 하루 정도 말리면 고객이 신을 수 있는 상태가 된다. 고객이 루돌프 셰어의 신발을 신어보기까지는 최소 4주라는 시간을 기다려야 한다. 그래도 역시 이곳을 찾는 가장 큰 이유는 품질이다.

루돌프 셰어에서 1년에 만드는 신발은 250켤레다. 품질 유지를 위해 그 이상은 만들지 않는다. 또한 신발 겉에서 상표를 찾아볼 수 없다. 품질이 곧 상표라는 자부심 때문이다.

루돌프 셰어가 신발을 만드는 것만큼 중요하게 여기는 것이 있다. 바로 평생에 걸친 품질보증제다. 이곳에서 산 신발은 평생 동안 무료 수선과 관리를 받을 수 있다. 정성들여 만든 신발을 좀 더 오래 신기를 바라는 마음에서다.

수선 또한 모두 손으로 하기 때문에 밑창과 굽을 수선하려면 하루에 다섯 켤레 정도밖에 못한다. 기계로 한다면 하루에 30~40켤레는 고칠 텐데 손으로 일일이 사포질을 해야 하니 구두당 한 시간은 족히 걸린다. 수선이 끝나면 역시 마르쿠스 사장이 일일이 확인하고 검수한다. 장인의 자부심으로 완성하고 수선해 오래도록 신을 수 있는 신발을 만드는 루돌프 셰어의 정신은 쉽게 사고 쉽게 버리는 요즘 같은 세상에서는 더욱 소중하게 다가온다. 이 자부심이 그들이 196년간 가게를 이어오게 한 원동력이다.

루돌프 셰어는 곧 200주년을 맞는다. 그런데 재미있게도 마르쿠스 사장의 철학은 미래 지향이 아닌 과거로의 복귀다. 건물 곳곳을 200년 전으로 되돌려 꾸미는 것이 그의 계획이다. 창고에 묵혀두었던 100년 전 구두장이 램프를 꺼내고 가게의 역사를 전시할 공간을 마련하고 있다.

회사 건물의 겉 표면은 지난 시간을 지나면서 여러 번 덧입혀져 일곱 겹이 되었다. 건물의 역사를 보여주는 증표이기도 하다. 그런데 마르쿠스

가게의 역사를 보여주는 일곱 겹의 건물 표면

사장은 그 표면을 모두 벗겨내서 첫 번째 면을 되찾을 생각이다. 모든 공간을 완전히 처음처럼 되돌리려는 것이다. 200년을 계기로 순수한 역사의 초기로 돌아가 새로운 아이디어를 더하며 또다시 200년의 미래를 덧입히려고 한다. 초심으로 돌아간다는 말은 이럴 때 쓰는 것이리라. 마르쿠스 사장은 대를 이어가는 것 외에는 아무것도 필요 없다고 단호하게 말한다.

"바로 이 일이 제가 하고자 하는 것입니다. 시간이 지나면 바래가는 것이 아름답지 않습니까? 저는 이 일을 앞으로도 오래 할 생각입니다."

시간을 재촉하지 않고 느린 걸음으로 걸어온 196년의 세월, 건강한 신발을 위해 걸어온 루돌프 셰어의 시간은 지금도 정직하게 흐르고 있다.

루돌프 셰어의 성공 비결

1. 고객의 움직임까지 고려한 건강 신발

루돌프 셰어에서 신발 만들기의 첫 시작은 고객과의 인터뷰다. 고객에 대해 잘 아는 것이 좋은 신발을 만들기 위한 첫걸음이기 때문이다. 고객의 발 치수와 특성, 체중은 물론이고 고객이 몸을 어떻게 움직이는지, 취향은 어떤지를 생각하면서 작업한다. 무엇보다 발이 편한 신발이 좋은 신발이라는 철학이 오늘의 루돌프 셰어를 만들었다.

2. 수작업으로 만든 세상에 하나뿐인 신발

신발 틀을 만드는 목형 제작을 시작으로 가죽 재단, 밑창 접착 및 재봉, 박음질, 구두굽 부착, 밑창에 색을 입혀서 신발이 완성되는 순간까지, 어느 하나 사람의 손길이 닿지 않는 곳이 없다. 최소 60시간 이상의 시간을 들여야 신발이 완성되고 최고 품질의 신발을 만들기 위해 1년에 제작하는 신발은 250켤레를 넘지 않는다.

3. 건강에 좋은 신발로 위기를 극복하다

19세기 후반, 명실공히 유럽 최고의 신발가게로 자리 매김한 루돌프 셰어였지만 사업에도 큰 위기가 찾아왔다. 20세기에 들어서며 사람들이 점차 수공예에 대한 흥미를 잃었기 때문이다. 위기를 기회로 삼고, '건강에 좋은 신발'에 초점을 맞춰 신발을 제작한다. 그 후, 발이 편한 신발 만드는 것을 경영철학으로 삼았고, 오늘날까지 수공예 신발가게로서의 명성을 지키고 있다.

4. 일대일로 전수하는 직원 교육

루돌프 셰어에서는 명장 한 명과 보조직원 한 명이 함께 일하는 새로운 인재 교육 방식을 도입했다. 공동 작업을 하면서 동시에 일을 배우는 시스템으로 노하우가 서서히 전수되도록 하는 전략이다. 궁금한 점이 있으면 바로 물어볼 수 있어 기술 습득에 훨씬 효율적이다. 이 제도 덕분에 위계관계가 유연해지고 직원들의 유대가 좋아지는 효과도 거두었다.

INFORMATION

주 소   Bräunerstraße 4, 1010 Vienna, Austria
홈페이지 www.scheer.at
전 화   +43-1-5338084

세월의 멋을 지키다

이탈리아 수제 가죽 가방 명가
보욜라

"우리의 가방에 만족하는 사람들뿐 아니라
마음에 들어하지 않는 사람들이 찾아와도
반갑게 맞이할 것이다.
그것이 가방을 만드는 우리의 의무다."
— 보욜라 3대 사장, 세르지오 보욜라

🏠　**이탈리아** 중부에 위치한 도시, 피렌체는 르네상스 문화의 발상지로 어느 각도에서 보아도 중세의 멋이 뿜어 나온다. 그래서 이곳은 도시 전체가 하나의 예술품이라 일컬어진다. 피렌체는 매년 수만 명의 관광객들이 찾는 이탈리아의 대표 관광 도시다. 여기에는 특이하게도 관광객들의 가방을 유심히 관찰하는 한 남성이 있다.

세르지오 보욜라, 올해 나이 81세의 이 노신사는 가방 디자이너다. 피렌체에서 태어나 60여 년 동안 피렌체의 가방 디자이너로 활동하고 있는 그는 언제나 거리 속 사람들의 모습에서 새로운 디자인의 영감을 얻는다고 한다.

피렌체의 기차역에서 두오모 성당으로 가는 중심 거리, 관광객들의 유동인구가 많은 이곳에 세르지오 씨의 가게 보욜라Bojola가 있다. 보욜라는 지난 106년 동안 피렌체 중심 거리에서 단 한 번의 이전도 없이 한자리를 지켜온 가방 가게다.

사무용 서류 가방부터 여행용 가방 그리고 여성용 핸드백까지 40여 종의 가방을 판매하는 보욜라의 가장 큰 특징은 '가죽 가방 전문점'이라는 것이다. 보욜라는 창업 이후로 지금까지 수공예로 가죽 가방을 제작, 판매해왔다. 세기를 넘어 지켜온 수공예 장인의 자부심을 걸고 견고한 가방을 만들어왔다.

106년 전통의 수제 가방 명가 보욜라는 누구나 다 아는 이름의 명품보다는 세월이 흐를수록 그 가치가 빛나는 '작품'을 만든다.

가문의 역사를 이어가는 가족의 힘

보욜라는 1906년 1대 사장인 펠리체 보욜라의 창업을 시작으로 오늘

피렌체 두오모 성당으로 가는 중심 거리에 위치한 '보욜라'

날까지 오직 수공예로 가방을 만들어왔다. 이들의 기술력은 긴 역사 속에서 더욱 견고히 다져졌다. 1953년에는 월트 디즈니도 보욜라의 가방을 구입했다고 한다.

106년 동안 흔들림 없이 가죽 가방 제작의 길을 걸어온 보욜라의 뿌리에는 대를 이어 가게를 지키는 '보욜라 가족'이 있다. 가게에서 판매를 맡고 있는 프란체스코 보욜라 씨는 세르지오 사장의 장남이다. 둘째 아들 로렌조 보욜라 씨는 홍보와 대외 업무를 책임진다. 세르지오 사장의 딸, 바바라 보욜라 씨는 제품 생산을 관리한다. 가게의 3대 사장 세르지오 씨는 20여 년 전 자녀에게 경영권을 넘겨주었다. 그러나 그는 여전히 가방을 디자인하는 장인으로서 보욜라를 지키고 있다.

가게에서 10분 거리에는 창고가 있다. 허름하고 비좁은 창고지만 이곳은 사실 보욜라의 역사박물관이라 할 수 있다. 가게에서는 볼 수 없는 생소한 모양의 가방들이 모여 있다. 가방의 종류가 너무 많아서 다 보려면 며칠이나 걸릴 정도다. 모두 세르지오 사장 그리고 그의 아버지, 할아버지가 만든 제품들이다. 1800년대에 만들어진 여행 가방을 비롯해 세르지오 사장이 처음으로 만든 바퀴 달린 여행 가방도 있다.

60여 년 전 부피가 큰 트렁크가 여행용 가방의 전부였던 당시, 세르지오 사장은 플라스틱으로 만든 네모난 틀에 가죽을 덧대고 바퀴를 달았다. 출시와 동시에 이 가방은 이탈리아 전역에 큰 반향을 일으켰다.

평균 50년 이상의 세월을 지닌 이 제품들은 더 이상 생산되지 않는다. 민감한 유행에 따라 사람들의 취향이 변했기 때문이다. 그러나 가방을 만드는 이의 마음가짐은 변하지 않았다.

"가죽이 좋으면 오래된 가방일지라도 상태가 좋습니다. 가죽이 좋지 않으면 오래되지 않은 가방도 마치 100년 전 가방처럼 낡아 보입니다."

세르지오 사장이 보기에 요즘에 가방을 만들 때 쓰이는 대부분의 가죽들은 100년을 견디지 못하고 변형될 것들이다. 그는 다른 이들보다 뛰어난 사람이 되기보다는 단지 더 좋은 제품을 만들고 싶을 뿐이라고 말한다. 그것이 그가 지켜온 신념이다.

좋은 가죽의 조건

세르지오 사장의 장남 프란체스코 씨는 누구보다 가문의 기술을 보전하는 일에 큰 책임감을 가지고 있다. 피렌체에서 차로 한 시간가량 거리에 있는 도시, 피사는 이탈리아 내에서 최상의 가죽 생산지로 손꼽힌다. 프란체스코 씨는 일주일에 한 번, 이곳 피사에 있는 제혁 공장을 찾는다. 보욜라는 올해로 20년째 이곳에서 가공한 천연 소가죽만을 구입해 사용하고 있다. 이곳에서는 전체 생산량 중 20~50퍼센트를 보욜라에 공급한다.

식물성 재료로 만든 '베라펠레'

보욜라가 이곳의 가죽을 고집하는 데는 특별한 이유가 있다. 단백질로 이뤄진 가죽은 부패를 막고 보존성을 높이기 위해 일련의 가공 과정을 거치는데, 이때 화공약품이 아닌 식물의 잎과 줄기에서 추출한 '탄닌'이라는 재료를 사용한다. 가공과 더불어 염색 작업까지 식물성 재료만을 사용하는 것이다. 이렇게 생산한 가죽을 이탈리아에서는 '베라펠레'라 부르는데, '진짜 가죽'이라는 뜻이다. 인체에 무해할 뿐 아니라 사용할수록 부드러워지는 특성을 갖고 있다. 시간이 경과함에 따라 가죽 자체가 지닌 멋이 살아나는 것이다.

보욜라가 사용하는 부드러운 천연 가죽은 품목별로 쓰임이 다르다. 부드럽고 예쁜 가죽은 여성용 가방을 만드는 데 사용하고 딱딱한 가죽은 서류가방처럼 형태가 정확히 잡혀야 하는 제품에, 그리고 더 두꺼운 가죽은 벨트를 만들 때 사용한다.

질감과 더불어 보욜라가 좋은 가죽의 조건으로 꼽는 것이 있다. 바로 가죽의 향이다. 예를 들어, 크롬과 같은 화학재료로 가공하면 제품을 완성하고도 약품 냄새가 난다. 그래서 가죽에서 나는 좋은 향이 제품의 장점이 될 수 있다. 또한 시간이 지날수록 가죽의 부드러움과 향이 지속되어야 한다.

장인이 한 땀 한 땀 짓는 명품 가방

가게가 있는 피렌체 중심가에서 차로 30분 거리에는 보욜라의 작업실이 있다. 여기서 보욜라의 모든 가방을 만든다. 보욜라 가족은 이 작업실에서 가죽 재단 작업과 재봉을 담당하는 두 명의 장인과 함께 일한다. 세르지오 사장은 모든 직원이 가게의 주인이 될 때, 비로소 좋은 제품이 완성된다고 확신한다. 세르지오 사장에게 있어 이 장인들은 형제와 다름없다. 이제까지 함께 성장해오며 조화를 이뤄온 그들이다.

지난 50여 년 동안 세르지오 사장의 곁에서 보욜라를 지켜온 재단사 조반니 씨는 가죽 재단을 전문으로 맡아온 장인이다. 아무리 부드럽게 잘 손질한 가죽이더라도 재단을 잘해야만 제대로 된 가방이 나올 수 있다. 가죽은 늘어나는 특성 때문에 일정한 규격으로 자르는 데 어려움이 따른다. 그래서 가죽을 잘 재단하기 위해서는 오랜 세월을 거쳐 숙련된 기술을 가진 사람이 필요하다.

보욜라의 가죽 재단만을 맡아 일해온 반세기 경력의 가죽 재단 장인, 조반니 씨는 오로지 손만 이용해 한 치의 오차도 없이 재단한다. 요즘에는 컴퓨터에 입력하면 기계가 알아서 가죽을 재단해준다. 그러나 수작업의 경우, 가죽을 더 절약할 수 있다. 통가죽을 효율적으로 자르는 노하우가 있기 때문이다. 그만의 기술로 재단하면 버리는 부분이 적어서 가죽의 양을 최적으로 맞출 수 있다. 또한 외형에 맞추어 가죽의 부위를 결정해 더 아름답게 보이는 융통성은 사람만이 발휘할 수 있다. 그는 이런 일을 하는 사람이 바로 가죽 재단사라고 자랑스럽게 말한다.

보욜라의 가죽 재단을 맡아 온 조반니 씨

조반니 씨는 가방의 종류에 따라 각기 다르게 만들어놓은 종이 모형 본을 이용해 재단한다. 수백 가지의 모형 본은 106년 전통 가방 가게 보욜라가 보유한 값진 재산이다. 장인은 열 번이건 백 번이건 균일한 모양으로 재단한다. 그 비결은 긴 세월 속에서 축적해온 노하우, 바로 경험의 힘이다.

재단이 마무리되면 가죽은 재봉과 조립을 맡은 장인, 엘레나 여사의 손으로 넘어간다. 지난 44년 동안 이 일을 평생의 직업으로 삼아온 엘레나 씨는 보욜라에서 일하기 전, 큰 규모의 유명 브랜드 업체에서 근무했다고 한다. 그러나 그곳에서는 상사와는 이야기할 수 있었지만 회사 주인과는 직접 이야기할 수 없었다. 이는 많은 것을 의미한다. 보욜라에서는 회사의 주인을 직접 만나 가방의 질을 향상시킬 수 있는 방안을 함께 모색할 수 있다.

엘레나 씨는 재봉을 마친 다음에 또 다른 작업을 준비한다. 가죽에 단추를 달고 가방 끈을 연결하는 일이다. 따로 위치를 표시해두지 않아도 부품들은 정확히 제자리를 찾아간다. 장인은 오직 손에 익은 감각으로 작업을 완수한다. 모든 제작 과정 중 보욜라가 가장 큰 의미를 두는 작업이 있다. 바로 이름을 새기는 일이다. 뜨겁게 달군 쇠붙이 도장을 가죽에 대고 눌러준다. 깊게 새긴 이름 안에 피렌체 수제 가방 명가의 자부심 그리고 보욜라 가문의 자부심이 담긴다.

보욜라는 다른 곳에서 가방을 복제하는 것을 반대하지 않는다. 그만큼 보욜라의 가방이 훌륭하다는 뜻이므로 오히려 기쁘다고 말한다. 그러나 복제품에 다른 이름을 붙이는 것은 괜찮지만 보욜라라는 이름을 쓰는 것만은 절대 용납할 수 없다. 복제 가방에 흠이 있다면 사람들은 보욜라의 품질에 이상이 있다고 여길 것이기 때문이다. 그 피해는 고스란히 보욜라에 돌아온다.

고객을 생각하는 경영철학

수공예 장인이 만든 가방. 그 가방의 진정한 가치는 사용해본 사람만이 알 수 있다. 최소 20년 된 가방도 손님들은 정이 들어서 더 오랫동안 사용하고 싶어 한다. 그래서 수선을 위해 가게로 다시 돌아온다.

보욜라는 1년에 평균 10건 정도의 수선을 의뢰받는다. 대부분 수십 년 전에 만들어진 제품이다. 부품을 구할 수 없을 만큼 오래된 물건을 보내오는 손님도 있다. 그럴 때는 피렌체 전역을 뒤져 비슷한 부품을 찾는다. 세르지오 사장은 수선 작업에서 그 무엇보다 큰 보람을 느낀다. 손님들이 자신을 믿고 가방을 맡긴다는 것이 기쁘고 그들의 요구대로 수선해주면서 만족을 느낀다.

고객을 위해 보욜라가 어김없이 지켜온 또 하나의 철칙이 있다. 가방

3대 사장, 세르지오 보욜라

이 완성되면 조반니 씨는 가방의 부피를 정확히 측정한다. 사용된 재료의 양을 계산해 가격을 책정하기 위해서다. 거품 없는 가격은 보욜라의 숨은 경쟁력 중 하나다.

예를 들어 길이가 0.5미터라면 거기에 미터당 가죽의 가격을 곱한다. 만약 가죽의 가격이 15유로라면 0.5미터 곱하기 15, 즉 7.5유로가 가죽의 가격이다. 그리고 모든 부속품을 더해 리스트로 정리해 계산한다. 그러면 전체 재료의 가격이 산출된다. 이렇게 재료 비용이 책정되면 그 금액에 57퍼센트를 더해 판매한다. 인건비와 가게 운영비를 포함한 가격이다. 가방의 평균 판매가는 200유로, 우리 돈으로 약 30만 원 선이고 지갑은 9만 원 정도다.

하루 평균 100여 명의 손님이 방문하는데 특이한 점은 그중 절반 이상이 관광객이라는 것이다. 가게의 명성이 높아지면서 해외의 가이드북에도 실리고 있기 때문이다. 106년 전부터 지켜온 이 터전은 현재 보욜라의 가장 큰 홍보 수단이 되고 있다. 관광객의 이동 경로인 피렌체 중심가에 위치하고 있어 찾기도 쉽다.

보욜라의 진화는 멈추지 않는다

가게가 쉬는 일요일에도 보욜라 가족은 평소와 다름없이 분주하다. 홍보 업무 담당 로렌조 씨는 방 안을 스튜디오로 꾸미고 한 달에 한두 번 직접 사진 촬영에 나선다. 3년 전부터 운영해온 보욜라 홈페이지에 제품 사진을 올리기 위해서다. 보욜라는 홈페이지를 통해 고객과 소통한다. 고객의 요구 사항을 수시로 확인하고 제작에 반영해 제품의 완성도를 높이는 것이다. 시대의 흐름을 읽는 눈, 그것은 가게의 역사 보전을 위해 꼭 지녀야 할 조건이다.

다행히도 홈페이지를 오픈한 후 판매량이 증가했다. 해외의 손님들도 홈페이지를 보고 매장을 방문하기 때문이다. 이탈리아 여행을 계획하면서 보욜라 매장 방문을 일정에 포함시키는 사람들이 늘어났다. 이런 이유로 매출이 증가했고 온라인 판매도 서서히 높아지고 있다. 홈페이지가 보욜라 브랜드의 인지도를 높이고 가게의 역사까지 알려주는 역할을 하고 있다.

보욜라는 끊임없이 진화하고 있다. 최근 보욜라의 인기 상품으로 떠오른 가방은 물세탁이 가능하다. 한번은 세르지오 사장이 무두질 공장에 갔다가 가죽을 펴서 말리는 것을 보았다. 그 가죽이 매우 부드러워서 '왜 가방은 부드럽게 만들지 못할까?'라고 생각했다. 그래서 물어보니 건조 상태에서 더 오래 놓아두면 부드러워진다는 사실을 알게 됐고 바로 시도해봤다. 며칠 동안 물에 넣은 후 다시 건조하기를 반복한 결과, 세르지오 사장은 새로운 가방을 탄생시켰다.

가죽은 습기에 약하다. 물에 젖으면 모양이 변형되기도 한다. 그러나 세르지오 사장이 만든 가죽 가방은 일반 세탁물처럼 세제를 넣고 물로 빨 수도 있다. 세탁기에 넣어 돌려도 멀쩡하게 처음처럼 깨끗한 모습으로 돌아온다. 보통의 가죽보다 두 배의 시간을 들여 가공한 이 가죽은, 재질이 부드러워 변형의 위험이 없다. 뜨거운 열에도 강하다. 가죽이 마르면 다림질을 할 수도 있다. 지난 10년 동안 수백 번의 시행착오 끝에 얻은 결과물이다.

세르지오 사장의 끊임없는 노력으로 탄생하는
가방 디자인

늦은 밤에도 세르지오 사장은 책상 앞을 지킨다. 새로운 디자인을 구상하는 그의 주름진 손에서 아직 식지 않은 열정이 묻어난다. 그는 스스로를 영감이 많은 사람이라고 말한다. 아이디어가 떠오르면 바로 일을 시작한다. 길을 걷다가 어떤 여자가 들고 가는 가방을 보고, 그런 종류의 가방을 만들고 싶은 생각이 들면 그 가방이 유행이 지나 오래된 모양일지라도 신경 쓰지 않고 만들어본다.

그는 큰 기업들처럼 연속적으로 상품을 만들지 않는다. 보욜라는 대량으로 만들지 않으며 체인으로 제품을 생산하지도 않는다. 영감이 떠오를 때마다 단품으로 만들고 자신이 만들고 싶은 것만을 제작한다. 꼭 계절에 맞춘 제품만을 만들지도 않는다. 세르지오 보욜라 사장은 항상 수공예 장인으로 남길 원했다고 말한다.

지난 106년 동안 보욜라가 추구해온 목표는 단 하나다. 다른 이들보다 뛰어난 사람이 되는 것이 아니라, 다른 이들보다 좋은 제품을 만드는 것. 그 목표를 향해 보욜라는 오늘도 피렌체에서 가방을 만든다.

보욜라의 성공 비결

1. 최고의 가죽을 고른다

보욜라는 20년째 피사에 위치한 제혁 공장의 가죽만을 구입해 사용한다. 천연 소가죽을 가공하는 이 업체는 가죽의 부패를 막고 보존성을 높이기 위해 가공 과정에서 화공약품이 아닌 식물의 잎과 줄기에서 추출한 탄닌을 사용한다. 또한 가죽의 질감과 향까지 고려해 최고 품질의 가죽으로만 가방을 만든다.

2. 장인이 만드는 견고한 가방

보욜라는 기계틀을 이용해 판에 박힌 듯이 가죽을 재단하지 않는다. 서류 가방, 여행 가방, 핸드백 등 각각의 가방마다 만들어놓은 종이 본을 이용해 장인이 직접 가죽을 재단한다. 이후 재봉질, 버클을 다는 작업 그리고 로고를 새기는 작업까지 모두 사람의 손을 거쳐 완성한다. 수공예 장인의 정신이 배인 완성도 높은 제품을 만드는 것이 보욜라의 제작 철칙이다.

3. 합리적인 가격과 수선 서비스

보욜라는 대량으로 제품을 만들지 않지만 적정한 가격을 책정한다. 사용된 재료의 양을 정확히 계산한 뒤, 그 금액에 인건비와 운영비를 포함한 57퍼센트를 더해 판매한다. 거품 없는 가격은 중요한 경쟁력이다. 또한 수십 년이 지난 오래된 가방을 지금도 수선해주는 고객 중심의 철학도 소비자에게 사랑받는 비결이다.

4. 각자의 자리에서 제 몫을 해내는 가족들

보욜라 가족은 각자 고유의 활동 영역에서 제 몫을 하며 가게를 지킨다. 3대 사장이자 아버지인 세르지오는 가방 디자인과 제작 총괄, 장남 프란체스코는 판매 담당, 차남 로렌조는 홍보 담당, 딸 바바라는 제품 생산을 맡는다. 1대에서 4대에 이르는 오늘날까지, 106년의 긴 세월을 이어온 보욜라의 숨은 힘은 가족 경영이다.

5. 연구를 거듭해 진화한다

3대 세르지오 사장은 경영권을 자녀들에게 넘겼지만 여전히 새로운 영감을 떠올리며 신제품을 만든다. 아이디어가 떠오르면 바로 실행에 옮기는 그는 물세탁과 다림질이 가능한 가방을 탄생시켜 혁신을 이뤄냈다. 또한 보욜라는 홈페이지를 만들고 온라인 판매를 병행하며 전 세계 고객들에게 다가가고 있다.

INFORMATION

주 소	Bojola srl Via dei Rondinelli 25r 50123 Florence, Italy
홈페이지	www.bojola.it
전 화	+39-055-21-11-55
영업시간	월-토 10:00~13:00, 15:30~19:30

자연에서 얻은 105년의 깊은 향

프랑스 천연 비누
랑팔 라투르

"우리의 작은 비누는
하루하루 역사에 기록될 것이다."
- 랑팔 라투르 6대 사장, 장 루이 플로

🏠 **라벤더와** 포도밭의 고장, 프랑스 남부에 위치한 프로방스 알프코트다쥐르 주에서 지중해를 지나 좀 더 안쪽으로 들어가면 갈색 지붕들이 머리를 맞댄 작은 도시가 나온다. 휴양 도시로 유명한 살롱 드 프로방스다. 마을 돌길에는 노스트

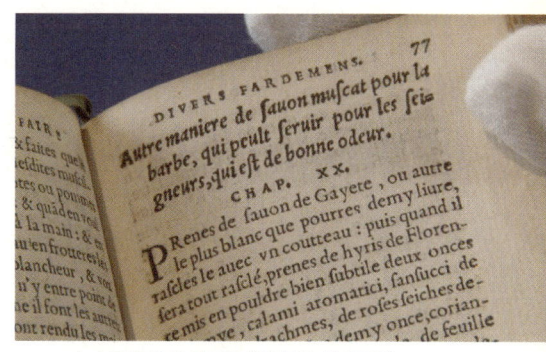

노스트라다무스의 저서 《화장기술 및 제조법》

라다무스의 이름이 붙어 있는데 이곳은 예언가 노스트라다무스가 여생을 보낸 곳이자 그의 무덤이 있는 곳이기도 하다.

그를 기리는 박물관도 있다. 여기에는 내놓고 전시하지 않는 귀한 책이 있다. 1555년에 쓴 노스트라다무스의 저서 《화장기술 및 제조법》이다. 비누의 제조와 사용에 대한 상세한 기록을 담은 책이다. 예언가이자 의사이기도 했던 노스트라다무스가 청결을 위해 강조한 것이 비누였다. 비누뿐만 아니라 장미 향이 나는 물을 사용해서 손을 씻는 방법도 적혀 있는데 항상 몸에 지니고 다니면서 청결을 유지하도록 권했다.

위생의 개념이 부족했던 수백 년 전, 비누의 등장은 획기적이었다. 교역이 활발하던 항구 도시를 중심으로 비누 산업은 크게 번창했고 이 도시 역시 그 영화를 누렸다. 도시에는 비누를 제작하는 장인들이 살았던 곳도 있다. 지금도 여전히 아름다운 이 건축물들을 보면 당시의 비누 제작자나 오일 생산자들이 얼마나 부유했는지를 알 수 있다.

그 수많았던 비누 회사들은 이제 대부분 사라졌지만 아직 명맥을 잇는 가게가 있다. 마르세유 비누의 명맥을 이어오고 있는 105년 전통의 비누

마르세유 비누의 명맥을 잇는 '랑팔 라투르'

명가 랑팔 라투르Rampal Latour다.

전통과 잠재력의 100년

2대 자크 랑팔 씨가 사장이었던 1800년대까지 랑팔 라투르는 마르세유 지방에서 비누를 만들었다. 그러나 3대 피에르 랑팔 씨가 박람회에서 비누 금메달을 따면서 살롱 드 프로방스로 옮겨 본격적으로 창업을 하게 된다. 그 뒤 피에르 랑팔 사장은 형제인 프랑수아 사장과 함께 또다시 4대를 이었다.

1940년, 5대 르네 랑팔 사장이 후계자가 되었다. 세대가 흐르면서 경영진이 바뀔 때마다 회사의 이름도 랑팔 프레르, 랑팔 존, 랑팔 타투 등으로 바뀌었다. 그러다가 2004년에 장 루이 플로 씨가 아내와 함께 회사를 인수하면서 지금의 랑팔 라투르로 부르게 되었다.

5대 사장이 마지막으로 가업을 이은 후에는 후계자가 없었다. 그런 위기 상황에서 5대 사장은 극적으로 지금의 장 플로 씨를 만난다. 르네 랑팔 사장은 장 플로 씨를 선택했고 마찬가지로 장 플로 씨 또한 랑팔 사장을 선택한 것이다.

그리고 회사를 인수하기 전 6개월 동안 랑팔의 비법을 전수받기 위해 장 플로 씨는 일을 배우기 시작했다. 그 과정에서 랑팔 씨는 그가 회사를 존중하고 발전시킬 수 있는 사람이라고 확신했고, 2004년 7월 1일에 장 플로 씨가 공식적으로 회사를 인수했다.

원래 은행원이었던 장 플로 씨는 비누 공장을 맡기 전에 약간의 망설임을 가지기도 했다. 그러나 처음 비누 가게 문을 연 순간, 그런 생각은 완전히 뒤바뀌었다. 회사에 들어서자 1세기 전, 비누의 역사 속으로 들어간 듯한 느낌을 받았다. 회사를 채우고 있는 제품의 분위기, 향기 그리고 일하는 사람들, 이 모든 것들에 첫눈에 반했다.

그가 비누 공장 사장이 되기까지 가장 큰 도움을 준 사람은 아내 이렌느 씨였다. 예술사를 전공한 아내는 당시 비누의 역사에 푹 빠져 있던 터라 인수 작업은 순조로웠다. 아내는 허름한 현재가 아닌 숨겨진 미래를 내다봤다. 장소가 가진 전통성과 비누 제품의 품질을 보고 잠재력이 크다고 생각한 그녀는 남편에게 사장직을 권했다. 규모는 작았지만 회사를 인수한 뒤 주어질 미래가 기대됐다. 만약 그 전통과 잠재력을 무시했다면 100년의 명맥은 끊겼을지도 모른다.

만드는 이의 자존심

105년 전통의 비누 가게, 랑팔 라투르는 처음 문을 연 이후, 줄곧 한자리를 지켜왔다. 가게 안의 모습은 조금씩 변했지만 100년 전의 도구들이 시계

육면체의 비누 '랑팔 라투르'

를 대신해 지난 세월을 말해준다. 이곳에서 전통은 단순한 과거가 아니다. 그래서 전통 방식을 고수하며 순수 식물성 오일만을 사용하고, 어떠한 인공 향이나 색소도 첨가하지 않는다.

랑팔 라투르는 사람들의 사랑을 받으며 1907년부터 지금까지 늘 한결같았다. 유기농 천연 제품이라는 시장을 개척하면서 언제나 비누의 전통을 간직했다. 회사가 번창하는 만큼 전통의 방식을 고수했다. 지나온 100년의 흔적은 회사에 마련된 작은 박물관에 보존되어 있다. 마르세유 비누의 역사를 볼 수 있는 이곳에 회사의 과거와 현재를 꼼꼼히 기록해놓았다.

프로방스 지역의 전통적인 마르세유 비누는 그 육면체의 모양으로 유명하다. '최상의 순도'라고 적혀 있는 이 비누는 전형적인 전통 비누이다. 마르세유 비누는 무엇보다 재료가 중요하기 때문에 재료의 효용을 살릴 수 있는 전통 방식으로 만들어야 한다.

매장의 한쪽 벽은 비누로 장식해놓았다. 무려 6미터의 길이를 비누 타일로 빼곡히 채웠다. 액자 대신 걸린 이 비누들이 랑팔의 기록사진인 셈이다. 가게 곳곳에는 역사를 보여주는 오래된 도구나 소품들이 있고, 비누 공장에서 사용하는 전통적인 도구도 있다. 회사의 비누 장인들이 사용했던 모든 옛 도장들을 재현해놓았다. 19세기 말부터 쓰던 것으로 비누 장인이 자기의 도장을 찍어서 알아볼 수 있도록 했던 것이다. 예전의 비누 장인들은 차별화를 위해 고유의 인장을 비누에 새겼다. 위쪽에는 비누를 들고 있는 사람의 형상이, 밑에는 비누 공장의 지명이 새겨져 있는 식이다. 다른 면에는 마르세유 비누임을 알 수 있는 특유의 무늬가 찍혀 있다. 비누는 만드는 이의 자부심, 그 자체였다.

매장 옆으로 이어진 공장으로 가면 색다른 풍경이 펼쳐지는데, 전통 방식 그대로 비누를 제작하고 있는 곳이다. 랑팔의 첫 번째 공장에서는 처음 회사가 문을 열던 때 방식 그대로 비누를 만들고 있다. 100년 전의 기계를 사용해 전통 방식을 고수하는 이유는 단지 옛날을 기억하기 위해서가 아니다. 전통 방식이어야 랑팔만의 차별화된 비누를 만들 수 있기 때문이다. 그도 아무나 만들 수 없으며 오로지 장인에게만 허락된다.

장 플로 씨는 장인의 중요성과 역할을 알기에 랑팔 라투르의 경영을 맡으면서 한 가지 경영철학을 세웠다. 바로 '사람 중심'이었다. 그가 오기 훨씬 전부터 직원들은 언제나 자신의 일을 해왔다. 20~30년이 넘도록 한곳에서 일한 이들을 신임 사장은 스승과 다름없다고 여겼다. 이런 생각으로 그들의 노하우를 존중했고 직원들의 마음을 얻을 수 있었다.

"우리가 비누를 만들면서 가장 중요하게 생각하는 것은 제품의 질이나 전통이 아니라 늘 함께 살아 숨 쉬는 이 회사의 사람들입니다."

30년 동안 한결같이 비누를 만들어온 이들이 있다. 작은 비누 하나를 위해 전통을 지키면서 또 다른 100년을 꿈꾸는 사람들, 앞으로 펼쳐질 비누의 역사 한 페이지에 랑팔 라투르의 사람들이 존재한다.

6대 사장, 장 루이 플로

사장만이 알고 있는 전통의 비법

랑팔 라투르의 공장에서는 보통 하루 6천 개 가까이 비누를 생산한다. 그 종류는 자그마치 46가지다. 100년 전 작은 가게에서 팔리기 시작한 비누는 이제 영국, 벨기에, 미국, 대만까지 세계 전역으로 수출된다.

"우리는 좋은 품질을 유지하기 위해 우리가 할 수 있는 모든 노력을 다하고 있습니다. 최대한 많은 소비자에게 가장 좋은 품질의 상품을 선보여야 한다는 것이 우리의 경영철학입니다."

장 플로 씨의 말처럼 랑팔의 작은 비누는 소박한 사람들의 고집과 100년의 시간으로 단단해졌다. 1대에서 6대 사장까지 오로지 경영자 한 사람에게만 원료를 선별하는 노하우가 전해지며, 비누의 베이스를 만드는 원료는 몇 십 년에 걸쳐 발전해왔다. 100년의 노하우가 축적된 랑팔 라투르만의 비법인 것이다. 비누의 베이스는 보안을 위해 천막으로 덮어놨다. 이렇게 철저하게 기밀을 유지하는 이유는 좋은 비누가 여기서 판가름 나기 때문이다.

랑팔 라투르의 비누 베이스는 코코넛 오일, 올리브 오일, 야자 오일 등 식물성 오일이 주재료다. 비누 베이스의 원료들은 프랑스는 물론 말레이시아, 콜롬비아, 스페인 등 각기 다른 나라에서 공수해온다. 베이스와 함께

비누를 만들 때 가장 중요한 배합 과정   랑팔의 비누는 분쇄와 압착을 반복하여 완성된다.

비누에 필요한 재료는 향을 좌우하는 에센스 오일과 여러 첨가물이다. 피부 특성이나 용도에 따라 에센스나 첨가물의 종류가 달라지는데 화학 성분이 첨가될수록 피부는 건조해진다. 그런데 이곳 비누의 특징 중 하나는 에센스 오일을 만들 때 원료의 함유량이 다른 비누에 비해 높다는 것이다.

랑팔 비누를 만들 때 가장 중요한 비법은 비누 베이스와 에센스의 배합 기술이다. 비누에 향이 잘 섞여들어 향이 오래 지속되고 끝까지 비누의 생명력을 유지하는 것은 이 배합 과정에 달려 있다. 비밀 유지를 위해 배합은 공장 2층에서 플로 씨 혼자만의 작업으로 이루어진다. 준비된 비누 베이스는 기계로 잘라낸다. 1, 2층을 연결하는 기계는 비법을 지키기 위해 특별히 제작한 것이다. 2층에서 자른 비누 베이스가 1층으로 내려오게 만든 것이다.

부드러우면서도 단단한 비누를 만들기 위해 반죽은 전혀 다른 모양으로 분쇄와 압착을 반복한다. 다른 기계에 비해 압착력이 3배 정도 강한 이 기계는 랑팔의 가장 큰 경쟁력이다. 60년 전에 선대 사장이 직접 고안한 기계로 대를 이어오고 있다. 밀린 반죽이 국수 가닥처럼 최대한 얇고 가늘게 잘린 다음, 기계를 한 번 더 통과하면 형태가 또 한 번 더 바뀐다.

자르는 과정은 두 번이 아니고 여섯 번이다. 과정마다 세 개의 롤러가 있어서 여섯 번을 잘라내는데, 이렇게 잘게 잘라주어야 에센스 오일과 잘 혼합되고 비누가 잘 압축된다. 단단한 비누는 기본이며 압착이 완벽해야 향이 오래갈 뿐 아니라 부드러운 비누가 완성된다. 비누의 모양을 만들고 나서도 대략 일주일간 실내 건조를 거쳐야 랑팔 라투르만의 비누가 완성된다. 이렇게 만들어진 비누는 마지막으로 사용할 때까지 조각나거나 물러지지 않는다. 둥근 모양의 천연 비누는 현재 랑팔 라투르에서 가장 인기 있는 비누다.

유기농 천연 비누 시장을 개척하다

랑팔 라투르 매장은 마을 주민들은 물론 프로방스를 찾는 여행자들이 관광명소로 꼭 들르는 곳이다. 코끝에 닿는 비누 향기가 마치 라벤더나 라일락꽃 향기처럼 사람들을 매료시킨다. 무엇보다 이 회사 제품은 화학 성분이 없는 유기농 제품이라 사람 몸에 좋다고 인식되어 있다. 부드럽고 피부에 자극이 없어서 써본 사람들은 이곳 비누만을 사용한다.

랑팔 라투르의 역사를 이야기하려면 그 출발점이 된 마르세유 비누 이야기를 빼놓을 수 없다. 마르세유에서 비누 산업이 크게 번성했던 16세기는 프랑스 비누의 황금기라 불렸다. 루이 14세는 비누에 동물성 지방과 화학 성분을 사용하는 것을 엄격히 규제하기 시작했다.

비누의 질을 높이기 위해 1688년에 비누 제조 규격서를 발표했고 마르세유 지방에 비누 제조 독점권을 주었다. 그때를 계기로 식물성 오일을 주원료로 쓰는 마르세유 비누가 만들어졌다. 식물성 오일이 72퍼센트 함유

되고 올리브유를 기본으로 한 비누 베이스를 사용한 것이다. '72퍼센트의 식물성 오일 보증', '올리브유 베이스 사용'이라는 성분 표시가 찍혀 있어야만 진짜 마르세유 비누인 것이다.

수백 년 전부터 마르세유 지역은 비누의 도시로 널리 알려

올리브유를 기본으로 한 마르세유 비누 '랑팔 라투르'

지며 전 세계적으로 인정받아왔다. 그러나 화학재료가 개발되고 대량생산이 널리 퍼지면서 마르세유의 수많은 비누 회사들이 사라져갔다. 그러나 랑팔 라투르는 이런 위기 속에서도 전통을 고집하며 뚝심 있게 이를 지켜왔다.

마르세유 비누의 출발점이 된 랑팔 라투르는 1900년 프랑스 만국박람회에서 비누로 금메달을 받으며 인정받았고 이후 이 전통 방식을 바탕으로 세안용 비누, 가루비누를 개발하는 등 끊임없는 혁신을 주도해왔다. 1935년에는 몸을 닦는 용도의 작은 비누를 개발했고, 1951년에 물비누, 1960년에는 향이 나는 천연 비누를 만들었다. 또한 1980년에는 세탁용 가루비누를 개발했다. 그렇게 100년이 지난 지금은 세계로 수출하는 천연 비누 회사로 자리 잡았다.

플로 씨가 랑팔 라투르를 맡으면서 주력한 일이 있다. 유기농 인증을 통해 천연 원료를 공식적으로 인정받은 것이다. 인수했을 당시 랑팔의 비누는 품질은 우수했지만 검증이 덜 된 상태였다. 그래서 고객들은 좋은 품질의 제품을 구매하고도 그 제품이 왜 좋은지를 몰랐다. 그래서 장 플로 씨가 처

음 시작한 일이 랑팔의 비누를 위한 브랜드를 만들어 '랑팔 라투르에서 만든 제품'이라는 정체성을 심자는 것이었다. 제품을 재정비하고 문서를 정리하면서 3년간 노력한 끝에 회사는 드디어 유기농 인증을 받았다.

프로방스의 자연을 그대로 담은 비누

랑팔 라투르가 100년을 이어온 비결 중 하나는 순수 천연 원료만을 썼다는 것이다. 프로방스는 사방이 라벤더 밭인 데다 올리브 나무로도 유명해 천연 에센스를 구하기 적합한 환경이다. 랑팔 라투르는 천연 유기농 재료만을 사용하는 농장과 거래한다. 유기농 인증을 받은 후 장 플로 사장은 회사에 에센스 오일을 납품하는 농장에 새로 들어온 원료가 있으면 직접 방문해 꼼꼼하게 확인한다. 눈으로 보고, 무엇보다 향을 맡아보는 것이 중요하다.

이 농장에서는 재료들을 모두 저온에서 보관한다. 재료에 남아 있는 작은 곤충이나 벌레들을 없애기 위해서다. 비누에 들어갈 오일이기 때문에 해충을 없애는 약마저 사용할 수 없다. 이렇게 보관하면 훨씬 더 오랜 시간 동안 상하지 않게 보관할 수 있다. 라벤더꽃은 일일이 손으로 딴다. 이렇게 원재료 하나하나에 신경을 쏟는 정성이 랑팔의 100년을 있게 한 힘이다.

에센스 오일을 추출하는 농장과의 긴밀한 관계도 중요하다. 원료뿐만 아니라 증류 기계나 방법 또한 에센스 오일의 품질에 큰 영향을 미친다. 비누의 향이 여기서 좌우되기 때문이다. 오일을 추출하는 증류 기계에 식물과 수증기를 차례로 넣으면 수증기가 식물과 만나면서 주성분인 오일이 추출된다. 이 회사는 매우 깨끗한 천연의 물을 사용하며 낮은 온도와 압력에서 천천히 증류 작업을 한다. 그래야 원재료의 성분이나 조직을 보존하여 향을 담아낼 수 있기 때문이다. 자연에서 온 것만이 재료가 되는 천연 비누의 향기는 깊고 은은하다.

　프로방스의 자연은 랑팔 라투르에게 커다란 힘이 되어왔다. 장 플로 사장은 언제나 주기만 하는 자연에게 보답하고자 노력한다. 그래서 환경 문제를 중요하게 여긴다. 비누의 모든 재료를 자연에서 얻는 만큼 환경 보호는 회사의 사활을 위해서도 중요한 문제다. 그래서 생각한 것이 나무 포장재다.

　나무 포장재는 일반 플라스틱 포장지보다 원가가 네 배나 높다. 하지만 하나의 포장지에 세 개의 비누를 포장함으로써 가격 대비 효율성을 높였다. 자연과 환경을 보호하면서 동시에 소비자에게도 부담스럽지 않은 가격을 유지하기 위해서다. 포장까지 천연 재료로 만든 비누는 쓰레기 한 점 남기지 않고 자연으로 돌아간다.

또 다른 백 년을 위해

　비누의 역사는 무려 천 년이다. 랑팔 라투르가 비누를 만들어온 시간은 100년이다. 랑팔 라투르가 한 세기가 넘는 세월 동안 살아남을 수 있었던 이유는 한자리에만 머무르지 않고 새로운 비누를 개발하고자 끊임없이 노력하며 동시에 전통에 대한 자부심을 지켜왔기 때문이다. 랑팔 라투르는 한 세기가 넘도록 처음 회사가 문을 열었던 때의 방식 그대로 비누를 만들며 명맥을 이어오고 있다.

　요즘 랑팔 라투르는 신제품 개발에 주력하고 있다. 옛날 공장에서 나와 골목 하나를 건너면 19세기에서 21세기로 훌쩍 뛰어넘는다. 이곳은 첨단 설비가 갖춰진 새 공장이다. 복장부터 전통 방식의 공장과는 사뭇 다르다. 유기농 제품과 액체비누 제조를 위해 스테인리스 설비를 갖춘 공장이다. 박테리아에 민감한 원료를 다루기에 위생 수칙도 엄격해야 한다.

현대화된 기술로 생산되는 액체 용품(상)
다양한 제품을 만날 수 있는 랑팔 라투르 매장(하)

액체 제품은 적당한 묽기가 생명이다. 장인은 손에 흘려보는 것만으로 최적의 농도를 맞춘다. 손에 남는 감각으로 품질을 파악할 수 있는데 이는 샤워할 때의 느낌과 관계가 있다. 너무 잘 흐르면 안 된다. 사람들은 샴푸나 샤워젤이 지나치게 잘 흐르는 느낌을 별로 좋아하지 않는다.

마르세유 비누의 전통과 기술을 보존하면서 한편으로는 현대화된 기술로 천연 유기농 제품을 만드는 일은 앞으로의 100년을 준비하는 랑팔 라투르의 목표다. 그리고 그 목표를 위해, 플로 씨는 처음 회사 문을 열던 순간을 결코 잊지 않을 것이다.

랑팔 라투르의 비누는 더러워진 손을 씻는 데서 끝나지 않는다. 집 안 청소는 물론, 설거지와 빨래, 심지어 이를 닦는 비누까지 쓰이지 않는 곳이 없다. 이것이 바로 변화를 거듭하는 이유다. 랑팔 라투르의 제품은 미래를 향해 계속 발전할 것이다. 동시에 이곳만의 역사와 전통도 지킬 것이다. 앞으로도 이곳의 제품은 각 가정에서 쓰일 것이며 현시대에 꼭 필요한 제품이 될 것이다. 작은 비누는 하루하루 역사에 기록될 것이다.

랑팔 라투르의 성공 비결

1. 오직 천연 재료만을 고집한다

랑팔 라투르의 비누는 천연 원료만을 사용하기로 유명하다. 비누의 재료들은 모두 자연에서 얻은 것만을 사용하며 포장까지도 나무 포장재를 사용한다. 올리브유 함유량이 높고 라벤더 등의 꽃에서 직접 추출한 향을 사용하여 만드는 랑팔 라투르의 비누는 마을 주민에게뿐 아니라 영국, 벨기에, 미국 등으로 수출하며 전 세계인의 사랑을 받고 있다.

2. 비법의 비누 베이스

프랑스산을 비롯해 말레이시아, 콜롬비아, 스페인 등 전 세계에서 공수한 원료로 만드는 비누 베이스는 랑팔 라투르만의 방식에 따라 만든다. 가장 중요한 비법은 비누 베이스와 에센스의 배합 기술이다. 이 기술 덕분에 랑팔의 비누는 향이 오래 지속되고 끝까지 비누의 생명력을 유지한다.

3. 유기농 천연 비누 시장을 개척

장 플로 사장은 3년간 유기농 인증을 준비해 천연 원료를 공식적으로 인정받았다. 이전의 랑팔 비누는 품질은 우수했지만 검증이 되지 않았기 때문에 고객들은 좋은 제품을 구매하고도 왜 좋은지를 몰랐다. 그래서 장 플로 씨는 랑팔의 비누를 위한 브랜드를 만들어 '랑팔 라투르에서 만든 제품'이라는 정체성을 심어주었다.

4. 전통에 대한 고집과 미래를 위한 혁신

랑팔 라투르는 전통을 지키면서 한자리에만 머무르지 않고 새로운 비누 개발을 위해 끊임없이 노력했다. 전통 방식을 바탕으로 세안용 비누, 가루비누 개발 등 끊임없는 신제품을 개발해왔다. 전통에 대한 자부심을 이어오며 발전을 위해 혁신을 창조하는 경영철학이 프랑스를 대표하는 비누 명가로서 랑팔 라투르를 이끌어온 경쟁력이다.

INFORMATION

주 소   71 rue Felix Pyat 13300 Salon de Provence, France
홈페이지   www.rampalpatou.com
전 화   +33-4-90-56-07-28
영업시간   월-금 8:00~12:00, 14:00~18:00

천하제일의 먹을 꿈꾸다

중국 270년 전통 먹
후카이원 먹 공방

"기술이 있는 50대, 40대, 30대를 한 명씩 둔다.
그리고 20대는 찾는다.'
이것이 우리 회사의 기술 계승 전략입니다."
– 후카이원 먹 공방 9대 사장, 왕종

서예용품 노포들이 즐비한 황산의 '랴오지에' 거리

🏠 **휜** 화선지에 스미는 묵향은 마음을 정화시키는 효과가 있다. 마음이 편안해지고 머리까지 맑아진다. 이제는 서예를 하는 사람도 많이 사라졌지만 여전히 향수를 느끼게 하는 먹은 그 명맥을 당당히 이어가고 있다. 먹의 명가가 위치한 곳은 단연 중국이다. 먹의 역사가 천 년을 거슬러 올라간다는 중국을 대표하는 문방사우의 고장, 중국 남부의 안후이 성 황산시다. 중국의 10대 명승지로 꼽히는 황산이 있어 더욱 유명한 이 도시의 또 다른 명소는 명청대의 건축물이 완벽하게 보존되어 있는 옛 거리다.

'랴오지에'라고 불리는 이 상업 거리에는 수백 년의 역사를 자랑하는 노포들이 즐비하다. 가게들마다 주로 팔고 있는 것은 서예용품인 문방사우다. 즉 붓, 종이, 먹, 벼루의 산지로 그 역사가 천 년이 넘어 황산은 문방사우의 고장으로 불린다.

황산의 맑은 물과 돌 그리고 소나무는 문방사우의 좋은 재료가 되었고 지금껏 독특하고 우수한 품질의 제품이 생산되고 있다. 공자와 노자의 그림이 새겨지고 천연 색상을 입힌 벼루는 중국의 전통을 느끼게 한다.

이곳의 명물로 알려진 후카이원胡开文 먹 공방의 역사는 무려 270년이다. '휘묵명천하'라는 말이 나올 정도로 후카이원의 먹은 예로부터 우수한 품질로 문인들의 사랑을 받아왔고 지금까지도 많은 대중들과 예술가들에게 인기가 높다. 좋은 재료와 변하지 않는 먹빛으로 우수한 품질을 입증함으로써 그 가치를 인정받아왔으며 이제는 황산의 특산물이자 중국의 위대한 유산이 되었다.

270년의 역사를 새긴 중국 최고의 먹

먹은 단순히 그림을 그리는 재료에 그치지 않고 그 자체가 문화예술품으로 평가된다. 어떤 먹을 쓰느냐가 그림의 격을 좌우한다고 할 정도로 중요한 도구인데 먹의 크기나 종류도 천차만별이다.

먹이 화선지 위에 스며들 때 그 빛깔은 수십 가지로 변한다. 한 가지 검은빛이 짙어졌다가 또 옅어지면서 풍경은 완성된다. 먹빛이 깊을수록 그림도 깊어진다. 예를 들어, 늪지와 들판을 그릴 때는 진하게, 먼 곳은 먹을 연하게 만들어 여러 번 덧칠해서 표현한다. 그래야 입체감이 드러나기 때문이다. 근경, 중경, 원경이 서로 균형을 이루는 것이다. 흑백 먹 하나로 원근감을 표현하기란 쉽지 않다. 그러나 그 때문에 동양화의 정적인 깊이가 나온다. 후카이원 먹은 이런 그림의 주제를 가장 잘 표현할 수 있다. 빛깔은 강한데 순도와 명도는 진하기 때문이다.

후카이원은 문인들이 많이 찾는 먹으로 유명한 회사다. 매끄럽고 결이 고운 먹빛으로 직접 갈아서 써보면 그 진가를 발휘한다고 한다. 또한 후카이원 먹은 번짐 없이 짙게 표현되는 것이 가장 큰 특징이다.

중국의 전통 상표가 된 '후카이윈 먹'

1대 사장인 후키엔 주 씨는 후카이윈을 시작하면서 몇 가지 경영철학을 세웠다. 첫째는 신념, 둘째는 창조성, 셋째는 제품의 품질, 마지막으로 가족식 경영을 지켜가겠다는 것이었다. 그 후로 후카이윈은 먹에 대한 자부심을 가지고 현대화에 발맞춰 신제품 개발에 노력을 기울이면서 변하지 않는 품질을 지켜왔다.

후카이윈은 휘묵이 중심이 된 기업이다. 260년 동안 하나의 상표였고, 국가의 전통 상표가 됐다. 그리고 지역의 관광 명소이기도 하다. 글을 쓰는 먹, 관상용 먹 등 다양한 먹을 생산하는 후카이윈은 중국의 서예가들이 즐겨 찾기 시작하면서 회사의 이름이 알려지게 되었다.

언뜻 모두 똑같은 흑색이라고 생각할지 모르지만 사실 먹은 다양한 빛깔을 띤다. 후카이윈의 먹은 짙은 검은색이면서 보랏빛이 난다. 또한 보관할 수 있는 기간도 길다. 그림에 멋을 더하는 후카이윈의 먹은 그림을 그리고 글을 쓰는 이들의 무한한 사랑을 받고 있다.

후카이원의 목표이자 바람을 담은 공방 입구의 '휘묵명천하' 팻말

황산의 먹으로 세상에 이름을 남기다

후카이원이 예술가들의 사랑을 받으면서 중국 전통문화의 중심이 될 수 있었던 데는 먹 공방의 270년 역사가 있다. 장인의 손기술과 그 기술을 계승하기 위한 끈질긴 노력이 있었기에 가능했다. 왕종 사장은 "기계가 장인의 손기술을 넘어설 수는 없다"고 말한다. 부드러움이 강함으로 바뀌고 속으로 더 깊어지기까지 270년의 시간이 흘렀다. 오래될수록 빛을 발하는 먹처럼 후카이원의 먹은 긴 시간을 거쳐 단단해졌다.

황산 시내에 위치한 후카이원 먹 공방은 1742년 후키엔 주 사장이 설립했다. 어느 먹 공방의 견습생이었던 그가 1대 사장이 된 이후, 지금까지 무려 270년의 역사를 이어오고 있다.

중국에서 유명한 문인과 서예가들이라면 누구나 이곳을 다녀갔다. 공방의 입구에는 '휘묵명천하徽墨名天下'라는 글이 크게 새겨 있다. 천하제일의 먹을 만들겠다는 후카이원의 목표이자 바람이다. 황산의 먹으로 천하에

기념품으로 제작된 후카이원의 먹

이름을 알리겠다는 말에서 후카이원 먹의 오랜 염원과 자신감을 엿볼 수 있다.

시대 변화에 맞춰 먹의 종류도 다양해졌다. 일반적으로 관광객들이 여행이나 회의 참석 차 왔다가 기념품으로 사 가는 먹이 있고 전혀 생각지 못한 용도의 먹도 있다. 지혈, 소염 효과가 있어 제약 회사에 납품하는 약이 있다. 속에 탈이 났을 때, 먹을 갈아서 먹으면 효과가 좋다고 한다. 먹이 약의 역할을 한다는 사실이 놀랍다. 그 외에도 차먹, 경먹, 탕먹 등 재료에 따라 먹의 종류도 수십 가지다. 이곳에서는 어떤 먹이든 자부심을 담지 않은 것이 없다.

공장 안에 따로 떨어져 있는 별도의 작업장은 먹 만들기가 시작되는 곳이다. 먹의 재료를 섞는 작업을 하는 39년 경력의 먹 반죽 장인 왕 웨이핑 씨는 작업 과정을 보여주길 내켜하지 않는다.

"옛날부터 이 작업은 비밀리에 진행되었기 때문에 보여줄 수가 없어요.

2부 역사와 예술이 살아 숨 쉬는 백년의 가게 189

지금은 살짝 보여주는 거예요."

장인은 대개 이른 새벽에 혼자서 작업을 한다. 재료 배합 과정은 먹 제조의 핵심 기술이기 때문이다. 어떤 재료를 어떻게 배합하는지가 공개되면 모방 먹이 나올 수 있어 철저히 비공개를 원칙으로 한다.

황산의 자연을 담아 탄생한 후카이원 먹

후카이원 먹이 오래도록 사랑받아온 이유는 바로 100년의 시간이 지나도 변하지 않는 먹빛 때문이다. 그 먹빛을 만드는 데 가장 기초가 되며 중요한 것이 재료다.

먹의 주재료는 석탄 가루 같은 탄소 알갱이로, 이를 그을음이라 한다. 먹을 만드는 방법은 송연묵과 유연묵에 따라 각기 다르다. 그을음을 흙처럼 고정한 것이 먹이다. 물과 그을음 그리고 동물성 풀인 아교를 섞으면 먹에 점착성이 생긴다. 아교를 소나무 그을음과 섞어서 반제품을 만든다.

먹의 색을 검게 하는 그을음은 쉽게 얻을 수 있는 재료가 아니다. 주로 기름이나 소나무를 태운 연기에서 얻는데 400킬로그램의 소나무를 태워 얻는 그을음이 고작 10킬로그램에 불과하다.

귀한 재료인 만큼 배합 과정이 무엇보다 중요하다. 물에 잘 녹지 않는 탄소 알갱이가 아교와 뒤섞이면서 이내 끈적끈적해지면, 여기에 웅담, 사향 등 먹에 향기를 더하는 십여 가지 재료가 들어간다. 천연 향료까지 첨가해서 증기에 찌면 먹 반죽이 완성된다. 시커멓게만 보이는 반죽이지만 실은 긴 시간과 귀한 재료가 섞여 얻어진 결과물이다.

반죽이 빨리 마르도록 넓적하게 펴주면 작업은 끝난다. 그런데 까맣게 보이는 똑같은 반죽이라도 저마다 재료는 조금씩 다르다. 먹을 만드는 조합이 여러 가지이고 그에 따라 표시 방법도 다르다. 서로 섞이지 않게 장인들끼리 표시를 해둔다.

여기서 장인의 작은 지혜가 엿보인다. 넓게 편 반죽마다 먹의 종류에 따라 조금씩 다른 기호로 표시해둔다. 이 기호를 보고 기름을 주재료로 만든 유연먹인지 아니면 소나무를 주재료로 만든 송연먹인지, 이를 구별해놓는다. 오랜 경험에서 생긴 노하우다.

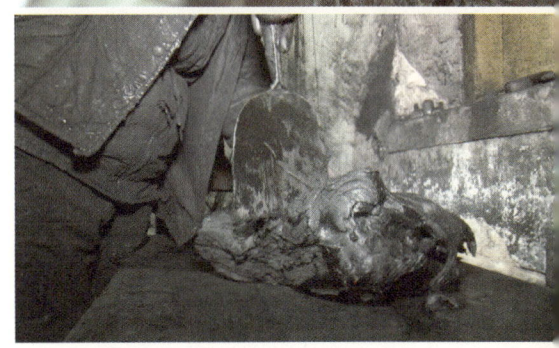

먹을 만들 때 가장 중요한 소나무의 '송진'(상)
정교한 배합 과정을 통해 만든 먹 반죽(하)

황산이 먹으로 유명해진 시기는 당 대까지 거슬러 올라간다. 먹의 명장이 전쟁을 피해 남쪽으로 내려오다가 황산의 소나무에 반해 먹을 만들기 시작하면서부터다. 황실에 진상할 정도로 뛰어난 안후이 성의 소나무가 사방의 산에 풍부했고 맑은 계곡물이 있어 먹 만들기에 더없이 좋은 환경이었다.

후카이원은 소나무를 태워 만드는 송연먹을 주로 제작한다. 채취가 훨씬 어렵고 가격이 더 비싼 만큼 나무 선택부터 신중해야 한다. 좋은 나무는 수령 20년을 넘긴 노송이다. 하지만 20년이 된 나무를 찾기란 황산에서도 쉽지 않다. 또한 송진이 많을수록 좋다. 그래서 나무를 택할 때는 송진을 잘 살펴야 한다. 송진이 부족한 나무로는 좋은 먹이 나오지 않는다.

또 20년이 안 된 어린 소나무를 쓰면 먹의 농도가 옅고 색도 좋지 않아서 고객들이 좋아하지 않는다.

좋은 소나무로 둘러싸인 최적의 자연 환경 속에서 황산의 먹 산업은 수백 년간 번성할 수 있었다. 후카이원 역시 좋은 재료에 기술력을 더해 끊임없이 발전을 거듭했다.

270년을 이어온 장인의 끝없는 두들김

1742년에 창업해 270년의 시간이 흐르는 동안, 단순한 기업이 아닌 국가 전통 브랜드로 성장한 후카이원은 백년기업으로서의 인증과 지원을 동시에 받고 있다. 100년 전 만국 박람회에서 금메달을 수상하면서 세계적으로 품질을 인정받았다.

청나라 때부터 먹을 만들기 시작했지만 당시의 명성은 지금과 달랐다. 청나라 때는 중국 먹 상표 중에서 4위였다. 그런데 지금은 중국 휘먹의 대명사가 됐다.

신뢰와 품질 그리고 창조성을 잃지 말자는 1대 사장 후키엔 주 씨의 경영철학은 가업을 잇는 8대까지 계속됐고 잠시 국영 기업으로 전환되었다가 다시 지금의 왕종 사장이 부임하면서 명맥을 잇게 됐다.

왕종 사장은 1983년부터 후카이원 먹을 연구해왔다. 그리고 1989년부터 후카이원에서 정식으로 일하기 시작했다. 후카이원의 경영자가 되는 과정은 녹록지 않았다. 50년 동안 공예미술을 연구해온 왕종 씨는 사장이 되기 위해 5년의 준비 끝에 계승자 선정 시험에 통과했다.

"우리 먹 공방은 국가에서 보호하는 사업입니다. 제가 받은 무형자산 계승인 상은 나라에서 준 것입니다. 장인으로서 회사를 이끌고 있다는 것이 자랑스럽습니다."

이렇게 후카이원이 성장할 수 있게 된 데는 직원들의 노력이 있었다. 고된 노동과 궂은 환경에도 굴하지 않고 한길을 걸어온 장인들이 있었다. 그들이 없었다면 후카이원의 270년은 없었을지도 모른다.

먹 공방의 직원은 모두 26명이다. 9대 왕종 사장 아래 각 분야별 장인이 짧게는 5년에서 길게는 40년 가까이 후카이원에서 근무하고 있다.

먹을 만들 때는 재료를 배합하는 곳에서 옮겨 온 반죽을 다시 열에 익혀 말랑한 상태로 만든다. 이때부터 본격적으로 장인의 힘이 필요하다. 반죽을 두들기는 작업은 먹의 품질을 좌우하는 가장 중요한 과정으로 먹의 우열이 여기서 판가름 난다. 반죽의 점착성이 없어질 때까지 두들김은 끝이 없다. 오래 칠수록 좋아지기 때문이다. 밀가루 반죽처럼 인성靭性이 좋아져서 나중에 먹을 갈 때 진하게 잘 풀린다.

검은 반죽에 광택이 날 때까지 약 100번 정도 망치질을 한다. 이때 힘을 조절하고 일정한 강도를 유지하는 것도 장인의 노하우다. 하지만 무려 5킬로그램이 넘는 망치로 하는 작업은 결코 쉽지 않다.

먹의 틀을 잡는 작업에서 망치나 저울 같은 도구보다 더 정확한 것이 장인의 손과 감이다. 장인의 여문 손끝에서 뭉쳐진 반죽은 웅어리나 알갱이가 없이 균일하다. 손안에 쥔 감을 통해 딱 맞는 무게와 길이를 파악한다. 나무 틀에 반죽을 넣고 다시 기계에 그 틀을 끼운 뒤 돌려주면 먹은 네모난 형태로 굳는다.

처음부터 끝까지 기계의 역할은 그저 굳히는 것뿐이다. 순전히 손의 힘으로 길고 까만 먹 하나가 탄생한다. 단조로운 생김이지만 제작 과정은 결코 단순하지 않다. 평생 이 일만을 해온 장인도 있다. 조형 부분의 선임인

철저하게 관리하는 먹 건조 과정

먹 성형 장인 조위하 씨는 1979년도에 입사해 33년 동안 일하고 있다. 30년 넘게 그가 만들어온 먹은 자신의 삶이기도 하다. 완벽한 먹의 형태가 장인의 역할이다. 이 먹을 3개월 동안 건조시키면 사용할 수 있는 먹이 된다.

　네모난 형태를 갖춘 먹들은 건조실로 옮겨진다. 최상급의 먹이 되기 위해 실내 건조는 매우 중요한 과정이다. 틀에서 막 꺼내 휘어지기 쉬운 상태의 먹을 짧게는 3개월, 길게는 반년을 말려야 비로소 완성된다. 건조 과정에서 먹은 계속 뒤집어줘야 한다. 한쪽으로 휘거나 끝이 구부러지지 않도록 하기 위해서다. 이것도 여간 힘이 들어가는 일이 아니다. 보통의 여성에게는 뒤집기가 쉽지 않은 무게지만 먹 건조를 7년째 담당하고 있는 여성 직원 왕쥐윈 씨는 이제 익숙하다.

건조 중인 먹들 사이에서 먹을 골라낸다. 다 비슷해 보여도 그녀의 눈에는 미세한 형태의 변화가 보인다. 먹을 테이블 위에 놓았을 때 미세하게라도 한쪽이 바닥에서 뜨면 건조가 제대로 안 된 것이다.

날씨에 따라 불량이 발생하기 쉬운 때가 있다. 이런 것들이 모두 경험에서 얻는 비법이다. 건조 과정 중에 최대한 불량을 줄이려면 날씨에 민감해야 한다. 특히 먹을 건조할 때 습기는 최악의 방해 요소다. 그래서 비가 오거나 날씨가 습해지면 전등을 켜고 제습기를 가동해 습도를 맞춰야 한다. 먹이 휘어지기 시작하면 이미 늦다. 휘어지면 방법이 없으니 바로 불량품이 된다. 일률적으로 먹을 만드는 것은 매우 정교한 작업이다.

황산은 비가 많은 곳이다. 따라서 건조 과정 중 틈틈이 온도와 습도를 조절해야 단단하고 품질 좋은 먹을 만들 수 있다.

장인을 우대하고 계승해야 미래가 있다

오후 2시, 장인들의 퇴근 시간이다. 먹에 시꺼멓게 물든 손을 구둣솔로 씻는 일이 중요한 퇴근 준비다. 고된 작업 탓에 먹을 만드는 장인의 수가 점차 줄어드는 현실은 어디나 마찬가지다. 먹처럼 손이 검게 변하는 힘든 일을 하겠다는 젊은이들을 찾기가 더욱 어려워졌기 때문이다. 요즘의 젊은 사람들은 고생이 되는 일을 피한다. 이 일을 하며 3,000위안 정도를 받겠지만, 차라리 2,000에서 2,500위안을 받고 사무실에서 일하려고 한다. 그래서 장인의 처우 개선은 회사에서 가장 신경 쓰는 부분이다.

"보시다시피 먹 망치의 무게만 5킬로그램입니다. 하루에 7시간을 일하죠. 젊은 사람들은 이런 일을 기피합니다."

왕종 사장의 말처럼 고된 일인 것을 누구보다 잘 아는 회사에서는 장인을 보호하고 우대하는 조치를 마련했고 경제적으로도 충분히 보상하고 있다.

장인들이 일찌감치 퇴근한 시간이면 왕종 사장은 혼자서 먹의 도안 작업을 한다. 요즘의 후카이원 먹의 문양은 모두 그가 직접 그린 것들이다. 이 일은 그 혼자만이 할 수 있다. 후카이원의 계승자가 될 때부터 가장 중요하게 생각해온 것이 도안 작업이다. 후카이원만의 고유 문양으로 독창적인 먹을 만드는 것이 현재 가장 심혈을 기울이는 일이다. 새로운 도안을 완성하면 먹에 옮기는 방법은 직접 가르친다. 건조된 먹에 그림을 그리는 일은 먹에 예술성을 부여하는 중요한 마무리 과정이다. 반드시 수공으로 해야 하는 일이기도 하다.

금박을 입히거나 먹에 새기는 일은 전 과정을 통틀어 가장 숙련된 손기술이 요구되는 작업이다. 현재 그림을 그리는 분야의 장인은 세 명이다. 이들의 뒤를 이을 후계자를 미리 찾아 기술을 전수하는 것이 회사의 장인 계승 프로젝트다.

회사의 은퇴 연령은 50세다. 현재의 장인은 곧 은퇴하지만 회사는 뒤를 이을 장인을 계속 고용하고 제자들을 가르치고자 한다. 연령별로 장인을 고용해 계승자가 끊이지 않도록 하는 것이다. "기술이 있는 50대, 40대, 30대를 한 명씩 둔다. 그리고 20대를 찾는다." 이것이 회사의 기술 계승 전략이다. 각 공정의 선임이 대표로 뒷사람을 가르친다. 그래서 장인은 한 사람이 아닌 것이다. 각 연령의 다음 제자를 가르치기 때문에 왕종 사장이 모든 사람을 가르칠 필요가 없다. 그는 시스템이 잘 돌아가도록 관리를 할 뿐이다.

장인 양성 시스템을 통해 회사는 지금껏 위기를 무사히 넘겨왔다. 뿐만 아니라 새로운 제품의 개발로 문인들은 물론 대중들에게도 골고루 사랑받고 있다. 서예 인구가 줄어드는 상황에서도 꾸준한 매출을 유지하는 후카이원은 중국을 넘어 일본, 한국, 동남아시아에까지 먹을 수출하고 있다.

오늘은 회사에 반가운 이들이 찾아왔다. 인근 대학교의 공예를 전공하는 학생들이 견학 수업을 온 것이다. 젊은이들의 등장에 조용하던 회사에 활기가 돈다. 먹을 만드는 과정이 처

9대 사장, 왕종(상)
후카이원의 독창성이 담긴 먹의 문양(하)

음인 학생들은 그저 놀라울 뿐이다. 백문이 불여일견임을 몸소 실감하는 견학 수업에서 직접 먹 반죽을 하겠다고 나선다.

장인이 쉽게 하던 일도 다른 이들의 손에 가면 금세 티가 난다. 학생들은 장인들의 일에는 오랫동안 쌓인 경험과 체력 그리고 만드는 사람의 지혜가 필요하다는 것을 알게 되었다. 망치질 한 번 제대로 하기도 힘들어 하지만 학생들의 관심에 무뚝뚝하던 장인의 얼굴이 환하게 밝아진다.

자신이 인정받고 누군가에게 노하우를 가르친다는 것은 장인으로서 뿌듯한 일이다. 이런 젊은이들이 많이 찾아오면 회사의 미래도 더 밝아질 것이다. 최근에 후카이원은 인근 대학교와 결연을 맺어 견학 수업을 하거나

2부 역사와 예술이 살아 숨 쉬는 백년의 가게 197

장인이 초청 강연을 나가는 등 젊은이들의 관심을 끌기 위해 노력 중이다. 왕종 사장은 후카이원의 이런 정책 때문에 먹 공방으로 오는 젊은 사람들이 점점 많아질 것이라고 예상한다.

"우리가 직접 학생들에게 우리 먹의 중요성을 알렸고, 학생들 역시 관심이 많이 생겼습니다. 우리 공방 직원들의 월급도 낮지 않습니다."

백년 노포老鋪를 넘어 국가 전통 브랜드로 인정받기까지 작은 먹 하나는 그냥 만들어지지 않았다. 100번을 두들기는 정성과 100일을 기다리는 인내 끝에 완성되었다. 후카이원 먹의 생명력은 중국 전통문화 속에서 계속 살아 숨 쉬며 앞으로도 300년의 역사를 만들어갈 것이다.

후카이원 먹 공방의 성공 비결

1. 세월이 지나도 변하지 않는 먹빛을 만든다

후카이원 먹이 오래도록 사랑받아온 이유는 오랜 시간이 지나도 변하지 않는 먹빛 때문이다. 다른 회사의 모방을 막기 위해 270년간 철저히 비밀을 지켜오며 수제작 방식을 고집하고 있다. 반죽을 할 때도 온도와 습도를 유지하며 제대로 된 먹빛이 나올 때까지 망치로 끊임없이 두들기는 과정을 거친다. 오직 품질 하나로 승부했고 국가 전통 브랜드로 인정받았다.

2. 자연에서 얻은 훌륭한 재료

맑고 깊은 먹빛을 만들어내기 위해 가장 중요한 것 중 하나는 원재료다. 후카이원은 소나무를 태워 만드는 송연먹을 주로 제작하는데 채취가 훨씬 어렵고 가격이 더 비싸다. 그러나 좋은 소나무로 둘러싸인 최적의 자연 환경이 있었기에 수백 년간 이어올 수 있었다.

3. 장인 양성 시스템

먹을 만드는 일은 고된 일이라 젊은이들이 기피하는 경향이 있다. 그래서 회사 차원에서 장인들의 처우를 개선하고 장인 계승 프로젝트를 진행한다. 30대, 40대, 50대 연령별로 장인을 고용하고 20대를 찾아서 계승자가 끊이지 않도록 한다.

4. 창립 시기부터 지금까지 변함없이 지켜온 이념

1742년 창립 이후 지금까지 후카이원 먹 공방에는 변함없이 지켜온 네 가지 경영이념이 있다. 신념, 창조성, 제품의 품질, 가족식 경영이다. 먹에 대한 자부심으로 현대화에 발맞춰 신제품을 개발해왔고 변하지 않은 품질을 지켜왔다. 이들이 270년의 역사를 이어올 수 있었던 이유다.

INFORMATION

주 소	安徽省绩溪县扬之南路 12-1号, 中國
홈페이지	www.hukaiwen.com
전 화	+86-563-8162408

희망을 담은 100년의 불빛

스페인 양초 회사
세라스 로우라

"양초는 아주 작지만 어울리는 곳에 두면
공간을 바꾸는 힘이 있다."
– 세라스 로우라 4대 사장, 사비에르 로우라

🏠 **스페인** 바르셀로나에서 약 60킬로미터에 위치한 몬세라트 대성당은 바위산으로 둘러싸여 성스러운 분위기를 자아낸다. 880년에 건립된 성당으로 카탈루냐 지방의 종교적 중심지이자 성지로 여겨지는 곳이다. 신비로운 바위산 속의 성당을 보기 위해 매일 세계에서 수많은 관광객들이 몰려든다. 세계적인 성지인 만큼 엄숙한 분위기에서 신도와 관광객들이 함께하는 미사가 진행된다.

미사가 끝나면 성당 한편에 대량의 양초가 준비된다. 사람들은 미사를 마치고 나와 기부금을 내고 양초를 가져간다. 양초는 봉헌의 의미다. 소원을 빌거나 감사 기도를 드릴 때면 양초들을 성모상 앞에 놓는다. 몬세라트 대성당의 명물인 양초 봉헌대는 전 세계 수많은 사람들이 밝혀놓은 촛불들로 가득하다.

저마다의 기도와 소망을 담는 이 양초들은 스페인을 밝히는 100년 전통의 양초 회사, 세라스 로우라 Ceras Roura의 것들이다. 종교용 양초를 판매하는 가게로 시작해 올해로 100주년을 맞이한 스페인 양초 회사 세라스 로우라의 작은 빛은 지난 100년간 꺼지지 않고 여전히 희망을 가득히 밝히고 있다.

스페인을 밝히는 100년 전통 양초 회사

바르셀로나에서 북쪽으로 두 시간 남짓 달리면 스페인과 프랑스 국경 부근의 작은 도시, 피게레스 Figueres가 나온다. 인구 4만 명인 이 작은 도시는 초현실주의의 거장인 천재 화가 살바도르 달리가 태어난 곳으로 유명하다. '달리의 도시'로 불리는 이곳에서 최고의 볼거리는 역시 달리 박물관이다.

100년 전통 양초 회사 '세라스 로우라'

다양한 형태의 장식용 양초

그런데 달리 박물관과 함께 또 하나의 명소가 있다. 지금으로부터 딱 100년 전에 문을 연 양초 공장 세라스 로우라다. 이곳은 현재 스페인은 물론 세계 20여 개국에 양초를 수출하는 회사로 성장했다. 전통과 명성을 가진 양초 회사 세라스 로우라는 주민들의 자랑거리다.

세라스 로우라는 작은 양초 하나로 100년을 밝혀왔다. 4대째 가업을 잇고 있는 사비에르 로우라 사장은 그 기록을 모아 3년 동안의 준비 과정 끝에 올해 6월, 양초 박물관을 열었다. 수공업의 소중함을 후대에 전하기 위해서다. 1970년도에 기계로 바뀌기 전까지 양초를 만드는 데 사용한 오래된 도구도 전시해놓았다. 제작 방식은 진화했지만 과거를 잊지는 않는다.

세라스 로우라는 성당의 신부가 자신이 쓸 양초를 직접 만든 데서 시작되었다. 주위의 성당에 조금씩 공급하다가 공장을 세우고 조카가 물려받으면서 가업으로 이어졌다.

세라스 로우라는 1970년대까지 주로 종교용 초를 생산했다. 그런데 1980년도 이후로 유럽과 스페인의 양초 시장이 달라졌다. 양초를 많이 사용하는 북유럽 관광객들이 따뜻한 여름을 보내기 위해 스페인으로 휴가를 왔고 그들의 영향으로 장식용 양초 시장이 형성되기 시작했다. 스페인에서도 식당이나 파티에서 양초를 많이 사용하기 시작한 것이다. 그래서 세라스 로우라는 장식용 양초들을 만들기 시작했다. 현재는 종교용 양초를 기본으로 파티용, 이벤트용, 실내장식용, 크리스마스용, 밸런타인데이용 등 다양한 고객층을 위한 장식용 양초들을 선보이고 있다. 이 같은 노력으로 세라스 로우라의 양초는 100년 동안 희망의 불빛을 밝혀오고 있다.

위기를 이겨낸 상생의 힘

오랜 세월 동안 명성을 유지해온 세라스 로우라지만 스페인의 복잡한 정치 상황은 회사의 흥망성쇠에 큰 영향을 미쳤다. 특히 1936년, 스페인 내전이 발생하면서 큰 위기가 닥쳤고 1939년까지 암흑기를 견뎌야 했다. 그러다 1940년, 내전이 끝나고 사람들이 돌아오자 사비에르 사장의 할아버지, 즉 2대 사장은 양초 공장을 다시 세웠다. 그런데 정치적인 사건 때문에 또다시 불이 났고 결국 공장을 한 번 더 재건해야 했다.

내전 당시의 탄압에도, 공장이 모두 불타버린 화재에도 세라스 로우라는 양초 만들기를 중단하지 않았다. 원료 공급처가 원자재 값을 빌려주었고 동종업계에서 기계를 대여받았다. 고객들도 장기간 제품을 기다려줬다. 이렇듯 주변 사람들의 도움으로 위기를 이겨낼 수 있었다.

주위에서 세라스 로우라를 신뢰하고 도움의 손길을 아끼지 않은 이유는 공급처와 고객들과도 사업적인 관계를 넘어 가족과 같은 친근한 사이를 유지했기 때문이다. 또한 위기에 맞닥뜨리기 전부터 품질과 서비스를 철저히 유지한 덕이었다. 하나를 보면 열을 안다고 했던가. 정직하고 좋은 제품을 만들고 성실한 서비스를 제공하는 업체라면 사람들의 도움과 사랑에 더 큰 보답을 해줄 것이라는 믿음이 있었기에 가능했다.

그들의 믿음은 정확했다. 세라스 로우라는 세대가 바뀌어도 그 보답을 잊지 않고 지역사회에 돌려주고 있다. 25년 전부터 도시의 장애인 단체와 연계해 일자리를 제공하며 나눔과 상생의 불빛을 함께 만들어가고 있다. 100년 동안 사람들의 사랑을 받은 다양한 양초를 함께 만들어온 또 다른 동료들에게 세라스 로우라의 양초는 각별한 의미가 있다. 함께 양초를 만들면서 유대감을 가졌고 무엇보다 한 인간으로서 성취감을 느꼈다. 일을 통해 돈도 벌지만 사회의 구성원으로서 느끼는 감정이 이들에게는 더 큰 의미로 다가온다. 비록 양초를 단순 포장하는 작업이지만 공동체라는 자부심을 느낀다.

더욱 널리 퍼지고 있는 세라스 로우라 양초의 불빛

세라스 로우라의 시작은 종교용 양초와 함께였으나 지금은 장식용 초가 80퍼센트를 차지하고 있다. 매출 20~30퍼센트의 종교용 양초 중에서는 교회나 성당에 봉헌용으로 쓰이는 양초가 90퍼센트 정도의 판매율을 차지할 만큼 가장 많이 팔린다.

그런데 봉헌을 위한 양초는 장식성보다 기능성이 강조되는 특성 때문에 세라스 로우라가 오랜 역사 동안 축적한 기술이 필요하다. 종교용 양초를 만드는 기본적인 틀이 있는데, 초와 초심이 아주 잘 맞아야 한다. 제단에 올렸을 때 며칠 동안 촛불이 꺼지지 않아야 하기 때문이다. 또한 화재 위험이 없는 플라스틱 포장과 촛불이 꺼지지 않게 하는 뚜껑도 필요하다. 이처럼 세월이 흐르면서 양초는 계속 진화했고 세라스 로우라는 100년 동안 양초의 변천사를 함께해왔다.

소량 주문 양초는 수작업으로 제작한다.

현재 세라스 로우라는 자동화 시스템으로 대량생산이 가능해졌다. 이렇게 편해지기 전에는 수작업으로 초 하나하나에 색을 입혔다. 예전에는 온종일 걸렸던 일이 지금은 기계로 두세 시간이면 끝난다.

양초 시장에서는 크리스마스가 있는 12월이 최고 성수기다. 크리스마스는 색색의 아름다운 양초와 함께 찾아온다. 이때는 평소보다 주문이 세 배 이상 늘어난다. 수출 물량도 급증하기 때문에 가장 분주한 시기다. 양초 공장도 아침부터 활기차게 돌아간다.

엄청난 주문량을 소화해야 하기에 기계는 물론 모든 일손이 동원된다. 수작업을 할 때는 색을 균일하게 입히는 것이 중요하다. 대량 주문일 때는 기계를 사용하지만 소량 주문으로 들어온 양초는 손으로 직접 만들어야 한다. 별 모양, 공 모양 등 독특한 모양의 양초는 기계 작업이 어렵기 때문이다. 양초의 계절, 크리스마스에는 가장 인기 있는 빨간색, 금색, 은색 양초를 많이 제조한다.

그런데 이탈리아, 포르투갈, 프랑스, 독일 등 각 나라별로 취향에 따라 선호하는 양초가 다르다. 그에 맞게 수출 전략을 짜는 이가 4대 사장의 아들이자 해외 전략 본부장인 미쿠엘 로우라 씨다. 치밀한 수출 전략으로 유럽과 아시아, 중남미까지 20여 개 국가에 양초를 수출하면서 세계에 더 많은 불빛을 보내고 있다.

그중 북유럽에서 많이 팔리는 '전원풍의 양초'라는 제품은 나무 심지를 사용한 새로운 양초로 소리에 중점을 두었다. 양초가 탈 때 벽난로에서 장작이 타는 소리를 내서 마음에 안정을 준다. 또한 수작업과 자동화 작업을 모두 동원해 북유럽 사람들이 좋아하는 감촉을 제공한다.

좋은 양초를 만드는 과정

고객들이 세라스 로우라를 무한 신뢰하는 바탕에는 한결같이 고집해온 품질이 있다. 좋은 양초의 첫 번째 조건은 좋은 재료다. 세라스 로우라는 정제된 양질의 파라핀으로 연기가 나지 않고 촛농이 흐르지 않는 초를 만든다. 초가 응고되지 않도록 자동화된 시스템을 통해 65도의 온도로 유지하며 항상 액체 상태를 유지한다.

액체 상태의 재료는 뜨거운 증기를 이용해 보관하다가 양초 종류에 따라 관을 통해 다른 탱크로 흘려 보낸다. 공장 안에 따로 마련된 작업실에서는 장식용 초를 만드는 데 중요한 작업이 이루어진다. 향료와 염료를 배합하는 작업이다.

이 방에는 바닐라 향, 계피 향, 담배 냄새 제거 기능이 있는 향 등 다양한 향료가 있다. 고객의 주문에 따라 그때그때 적절한 색과 향료를 배합해 향초를 만든다. 염료 또한 무려 50여 가지가 준비되어 있다. 라벤더의 보라색, 레몬의 노란색 등 다양한 향에 어울리는 색을 내기 위해서다. 색을 배합할 때는 완벽한 비율이 가장 중요하다. 1그램이라도 오차가 있어서는 안 된다. 만약 조금이라도 더 첨가되면 색깔이 완전히 바뀌어버린다. 배합 비율의 엄수는 좋은 양초를 위한 필수 조건이다.

향초에 배합해서 쓰이는 향료(상)
양초의 중요한 원료인 액체 파라핀(하)

향료와 염료의 배합이 끝나면 양초 제작이 시작된다. 액체 상태의 파라핀에 배합한 재료를 섞으면 그다음부터는 기계작업으로 이루어진다. 냉각기가 돌아가면서 파라핀을 위쪽으로 올려 빠르게 고체화시킨다. 그러면 파라핀은 금세 가루 형태로 바뀐다. 예전에는 액체였지만 현재는 가루 형태로 만들어 압축하는 방식으로 바꾸어 더 빨리 제조할 수 있게 되었다.

흡입기를 통과한 가루를 압축해서 다양한 형태로 찍어내면 순식간에 단단한 초가 완성된다. 초 가운데에 순면으로 된 심지를 끼우는 마무리 작업까지 전부 자동화로 이루어진다. 이렇게 해서 보통 시간당 1000개에서 1200개 정도를 생산한다. 하루 8시간을 작업하면 8000개에서 9000개 정도의 양초가 완성된다.

모든 초가 압축 과정을 거쳐 만들어지는 것은 아니다. 양초의 형태에 따라서 틀에 액체를 부어 만들기도 한다. 다양한 틀의 종류는 곧 다양한 양초의 가짓수다. 틀의 종류와 크기에 따라 전혀 새로운 양초가 탄생한다. 양초를 담을 수 있는 양초 그릇을 비롯해 다채로운 색과 디자인의 양초들을 생산한다.

종교용, 장식용, 기능성 양초까지 다양한 양초를 생산하다

단순히 불빛을 대신하던 시대를 지나 이제 양초는 분위기를 만드는 중요한 소품이 됐다. 작은 불빛 하나로 공간을 바꾸는 양초, 그래서 다양한 디자인이 중요하다. 세라스 로우라는 여러 장소에 양초를 놓고 촬영하면서 어느 장소에 어떤 양초가 더 어울리는지를 확인한다. 정원, 거실, 파티장 등 각 용도에 맞는 초를 직접 현장에서 촬영해보며 공간에 따른 빛의 이미지를 직접 확인하고 디자인에 반영한다. 똑같은 양초라도 장소에 따라 다른 분위기를 만들기 때문이다.

세라스 로우라는 고객의 취향에 맞춘 다양한 양초를 만든다. 양초의 종류나 모양 또는 색상까지 다채롭게 디자인하려고 노력한다. 그래서 세라스 로우라에서 생산하는 양초는 성당이나 교회를 위한 종교용 양초와 다양한 향과 색을 가미한 장식용 양초 그리고 이벤트용이나 기념일을 축하하는 특별한 양초까지 그 종류가 다양하다.

종교용 양초로 시작된 세라스 로우라는 장식용 초로 시장을 넓히며 역사를 이어왔다. 그리고 최근에는 기능성 초로 새로운 걸음을 내딛고 있다. 이러한 세라스 로우라 양초의 변화는 회사 안에 있는 양초 연구실에서 시작된다. 최근에는 천연 향료를 사용한 모기 퇴치용 초를 개발해 출시했는데 큰 인기를 얻었다. 모기 퇴치 기능 외에도 그릇 모양의 디자인, 식물에서 직접 추출한 시트로넬라 향료의 향기까지 삼박자를 갖춘 양초다.

연구를 통한 양초의 놀라운 변신은 계속된다. 앞으로는 식물성 오일을 사용한 천연 향초 개발에 주력할 계획이다. 마사지가 가능한 새로운 개념의 양초도 좋은 반응을 얻고 있다. 이 초는 타들어가면서 나오는 촛농이 마사지 오일이 된다. 녹는점이 3도 정도로 아주 낮아서 살에 닿아도 데이지 않는다.

세라스 로우라의 '마사지 양초 오일'.

이 마사지 양초의 주 고객은 피부 관리실이다. 한 피부 관리실은 세라스 로우라의 마사지 양초 오일을 쓴 후, 고객들의 반응이 좋아서 원래 마사지 오일로 사용하던 제품들까지 모두 바꿨다고 한다. 또한 피부 관리실은 조명이 중요한 역할을 하기 때문에 여기서는 예전부터 세라스 로우라의 양초만을 사용해왔다. 촛불이 연출하는 아늑한 분위기가 심리적인 안정감을 주며 향초로 인한 아로마테라피 효과까지 얻을 수 있다.

따라서 세라스 로우라의 마사지 양초는 일석이조의 효과를 준다. 먼저 양초를 켜서 편안한 분위기를 만들고 심신이 충분히 이완된 후에 오일로 마사지를 시작한다. 마사지 양초가 녹으면서 만들어지는 오일은 체온과

4대 사장, 사비에르 로우라

비슷한 온도다. 차가운 오일에 비해 따뜻한 온도의 오일은 보습 효과가 높고 혈액순환을 도와 전신의 피로를 풀어주는 효과가 있다. 이 마사지는 긴장을 이완시키고 동시에 겨울철 피부에 수분이나 영양을 공급하는 데 아주 효과적이라고 한다. 양초의 포근한 빛과 따스함에 손님들의 발길이 이어지는 것은 당연하다.

다양할 뿐 아니라 완벽한 양초를 만들어 고객을 만족시킨다는 철학은 소박한 양초 하나로 100년을 이어올 수 있었던 힘이다. 지금까지도 세라스 로우라는 매년 30여 개의 신제품을 출시하며 회사의 지속적인 발전을 이끌어가는 노력을 멈추지 않는다.

양초 그 이상의 의미

세라스 로우라의 양초 가게는 한발 먼저 크리스마스를 준비한다. 다른 계절에는 볼 수 없는 화려하고 아기자기한 양초들을 사려는 사람들로 가게 안은 가득 찬다. 은은한 분위기의 양초부터 아이들이 좋아할 만한 독특한 무늬의 양초까지, 온통 양초 세상이다.

양초를 만드는 직원들 또한 고객이다. 가족들과 함께 양초를 사러 가서 자신의 손으로 만든 양초를 보는 것이 가장 큰 자부심이다. 100년을 지켜

창립 100주년 사진 공모전 수상작

온 회사의 전통이 작은 양초에 담겨 있다. 4대 사비에르 사장 역시 세라스 로우라 양초를 곳곳에서 볼 때면 자부심이 생긴다고 말한다.

"사람들은 우리 양초를 선택했고 우리 양초를 사용해 삶을 풍요롭게 만듭니다."

그의 말처럼 불을 밝히는 기능은 많이 상실했을지 몰라도 양초는 그 이상의 의미를 지니고 있다. 그래서 세라스 로우라는 양초의 의미를 알리기 위해 많은 시도를 하고 있다. 세라스 로우라의 창립 100주년을 맞이해 양초를 이용한 사진 공모전을 개최하기도 했다. 우승한 브루노 페레스 씨는 3천 개의 촛불을 장식해놓고 사진을 찍었다. 양초 하나의 빛은 어둡지만 많은 양초가 모이면 큰 건물을 비출 수 있을 만큼 밝다는 것을 표현했다. 촛불처럼 한마음이 되어 그 빛으로 스페인의 경제 위기를 헤쳐나가자는 뜻을 담았다고 한다.

성당이 많은 스페인에서 양초는 더 특별한 의미를 갖는다. 저마다의 바람을 담아 촛불을 켜는 이들에게 촛불은 또 하나의 기도다. 작은 촛불 하나하나, 수많은 의미가 담긴다. 어떤 이에게는 평온의 빛이고 또 어떤 이에게는 희망의 빛일 것이다. 이처럼 전기가 줄 수 없는 양초만의 가치는 세월이 흘러도 양초가 사라지지 않으며 세라스 로우라의 100년 역사를 이끈 가장 큰 힘이다. 세라스 로우라의 양초는 시작은 평범했으나 100년의 시간 동안 색을 입히고 향을 더하며 공간을 빛내는 장식품이 되었다. 강하지 않은 은은함으로 포근하게 주위를 감싸온 것이다.

양초는 공간을 아늑하게 바꾸고 풍요로움을 준다. 그 은은한 불빛은 평화와 안정을 선물한다. 특별한 순간을 빛내주는 양초, 거기에는 낭만이 있다. 가족이 함께하는 저녁 식탁을 장식하는 작은 촛불 너머로 행복이 어른거린다. 식탁 위의 양초들은 아주 따뜻한 느낌을 주고 인간적인 따뜻함까지 느끼게 한다. 사람 사이의 온기를 더하는 희망의 불빛은 세라스 로우라가 100년을 밝혀온 빛이다.

세라스 로우라의 성공 비결

1. 좋은 재료와 기술로 최고의 품질을 만든다

세라스 로우라는 양초의 품질에 대한 고집으로 고객의 신뢰를 얻어왔다. 정제된 양질의 파라핀만을 사용해 연기가 나지 않고 촛농이 흐르지 않는 초를 만든다. 또한 색을 배합할 때도 1그램의 오차도 용납하지 않으며 비율을 엄수한다. 원하는 색과 향을 내기 위해 철저히 작업하고 수작업과 기계를 통해 최상의 품질을 만든다.

2. 용도와 시즌에 따라 다양한 양초를 생산

세라스 로우라는 종교용 양초를 기본으로 파티용, 이벤트용, 실내장식용, 크리스마스용, 밸런타인데이용 등 다양한 장식용 양초들을 만든다. 고객의 취향에 맞춘 다양한 양초를 제공한다는 신념으로 양초의 종류나 모양 또는 색상까지 다채롭게 디자인한다. 각 용도와 장소에 맞는 초를 직접 장식하고 촬영해보면서 디자인에 반영한다.

3. 기능성 양초로 새로운 도전을 계속한다

종교용 양초로 시작한 세라스 로우라는 장식용 초로 시장을 넓혔고 최근에는 기능성 초로 새로운 미래를 준비한다. 공장에 연구실까지 마련하고 모기 퇴치 기능이 있는 향초, 마사지용 양초 등을 개발해 고객들에게 큰 호응을 얻고 있다. 지금도 매년 30여 개의 신제품을 출시하며 지속적인 발전을 이루어가고 있다.

4. 상생과 공존을 실천한다

1987년부터 지금까지 세라스 로우라의 양초 포장은 장애인 센터의 직원들이 맡아왔다. 세라스 로우라와 협업을 통해 사회적응 훈련과 자아를 실현하는 기회를 가지는 것이다. 또한 양초 박람회, 양초 사진 공모전 등 지역민들과 함께 회사를 알리기 위한 이벤트도 자주 마련한다.

INFORMATION

주 소   c/ Italia 12-18 Pol. Industrial Firal E-17600 Figueres (Girona), Spain
홈페이지   www.cerasroura.com
전 화   +34-972-50-24-00

- 아모림
- 마틴기타
- 마리오 탈라리코
- 에드소어 크로넨
- 덴라이 코보
- 프랑수아 프레르
- 코코모 오펄레슨트 글라스

3부

보편적인 독자성을 가진
백년의 가게

자연과의 조화로 만들어낸 최상품

포르투갈 와인 코르크 마개
아모림

"우리의 역사는 포르투갈의 자연과 함께 숨 쉰다."
- 아모림 4대 사장, 안토니오 리오스 드 아모림

포르투갈의 도시 '빌라 노바 드 가이아'

🏠 　**포르투갈은** 세계에서 와인 생산량이 10위 안에 드는 나라로 양조 기술이 현대화된 지금까지도 여전히 전통 방식을 고수해 와인을 생산한다.

　포르투갈에서 생산된 와인은 역사적으로 가이아 지역에 위치한 저장고에서 수년 혹은 수십 년 동안 저장된 이후 유럽 북부로 수출한다. 포르투갈 북부의 '포르토'는 대서양으로 흘러드는 도우루 강 하구에 위치한 도시다. 가파른 언덕 위로 색색의 건물들이 자리한 포르토는 포르투갈의 대표 관광지로, 번화한 도시에서는 볼 수 없는 소박하고도 여유로운 멋을 자아낸다.

　도우루 강을 사이에 두고 포르토와 마주한 도시, '빌라 노바 드 가이아'에는 강변을 따라 수십 개의 와인 저장고가 들어서 있다. 이곳은 필수 관광 코스로 꼽힌다. 17세기 무렵부터 이어져온 포르투갈의 전통주, 포트와인을 맛볼 수 있기 때문이다. 포트와인은 발효 중인 레드와인에 포도 증류주를 넣어 알코올 도수는 높게, 단맛은 강하게 만든 와인이다. 길게는 100

년이 넘는, 오랜 시간의 숙성을 거쳐 그 맛이 완성된다.

와인의 맛을 완성하는 데 있어 가장 중요한 과정은 숙성이다. 가장 오래된 빈티지 와인을 보관하는 와인 저장고에는 100년 이상 된 와인, 즉 1868년에 생산된 1세기가 넘은 와인이 있다. 수십 년 이상 장기 숙성시키는 빈티지 포트와인은, 참나무통이 아닌 검은 병에 담겨 숙성된다. 검은 병은 빛으로부터 와인의 산화를 막는다. 그런데 와인의 산화를 막는 것은 병뿐만이 아니다.

와인을 오랫동안 보관하려면 와인 마개의 품질이 최고급이어야 한다. 공기와의 접촉을 막기 위해서는 마개의 길이도 충분해야 한다. 코르크나무로 만든 마개는 매우 탄력 있고 유연하다. 오랜 시간 와인을 보관하는 데 이보다 더 적합한 것은 없다.

세월의 깊이로 숙성된 와인. 수십 년에 걸쳐 깊이 숙성시킨 와인의 은은한 색과 그윽한 향 그리고 맛을 지키는 코르크 마개가 있다. 142년 전통 포르투갈 코르크 명가, 아모림Amorim이 만드는 작은 코르크 마개 안에는 4대를 이어 지켜온 보물, 바로 자연의 무한한 가치가 담겨 있다.

포르투갈 사람들의 자부심

와인 저장고가 있는 도심에서 차로 30여 분 달리면 지난 1870년부터 코르크 마개를 만들어온 회사 아모림이 있다. 회사에 들어서자마자 눈길을 사로잡는 것은 공장 앞마당에 가득 쌓인 나무껍질, 바로 코르크다.

샴페인용 코르크 마개를 만들기 위해 분류해놓은 얇은 코르크가 있고 그 옆에는 와인용 천연 코르크 마개를 만들기 위한 코르크가 있다. 와인용 코르크는 샴페인용 코르크보다 더 두껍다.

아모림은 모든 제품 생산에 자연을 품은 천연 코르크를 사용한다. 마개를 만드는 과정은 단순하다. 그중 와인용 천연 코르크 마개는 두꺼운 코르크에 동그란 구멍을 뚫으면 곧바로 완성된다. 이 마개는 142년 전부터 만들어온 아모림의 대표 상품이다.

코르크 마개 회사 '아모림'(상)
탄력 있고 유연한 아모림의 코르크 마개(하)

1870년, 와인 저장고를 운영하던 1대 안토니오 알베스 아모림은 와인을 숙성시키며 마개의 중요성을 깨닫고 가족과 함께 코르크 마개 공장을 설립했다. 회사는 3대에 걸쳐 가업으로 이어졌고 1900년대 후반, 아모림은 포르투갈 최대의 코르크 마개 회사로 발전했다.

3세대의 형제들은 각자 책임 분야가 있었는데 한 명은 원료공급 담당, 한 명은 생산 담당 또 한 명은 영업 분야를 담당했으며 마지막 한 명은 재정을 담당했다. 형제들은 1960년대 이후까지 함께 협력하여 회사를 발전시켰고 국외에서 이루어지던 코르크 산업을 포르투갈 안으로 가져오는 데 큰 역할을 했다.

하지만 그 후 회사는 성장을 멈췄다. 독재정권 아래서 생산 규모를 늘리는 일마저 규제받았기 때문이다. 그러다 1974년에 포르투갈 혁명이 일어났다. 40년 이상 계속된 독재정권과 식민지와의 전쟁에 반발해 군 장교들이 주도한 무혈혁명이었다. 이를 계기로 포르투갈은 민주화의 길을 걸었고 당시 4대에 들어선 아모림은 자국의 원자재와 쌓아온 기술력을 바탕으로 세계 시장에 진출했다.

코르크 마개의 품질은 와인의 품질을 보증하는 것과 같다. 18세기 후반부터 유럽에서 와인의 품질을 보호하기 위해 사용되어온 코르크 마개는 와인과 닿아 습기를 머금고 부풀어오른다. 그러면서 병 입구의 미세한 틈을 메워 산소와 같이 보이지 않는 물질로부터 와인을 보호한다. 와인이 지닌 맛과 향 그리고 색을 지키는 것이다.

다른 회사들과 달리 아모림의 코르크 마개는 이름 자체가 좋은 품질을 의미하기 때문에 아모림의 직원들도 이 회사에서 일하는 것을 자랑스러워한다. 아무림의 코르크 제품은 포르투갈 대표 상품이고 전 세계에서 인정받을 만큼 높은 수준의 품질을 자랑하기 때문이다. 세기를 넘어 숙성되는 포르투갈의 전통 와인과 세기를 넘어 그 깊고 달콤한 맛을 지켜온 코르크 마개. 와인을 사랑하는 포르투갈 사람들에게 아모림의 코르크 마개는 자부심이다.

좋은 재료에서 나오는 좋은 품질

아모림은 현재 와인용 마개부터 샴페인용 마개까지, 용도에 따라 가공 방법을 달리해 총 7종의 코르크 마개를 생산하고 있다. 종류는 다양하지만 그 본질은 다르지 않다.

안토니오 사장은 좋은 코르크 마개를 만드는 비결에 대해 가장 중요한 요소는 원재료의 품질, 즉 나무에 있다고 말한다. 그리고 아모림에게는 다

4대 사장, 안토니오 리오스 드 아모림

른 곳에 비해 더 좋은 질의 코르크가 생산되는 자연 환경이 있다.

"코르크 마개는 모든 제작 과정이 중요하지만 원재료의 질이 매우 중요합니다. 그리고 이 사실을 잊지 않는 것이 가장 중요합니다."

포르투갈은 세계 코르크 생산량의 약 50퍼센트를 차지한다. 그중 농경 지역인 알렌테주는 포르투갈 안에서 코르크를 가장 많이 생산하는 지역이다. 알렌테주는 여름 기온이 섭씨 40도, 연평균 기온이 25도에 이르는 덥고 건조한 지역이다. 최소한의 수분만으로도 자라는 '코르크 참나무' 재배에 최적의 조건을 갖추고 있다. 아모림은 본사에서 차로 약 300킬로미터 거리에 있는 알렌테주의 농장에서 1년에 한 번 원자재를 공급받는다.

코르크 참나무는 껍질을 벗겨도 생장에 지장이 없는 나무로, 이 코르크 참나무에서 얻은 두껍고 단단한 껍질이 코르크이며 코르크 마개 제작의 핵심 재료로 사용된다. 따라서 나무를 벌목하지는 않는다. 나무의 껍질만 필요하기 때문이다.

코르크 제작에 사용되는 참나무

코르크는 매년 6월에서 7월, 수령 30년 이상의 나무에서 수확한다. 마개 제작에 가장 적합한 껍질의 두께는 평균 3센티미터에서 5센티미터다. 한 번 껍질을 벗긴 나무는 약 9년 후, 다시 껍질이 두껍게 자랐을 때 재차 수확한다. 껍질을 벗긴 나무에는 크게 숫자를 써놓아 표시한다. '1'이라고 적힌 나무는 2011년에 껍질을 벗겼다는 표시다. 9년마다 껍질을 벗기기 때문에 이 나무의 껍질은 2020년에 다시 사용될 것이다.

코르크 참나무는 평균 150년 이상의 세월을 살며 끊임없이 껍질을 내어준다. 그리고 이곳 알렌테주 지역의 주민들은 나무의 껍질을 벗기는 일로 지난 300여 년 동안 삶을 이어왔다. 나무는 그들의 삶을 지속시켜주기에 즐거움을 주는 존재라고 한다. 이 나무가 코르크를 제공함으로써 그들이 코르크를 팔며 그 수익으로 일꾼들에게 급여를 제공하고 그로 인해 농장이 운영된다. 그래서 "이 나무는 저희에게 삶과 같습니다"라고 말한다.

포르투갈의 하늘을 지붕 삼아 땅속 깊이 뿌리를 내리고 포르투갈 사람들의 삶 속에서 함께 살아가는 코르크 참나무는 자연이 준 값진 선물이다.

아모림 건물의 한쪽 벽에는 포르투갈 지도와 지중해 지역의 지도가 걸려 있다. 이 지도를 보면 대부분의 코르크나무 생산지가 포르투갈을 비롯한 지중해 지역에 밀집되어 있으며 그중에서도 포르투갈이 최대 생산국임을 알 수 있다. 이렇듯 주어진 자연환경은 아모림의 역사를 지탱하는 가장 큰 힘이다.

단 하나의 흠도 용납하지 않는다

안토니오 사장은 포르투갈이 코르크의 주 생산지이자 가장 좋은 생산지라는 것과 포르투갈 코르크가 세계적인 수준이라는 것을 세계 시장에 알리고 싶었다고 말한다. 그렇게 하려면 공장 체제를 유지하면서도 코르크의 원자재를 보존하는 것이 가장 중요하다.

원자재 보존은 아모림의 철칙이다. 먼저, 수확한 천연 코르크를 두께에 따라 6개월에서 1년 동안 자연 건조시켜 수분을 말린다. 코르크가 수분을 가지고 있으면 나중에 마개의 형태가 변형될 수 있기 때문이다.

아모림은 코르크를 가공할 때 단 한 방울의 화학물질도 사용하지 않는다. 필요한 재료는 오직 물뿐이다. 수분을 말린 코르크는 다시 뜨거운 증기로 한 시간 동안 삶는다. 수분으로 코르크를 정화하고 또 열을 가함으로써 더 좋은 탄력성이 생긴다. 삶은 코르크는 다시 하루 동안 건조시키는데 수분을 넣고 말리는 이 과정에서 코르크 조직은 촘촘하면서도 부드러워진다.

코르크의 가공이 마무리되면 곧바로 선별이 시작된다. 폭신폭신하게 가공된 코르크를 잘라 단면을 확인하는 일은 반드시 사람의 눈과 손을 거쳐야 하는 중요한 작업이다. 이것이 원자재 준비의 마무리 공정이고 이 과정을 거치면 곧장 마개로 생산된다. 그러므로 선별 작업이 무척 중요하다.

코르크의 질은 곧 제품의 질로 연결된다. 아모림은 가공된 코르크를 네 단계로 분류해 그중 최상의 질을 갖춘 코르크만을 마개 제작에 사용한다. 별문제 없어 보이는 코르크도 지난 43년 동안 코르크 선별 작업을 해온 프란시스쿠 산토스 씨의 눈에는 너무 두껍고 거칠다고 한다. 틈이 넓고 얼룩이 있는 코르크는 질감에 문제가 있다는 것이다.

"가공에 적합한 코르크가 아니라고 생각하기 때문이죠. 이런 것은 사용하지 않아요."

그의 날카로운 눈과 꼼꼼한 손 안에는 자신의 일에 대한 자부심 그리고 책임감이 담겨 있다.

프란시스쿠 씨는 코르크 선별공의 자격에 대해 무엇보다 일에 대한 흥미가 필요하다고 말한다. 적성에 맞지 않는 사람은 일할 수 없다고 생각한다. 이 일을 하는 사람들은 기계를 사용하지 않고 원자재를 직접 다루기 때문에 직업에 대한 자부심이 매우 크다. 자신의 전부라고 생각할 정도로 이 일을 무척 사랑한다.

아모림은 1930년대부터 대부분의 제품을 기계화 공정을 통해 생산하고 있다. 그렇다고 해서 사람의 손이 따르지 않는 일은 없다. 그중 코르크에 구멍을 내 마개를 생산하는 작업에는 남다른 집중력과 힘이 필요하다.

뚫는 작업을 하는 과정은 이렇다. 코르크를 두 손으로 잡고 착암기에 갖다 대는데 적당한 방향으로 단단히 잡아야 한다. 그리고 착암기를 지나는 간격을 최소화해야만 더 많은 코르크 마개를 얻을 수 있다. 박자를 맞추는 것이 관건이다. 발로 페달을 밟는 동시에 손을 움직여 코르크에 구멍을 뚫는다. 이 작업을 담당하는 30여 명의 남자 직원들은 한 치의 실수도 없이 각자 하루 평균 1만 5000개의 마개를 만든다.

남다른 집중력과 힘이 필요한 코르크 마개 제작 과정

　마개가 완성되면, 그다음은 여자 직원들의 몫이다. 완성된 마개를 검수하는 작업이 시작된다. 두 명씩 짝을 이룬 여성 직원들이 각자의 방향에서 불량 마개를 골라낸다. 조금이라도 흠이 있으면 따로 분류한다. 윗부분에 약간의 흠이 있다면 아예 못 쓰는 것이 아니고 윗부분을 잘라내서 짧은 종류의 코르크 마개로 쓰이게 된다.
　몸통이 갈라진 것, 재가공할 것, 벌레 먹은 것을 선별한다. 검수를 통과하는 코르크 마개는 약 50퍼센트에 불과하다. 완성도 높은 제품을 추구하는 아모림의 목표는 수십 년간 회사를 지켜온 직원들의 목표이기도 하다. 검수부에서 44년째 일하고 있는 마리아 호세 씨는 이 작업이 엄청난 책임감을 요구하는 일이라고 말한다. 왜냐하면 아주 작은 흠까지 발견할 수 있는 능력은 그들이 쌓아온 수많은 경험에서 나오기 때문이다. 이렇게 직원들의 자부심 그리고 노하우를 담아 완성된 아모림의 코르크 마개는 각 와인 양조장의 상표를 새긴 뒤 출고된다.

3부 보편적인 독자성을 가진 백년의 가게

최고의 향을 위해

공장에서 30분 거리에는 양조장 '미뉴 파나피엘'이 있다. 이곳은 70여 년 전부터 화이트 와인을 전문적으로 생산해왔다. 이곳 와인의 또 다른 특징은 단기 숙성을 한다는 것이다. 참나무통 안에서 평균 6개월간 숙성시킨 뒤 와인의 맛과 향이 최상에 이르렀을 때 병에 담아 출하한다. 통 안에 있는 와인은 아직 향을 가지고 있지 않다. 다만 향을 가질 수 있는 매우 큰 잠재력이 있다. 제품이 완성되면 독특하고 고유한 향이 생긴다. 꽃의 향같기도 꿀의 향같기도 한 고유의 향이다.

단기 숙성 와인은 병에 담은 직후에 최고의 맛을 낸다. 그 맛을 고객에게 온전히 전달하기 위해 이 양조장은 창업 당시부터 아모림의 코르크 마개를 사용해왔다. 여러 회사 제품 중에서도 이곳의 와인과 와인 병에 가장 적합하다고 생각하기 때문이다. 아모림은 항상 어떠한 개선점이든 빨리 발견하고 발전시키며 새로운 제품을 내놓는 등의 노력을 보인다. 새로운 와인에도 가장 빨리 적용하며 최적의 코르크 마개를 생산한다.

이 양조장이 아모림의 코르크 마개를 사용하는 데는 또 다른 이유가 있다. 바로 단기숙성 와인 특유의 산뜻한 과일 향을 유지하기 위해서다. 향은 와인의 품질을 가늠하는 기준이다.

코르크는 유리와 와인 사이를 연결하는 유일한 통로이자 외부의 어떤 요소라도 막아내는 역할을 한다. 그리고 그 코르크 마개를 따서 '뽁' 소리가 나는 순간, 그 보호막은 비로소 제 역할을 다한다.

와인의 향 보존력은 코르크 마개의 필수 요소이자 아모림에게 주어진 과제이기도 하다. 본사 건물 한편에 자리한 연구소에서는 매일같이 와인의 향을 보존하기 위한 연구가 진행된다. TCA라는 성분을 분석하는 것이다. 와인과 비슷한 12도의 알코올 도수를 가진 혼합 용액을 준비한다. 그리고 코르크 마개와 함께 이 용액을 집어넣고 24시간 후 TCA 및 다른 종류의 화학물질이 나오는지 분석할 수 있도록 기다린다.

코르크 마개의 질을 향상시키기 위한
TCA 성분 분석 과정

TCA는 코르크 마개가 와인과 접촉할 때 나오는 성분으로 이 물질이 마개에 곰팡이를 형성하면 와인의 향이 변질된다. TCA로 인한 오염 확률은 약 5퍼센트로 아모림은 이 문제를 해결하기 위해 12년 전부터 생산하는 모든 코르크 마개의 샘플을 테스트해서 TCA 수치를 기록하고 있다.

초기에는 당시 발견되기 시작한 TCA 성분을 줄이기 위한 목적으로 연구소가 활성화됐다. 그러다 와인 산업이 점점 더 성장해감에 따라 그에 발맞추어 코르크 마개의 질을 향상시키는 데 목적을 두었다.

연구소에서 기록한 수치는 곧장 공장으로 전달된다. 공장에서는 제품별 수치에 맞춰 TCA 성분을 제거한다. 역시 화학물질을 사용하지 않고 오로지 증기만으로 작업을 완수한다. 이 과정을 거치는 동안 코르크 마개 안의 TCA가 파괴된다. 처음 원재료부터 마지막 완성품에 이르기까지 아모림에서 생산되는 모든 코르크 마개들이 세척 과정 후 이 '로사 에볼루션' 과정을 거친다.

철저히 보안을 유지하는 이 기술은 TCA 연구를 시작하며 아모림이 직접 고안해낸 것으로 세계에서 유일하다고 한다. 아모림의 코르크 마개는 부단한 품질 개선을 통해 완성된다. 그 가치는 포르투갈을 넘어 전 세계에서 인정받고 있다. 미국, 이탈리아, 독일 등 전 세계 40여 개국의 양조장으로 수출된다.

자연과 조화를 이루며 나아간다

현재 아모림의 코르크 마개는 세계 시장의 25퍼센트를 점유하고 있다. 142년, 한길을 걸어오며 쌓아온 지식과 경험이 만든 결실이다. 그 지식과 경험은 변화의 밑거름이 되기도 한다. 아모림은 100년이 넘은 회사지만 혁신의 정신과 문제를 해결하는 능력에서는 아주 젊은 회사다.

아모림에서는 마개 제작에 사용되지 못하는 두께가 얇고 품질이 떨어지는 코르크를 따로 분류한다. 버려지는 이 코르크를 분쇄해 또 다른 제품 제작에 사용하는 것이다. 코르크 가루를 완전히 압착해 단단한 기본 판을 만든다. 샌드위치를 만드는 것처럼 두 코르크판을 나무 위에 대고 양쪽에서 압력을 가하는 식이다.

코르크 가루 압착은 코르크를 재활용하기 위해 개발한 기술로 1970년, 첫 연구를 시작해 10년의 시행착오 끝에 완성됐다. 그리고 1981년부터 아모림은 코르크 가루를 압착해 만든 바닥재를 시장에 선보였다.

첫 목표는 버려진 재료의 재활용이었지만 아모림은 바닥재 생산을 계기로 친환경 제품 개발에 눈을 떴다. 원자재를 자연에서 가져오지만 나무를 한 그루도 벌목하지 않고 코르크 바닥재를 만든다. 그래서 친환경적인 것이다.

코르크는 자연을 해치지 않고 얻을 수 있는 재료이자 자연분해가 뛰어나다. 아모림은 이 코르크를 이용해 식기 받침대부터 컵과, 그릇, 식판 등

코르크 재료를 재활용해 만든 주방용품

의 주방용품을 생산하고 있다. 자연이 베푼 혜택을 다시 돌려주고 싶은 마음에서다. 환경을 생각하는 마음은 공장 운영 방식에도 담겨 있다. 제조 중에는 미세한 코르크 먼지들이 생겨난다. 아모림은 폐기물을 최소화하기 위해 코르크 먼지를 한데 모아 공장 가동에 필요한 에너지원으로 재사용한다. 코르크 가루를 열분해해 수증기를 만드는 데 필요한 에너지원으로 사용하는 것이다.

먼지를 태워 발생한 열에너지는 공장에서 소비하는 전력의 70퍼센트를 채워준다. 자연이 준 소중한 재료를 남김없이 깨끗하게 사용하는 것이다. 이는 앞으로도 흔들림 없이 지켜갈 아모림의 신념이다.

안토니오 사장은 단순한 이윤이나 발전뿐 아니라 자연에 감사하고 공생하는 관계를 이어가는 것은 기업의 존속을 위해서도 중요하다고 말한다.

"세계적인 기업이 되는 것이 우리의 목표임은 틀림없습니다. 하지만 다른 측면에서 자연을 고려한 혁신적인 원료의 개발, 다시 말해 자연과의 조화, 보호를 중시하여 코르크를 개발하는 기업이 되는 것도 우리에게 주어진 과제입니다."

142년을 이어온 역사, 그 깊은 세월의 뿌리에는 언제나 변함없이 제자리를 지켜준 자연이 있었다. 아모림은 오늘도 자연과의 조화를 꿈꾸며 내일을 향해 걸어간다. 이들이 내딛는 발걸음이 빛나는 이유다.

아모림의 성공 비결

1. 훌륭한 나무를 얻을 수 있는 환경

좋은 코르크 마개를 만들기 위해 가장 중요한 것은 원재료의 품질, 즉 나무다. 아모림은 재배에 최적의 조건을 갖추고 있는 알렌테주에서 원자재를 공급받는다. 세계 코르크 생산의 50퍼센트를 차지하는 포르투갈의 자연은 아모림의 성공을 가능케 하는 최고의 비결이다.

2. 완벽을 추구하는 철저한 공정

아모림은 가공된 코르크를 네 단계로 분류하고 최상의 코르크만을 마개 제작에 사용한다. 코르크를 가공한 후에는 철저한 선별 작업을 하고 마개가 완성된 후에 또 한 번 검수 과정을 거친다. 조금이라도 흠이 있는 불량 마개를 골라내서 최상의 제품만을 출고하는 시스템이 아모림의 명성을 잇는 경쟁력이다.

3. 부단한 품질 개선

와인의 향 보존력은 코르크 마개의 필수 요소이자 아모림에게 주어진 과제이기도 하다. 본사 건물 한편에 자리한 연구소에서는 와인의 향을 보존하기 위한 연구가 진행된다. 이렇게 연구를 거듭하면서 아모림만의 기술을 개발한다.

4. 친환경 상품 개발

아모림은 자연을 고려한 혁신적인 원료의 개발을 통해 자연과 조화하며 코르크를 개발하는 기업이 되고자 한다. 코르크는 나무를 베지 않고도 얻을 수 있으며 자연분해가 뛰어나기 때문에 아모림은 이 코르크를 이용해 식기 받침대부터 컵과, 그릇, 식판 등의 주방용품을 생산하고 있다.

INFORMATION

주 소	Rua de Meladas, N° 380 Apartado 20 4536-902 Mozelos, Portugal
홈페이지	www.amorim.com
전 화	+351-227-475-400

전통 수제 기타의 도전과 혁신

미국 기타 명가
마틴기타

"음악을 사랑하는 모든 이들의 연주를
아름답게 만드는 기타.
우리의 기타는 지금껏 그래왔고
앞으로도 그럴 것이다."

– 마틴기타 6대 사장, 크리스 마틴

시대를 풍미한 음악인들이 사랑한 '마틴기타'

🏠 **미국** 펜실베이니아 주 북서쪽에 위치한 나자레스는 1740년대에 독일의 기독교도 이민자들이 모여 형성한 도시다. 독일어를 쓰는 독일 이민자들의 공동체 마을이었고 독일을 떠나오기 전 살던 환경과 굉장히 흡사했기 때문에 독일에서 일하던 기술자들이 모여 일했다.

이처럼 독일 이민자들의 뿌리라 일컬어지는 도시 나자레스. 이곳에 179년 전통의 기타 명가 '마틴Martin'이 있다. 1833년 독일 출신 창업자에 의해 문을 연 이후, 1838년 이곳에 터를 잡은 마틴은 지역 경제를 움직이는 기업이자 미국을 대표하는 수제 기타 전문 회사다.

엘비스 프레슬리, 비틀스 등 시대를 풍미한 음악인들이 사랑한 꿈의 기타. 고객들은 마틴기타의 사운드가 바이올린으로 치면 스트라디바리우스와 같다고 한다. 어떤 고객은 오케스트라 사운드 같다고도 한다. 음악인이라면 누구나 마틴기타를 사랑한다.

듣는 이와 연주하는 이, 모두 가슴을 적시는 감미로운 선율은 6대를 이어온 이들의 전통 기술 안에서 시작된다. 마틴의 6대 사장 크리스 마틴 씨는 선대가 걸어온 길을 계속 이어 걸으며 인간이 만들 수 있는 최고의 기타를 만드는 것이 목표라고 말한다.

179년 전통 미국 기타 명가 마틴. 세계 최고의 기타를 자부하는 곳이다.

수많은 이들의 열정으로 이룬 회사

1833년, 크리스티안 프레드릭 마틴의 창업으로 뉴욕의 작은 상점에서 문을 연 마틴은 1838년 나자레스에서 공장을 가동하며 본격적으로 수제 기타 제작에 뛰어들었다. 1930년대에는 음악 시장이 성장하며 경쟁업체가 늘었다. 하지만 그런 상황에서도 마틴은 수작업을 고수했다. 판매량이 아닌 제품의 질로 승부해야 한다는 철학이 있었기 때문이다.

마틴에서 제작된 모든 기타는 고유 번호를 갖고 있다. 1,589,851이라고 새겨져 있다면 마틴이 만든 1,589,851번째 기타라는 뜻이다. 마틴은 100만 번째 기념 기타와 150만 번째 기념 기타를 만들어 전시해두었다.

이 숫자를 통해 기타의 종류가 무엇인지 정확히 언제 만들어졌는지 어떤 재료로 만들어졌는지 알 수 있다. 제품 하나하나에 새겨지는 고유의 숫자 안에는 지난 179년 동안 수제 기타를 만들어온 마틴의 자부심 그리고 앞으로도 흔들림 없이 같은 길을 걸어갈 마틴의 긍지가 담긴다.

회사 안에서 작은 기념행사가 열렸다. 경력 1년, 5년, 10년 차에 접어든 직원들을 격려하는 시간이다. 마틴은 1년에 네 번 이 행사를 진행한다. 각자의 자리에서 묵묵히 제몫을 다해주는 직원들은 마틴이 가진 최고의 재산이기 때문이다. 그래서 회사는 직원들을 위해 이익 공유 프로그램을 운영하고 있다. 매 분기와 매 연말에 모든 사람에게 상여금을 지급하는 프로그램이다. 좋은 품질을 유지하기 위해 온힘을 다해 일해준 직원들에 대한 감사의 표시다.

퇴직한 직원들의 작업복을 회사 한곳에 전시한다.

10년 장기 근무 공로상을 받은 다이앤 싱글턴 씨는 이곳이 정말 좋은 직장이라고 말한다. 모든 사람이 자기 직장에 만족하진 않을 텐데 이 일을 진심으로 즐기는 그녀는 스스로를 축복받은 사람이라고 생각한다. 멋진 기타를 만드는 것도 좋지만 회사가 직원들을 대하는 태도도 만족스럽다고 한다. 또한 좋은 사람들도 많이 만났다. 그녀는 평생 가졌던 직업 중에서 가장 즐겁게 하고 있는 일이라고 단언한다.

마틴의 직원들은 은퇴를 하는 65세까지 평균 30년 이상 장기 근속한다. 45년 경력의 론 와너 씨는 이번에 은퇴를 한다. 그에게 이곳 마틴은 또 하나의 집이었다. 매일 일하러 오는 것이 즐거웠다고 한다. 여기서 일하는 마지막 날, 그의 얼굴에는 아쉬움이 가득했다.

그는 이제 은퇴하지만 그의 딸 코드니 씨는 여전히 이곳에서 일한다. 코드니 씨는 전에 6, 7년 정도 일하다가 결혼했고 아이를 낳은 후 다시 와서 일하고 있다. 그는 떠나지만 딸은 이곳에서 새롭게 시작할 것이다. 대를 이어 이곳에서 열정을 바치는 것이다.

　스무 살의 어린 나이로 기타 제작에 뛰어들었던 청년은 이제 백발의 노인이 되어 회사를 떠난다. 45년간 일했던 날들이 그리울 것이다. 그러나 그가 쏟은 평생의 열정은 이곳에 남아, 마틴의 유구한 역사 속 한 자리를 채울 것이다.

최고의 기타를 만드는 비결

　시간이 흐를수록 그 가치를 발하는 마틴의 기타 안에는 지난 179년 동안 마틴이 고수해온 불변의 철칙이 깃들어 있다. 마틴 사장은 마틴기타가 최고를 유지해온 원동력이 무엇인지 정확히 짚어낸다.

　"우선 6대에 걸쳐 고품질의 전통을 이어오고 있다는 거죠. 둘째는 디자인이에요. 선대가 만든 유명한 오케스트라 모델과 드래드넛은 매우 감탄할 만한 디자인입니다. 이런 디자인들은 예전 것이지만 현대음악에도 완벽히 어울려 여전히 사람들의 사랑을 받고 있습니다. 셋째는 최고의 재료를 사용한다는 점이에요. 우리는 전 세계를 다니면서 기타 제작에 사용할 최고의 재료들을 찾습니다."

　마틴 사장의 말처럼 최고 품질의 기타를 만드는 세 가지 조건은 기술, 디자인, 재료다. 그중 재료는 기타 제작의 기본이자 핵심 요소다. 마틴은 매년 세계 25개국에서 원목만을 직접 구입해 사용한다.

　마틴기타는 그러한 원목을 사용하기 때문에 최고의 음색을 낼 수 있다. 저장실에 있는 나무들은 여러 나라에서 수입되어 3개월부터 수년까지 건조되고 있는 나무들이다. 최적의 습도를 유지하며 저장하고 있다.

　원목은 두께와 강도 등 각 특성에 따라 길게는 5년 동안 건조 과정을

6대 사장, 크리스 마틴

거친다. 습기가 있는 나무를 쓰면 시간이 경과하면서 기타에 변형이 오기 때문이다. 기타의 품질은 원목이 가진 고유의 나뭇결에 따라서도 달라진다. 예를 들어, 2등급의 나무는 D28을 만드는 데 쓰고 최고 등급의 원목은 D45를 만드는 데 쓴다. 등급은 아름다운 나뭇결에 따라 나뉜다. 그리고 당연히 더 높은 등급의 나무에 더 비싼 값을 매긴다.

좋은 목재를 선별하는 것만큼이나 중요한 것은 목재를 조화롭게 사용하는 것이다. 마틴은 기타의 앞면과 뒷면, 측면 등 각 부위별로 평균 6가지 이상의 원목을 조합해 하나의 기타를 만든다. 이 각기 다른 목재의 아름다운 조화는 마틴기타의 숨은 경쟁력 중 하나다.

완벽하게 어울리는 로즈우드 나무는 기타의 양쪽 측면에 쓰인다. 색깔과 나뭇결이 같은 것들을 찾아 완벽하게 어울리도록 만드는 작업을 거친다.

나자레스에서 차로 15분 거리에 있는 도시 베들레헴에는 물류창고가 있다. 마틴의 기타는 제작 후 이곳 물류창고를 거쳐, 미국 내 500여 곳의 매장을 비롯해 영국과 독일, 프랑스 등 세계 45개국으로 수출된다. 호주로 수출을 많이 하기 때문에 호주로 보낼 상자들이 많고, 미국 전역에 있는 수많은 지점으로 운반될 것들도 있다.

제품 보관은 마틴에게 또 하나의 제작 공정과 다름없다. 완성이 끝난 기타라도 온도와 습도 유지에 차질이 생기면 제품에 변형이 오기 때문이다

어쿠스틱 기타는 매우 얇은 판으로 만들기 때문에 너무 건조하면 금이 간다. 또한 수분을 많이 머금어 부풀어 오르는 것도 좋지 않다. 그래서 기타를 완벽하게 보관하기 위한 장소가 필요한데 바로 이곳이 가장 이상적인 곳이라고 한다. 기타를 보관하는 적정 온도는 섭씨 23도, 습도는 43퍼센트. 이처럼 기타의 품질을 높이는 마틴의 노력은 보이지 않는 곳에서도 계속된다.

6대를 이어온 마틴만의 제작 기술

재료가 준비되면 기타의 측면을 만드는 장인, 레리 페넬 씨의 작업이 시작된다. 먼저 기계의 압력으로 나무에 굴곡을 준 뒤, 다시 손을 이용해 굴곡의 정도를 조절한다. 이 작업에 사용되는 최고의 도구는 그의 손과 눈이다.

이렇게 똑같은 굴곡의 두 개 측면이 완성되면 양면을 고정한 다음, 15분 동안 틀에 끼워 건조시킨다. 그 후 측면에 접착제를 발라 기타의 윗면과 뒷면을 접합한다. 그리고 30분간의 압착 과정을 거치면 기타의 몸통인 보디Body가 완성된다. 이러한 과정을 통해 마틴은 현재 약 15가지 디자인의 보디를 제작하고 있다.

그중 하나는 14 플랫의 드래드넛 기타를 만든 나무 틀이다. 드래드넛은 1916년 고안되어 1930년부터 생산되었다. 드래드넛은 1930년에 마틴이

마틴이 처음으로 고안해낸 '엑스 브레이싱' 기술

개발해 생산한 보디 디자인이다. 더 큰 음향을 내기 위해 클래식 기타보다 넓이와 길이를 늘려 만든 드래드넛은 현재 세계에서 통용되는 통기타 형태의 표준으로 자리 잡았다.

기타는 4줄의 테너 크기뿐 아니라 6줄, 12줄로 나뉘고 12플랫, 14플랫 보디 그리고 서로 다른 톤을 가진 나무들로 나뉜다. 이런 모든 것들을 조합하면 수백, 수천 종류의 기타가 만들어진다.

179년 전통 기타 명가 마틴의 제작 기술은 세계 기타 시장 안에서 혁신 그 자체로 통한다. 기타 윗판에 엑스 자 형으로 보강목을 설치하는 기술, '엑스 브레이싱'은 1880년경, 줄의 장력 때문에 발생하는 기타의 변형을 막기 위해 마틴이 고안해낸 것이다. 현재 모든 기타 제작 업체들이 이 기술을 사용한다.

이 기술이 그동안의 기술과 다른 점은 플랫을 조절하는 '브레이스'다. 예전의 클래식한 기타에서 드래드넛 크기로 바뀌면서 엑스 자 형의 브레이스가 개발됐는데 이것이 기타의 앞판을 좀 더 지지해준다. 그리고 뒷면과 옆면의 음조를 조절하는 막대가 있어서 막대를 얼마나 깎느냐에 따라 음조와 기타 앞판의 진동을 다르게 한다.

세심하게 만드는 수제 기타

작업은 계속된다. 긴 막대 형태의 목재를 다듬어 기타의 목을 만드는 과정이다. 기타의 목은 음의 높낮이를 조절하는 플랫의 수에 따라 길이가 달라진다. 마틴은 12플랫에서 21플랫까지 고객의 주문에 따라 다양한 치수의 목을 제작한다.

이어지는 작업은 기타 제작의 핵심이라 일컬어지는 기타의 보디와 목을 결합하는 일이다. 접착제나 못을 사용하지 않고 오로지 보디와 목의 이음새 부분을 정교하게 다듬어 톱니바퀴가 맞물리듯 빈틈없이 끼워 맞춰야 한다. 이 작업은 올해로 경력 46년 차에 접어든 윌로우 셀비어스 씨가 책임지고 있다. 기타의 목 부분을 붙이는 건 매우 복잡한 접합 과정이다. 기타의 목 부분을 정확하게 붙이는 기계는 아직 나오지 않았기 때문에 사람이 손으로 직접 해야 한다. 목 부분을 손으로 당겨보면서 결합이 됐는지 느낌으로 알아야 한다.

기타의 가치를 높이는 또 하나의 작업은 장식이다. 장식에 쓰이는 주재료는 자개다. 마틴은 이 자개를 이용해 고객의 이름을 각인하고 또 고객이 원하는 문양으로 기타를 장식한다. 세상에 단 하나뿐인 나만의 기타를 만들어주는 것이다. 이는 수제 기타 회사 마틴이 지닌 또 하나의 경쟁력이다.

마틴기타는 매우 세밀한 부분까지 신경 쓴다. 그래서 마틴기타는 최고의 지위를 유지한다. 매우 정교한 작업들을 거쳐야 비로소 하나의 기타가 탄생해 고객의 품에 안긴다. 오로지 사람의 손을 통해 완성되는 장식 작업에는 평균 이틀의 시간이 소요된다. 그리고 그 시간이 지나면 기타는 단순한 악기를 넘어 하나의 예술품으로 탄생한다.

무려 150단계에 달하는 제작 공정의 마지막은 기타에 줄을 연결하는 스트링 작업이다. 기타는 줄의 굵기와 더불어 줄을 감는 횟수에 따라서도 음색

기타의 가치를 높여주는 자개 장식(상)
기타의 고유번호를 통해서 상품 이력을 파악한다.(하)

이 달라진다. 마틴은 강철을 사용해 직접 제작한 줄을 손으로 일일이 감아가며 기타의 음색을 확인한다.

크리스 액커드 씨는 지난 15년 동안 이곳에서 이 스트링 작업만을 맡아온 전문가다. 크리스 씨의 검수를 통과하지 못한 기타는 절대 소비자를 만날 수 없다. 기타를 쳐보면서 첫 번째 점검을 한 뒤, 4일간은 그냥 놓아둔다. 4일이 필요한 이유는, 기타는 기본 재료가 나무여서 조금씩 변형되기 때문이다. 그래서 줄이 늘어나진 않았는지 목 부분이나 다른 부분에 이상이 없는지 등을 최종적으로 4일 후에 점검한다. 그 후 최종 점검을 하면서 모든 부분을 다시 한 번 점검한다. 제대로 소리가 나는지 상처는 없는

지 등을 재확인하고 난 뒤에야 비로소 출고된다.

꼬박 열흘에 걸쳐 완성된 마틴의 수제 기타 안에 담긴 직원들의 열정과 애정은 백 년이 지나도 식지 않을 것이다.

시련 속에서도 변치 않는 신념

마틴기타에서는 일주일에 한 번 각 분야의 직원들이 모여 회사의 현황을 분석한다. 요즘 해외 수출이 크게 늘고 있다. 수출 증가는 환영할 일이지만 마냥 반길 수만은 없는 일이다. 그 뒤에는 또 다른 문제가 도사리고 있기 때문이다.

현재 가장 큰 문제는 원목을 확보하는 일이다. 지금까지는 로즈우드와 마호가니 에보니라는 훌륭한 원목으로 기타를 잘 만들어왔다. 최고의 기타를 만드는 이런 원목을 사용한다는 것은 마틴 기타의 최고 자랑이었다. 그러나 불행히도 이제는 외국에서 원목을 무한정으로 공급받을 수 없다는 것을 깨달았다. 마틴은 올해만 약 1,000만 달러, 우리 돈으로 약 100억 원 어치의 원목을 구입했다. 그러나 이 재료는 앞으로 1년 후면 동이 날 것이다.

그동안 마틴은 판매량을 최고로 유지하려고 노력해왔다. 그러나 그 판매량을 따라잡으려면 원목이 결코 충분하지 않다. 마틴은 하루에 250개에서 300개의 기타를 만든다. 언뜻 보면 공장에 원목이 많이 쌓여 있는 것처럼 보이지만 하루 300개의 기타를 만드는 이 엄청난 양은 따라가지 못하고 있다.

자재 창고의 한편, 철장 안에는 20년 전 브라질에서 공급받은 로즈우드 원목이 보관되어 있다. 기타를 만드는 최고의 재료로 꼽히는 이 원목은 이제 더 이상 구할 수 없다. 수입이 전면적으로 금지되었기 때문이다.

지금도 주요 고객들은 전통 방식의 원목으로 만든 기타를 요구한다. 그것이 마틴기타의 경쟁력이기도 했다. 원목을 점점 더 구하기 힘들어지는 것은 자연 파괴와 관계가 있다. 이 점을 깨달은 마틴은 일찍부터 환경을 지키기 위한 친환경 운동에 동참하고 있으며 합법적이고 올바르게 원목을 키우는 일을 하고 있다.

마틴기타는 내년이면 창립 180주년을 맞는다. 한 가족이 6대째 이어서 해오고 있는 이 전통을 계속 이어가면서, 가능한 한 최고의 나무로 최고의 통기타를 만들고자 한다. 전통의 원자재를 이어가기 위해서라도 자연과 조화를 이루고 공생하는 일을 병행하는 것은 무척이나 중요하다.

179년이라는 긴 시간 속에서 마틴은 수많은 변화를 겪었다. 변화는 시련이 되기도 했고 동시에 기회가 되기도 했다. 그러나 마틴은 매순간 단 한 가지만은 변함없이 지켜왔다. 바로 고객이 만족하는 최고의 기타를 만들겠다는 신념이다.

소리와 품질 그리고 엄격한 조건들이 최고의 기타를 만든다. 마틴은 명실상부 최고의 기타 브랜드다.

마틴은 언제나 열려 있다

마틴은 매일 오전 6시부터 오후 4시까지 회사를 개방한다. 마틴의 수제 기타를 체험하기 위해 찾아온 방문객들을 위해서다. 지난 179년 동안 기타를 만들어온 마틴은 미국 내에서 기타 문화와 역사를 배울 수 있는 최고의 체험 학습장으로 손꼽힌다. 하루 평균 방문객만 100여 명이다. 사람들은 이곳에서 직접 기타를 연주해보며 수제 기타의 진가를 다시 한 번 확인한다.

　기타 체험장 옆에는 박물관이 자리하고 있다. 돈으로는 환산할 수 없는 마틴의 특별한 기타들이 여기에 전시되어 있다. 창업을 한 1833년부터 오늘날까지 마틴이 만들어온 대표적인 제품들이다. 이곳에 전시된 기타들에는 179년을 걸어온 마틴의 역사 그리고 미국 음악의 역사가 오롯이 담겨 있다. '성배의 기타'라고 불리는 기타는 1942년에 약 250달러였지만 지금은 약 50만 달러가 되었다. 마틴이 미국에 온 직후인 1834년에 만든 기타도 전시되어 있다. 100년의 세월을 훌쩍 뛰어넘은 기타는 세월의 향기를 더해 더욱 깊고 부드러운 소리를 낸다. 이 오래된 기타의 선율은 듣는 이의 가슴을 변함없이 설레게 한다.

　마틴의 기타 제작 과정을 견학하러 온 방문객들은 매일같이 끊이지 않는다. 취미로 기타를 연주하는 사람이나 음악인을 지망하는 이들도 많지만 현재 활동하고 있는 가수나 기타리스트들도 자주 찾는다.

　이곳을 방문한 이들은 직원들이 각자 맡은 분야에 전념하는 모습에서 깊은 인상을 받고 간다. 그들을 보면 얼마나 집중해서 작업하는지 알게 된다. 좋은 품질의 악기를 만들기 위해 정말 온 힘을 다하는 모습을 보면 그들이 만드는 기타에 더욱 큰 신뢰를 갖게 된다.

　'마틴'의 훌륭한 점은 그들이 가진 기술과 정보들을 숨기지 않고 다른 기타 제조업자들과 공유한다는 점이다. 또한 이곳을 견학하는 아이들에게 여러 방면으로 좋은 교육이 될 것이다. 이처럼 나누는 정신이 사람들을 더 끌어들이고 모두가 마틴을 존경하게 만드는 힘이다.

　이렇게 마틴은 365일 모든 방문객을 위해 공장의 문을 열어둔다. 이런 열린 경영을 통해 마틴은 고객과 소통하고 고객의 믿음을 얻는다.

한 달에 두세 번 열리는 **특별한 공연**

한 달에 두세 번 마틴은 기타 매장에서 특별한 공연을 연다. 마틴의 직원이 직접, 매장을 찾은 손님들에게 연주를 선보이는 것이다. 마틴은 10여 년 전부터 이 특별한 공연을 이어왔다. 직접 기타의 소리를 들려주면서 듣는 이에게 연주하고 싶은 마음을 갖게 하기 위해서다. 마틴은 이미 미국은 물론 세계 각지에서 동호회를 형성할 만큼 높은 품질로 정평이 나 있다. 그럼에도 불구하고 마틴은 긴장을 늦추지 않는다.

영업 담당자 애드 해리스 씨는 2012년에만 40일 정도 공연을 다녔다. 미국 전역을 40번 정도 돈 셈이다. 몇 군데는 외국이었다.

세월이 흘러도 잊히지 않는 음악, 언젠가 다시 한 번 들어보고 싶은 연주. 179년 전통의 기타 명가 마틴이 추구하는 것은 그 음악과 연주 속에 마틴의 기타 선율이 담기는 것이다.

예술품과 같은 마틴 기타는 오래될수록 소리가 멋지게 변한다. 마치 와인처럼. 179년을 이어온 전통 그리고 혁신을 바탕으로 세계 기타의 역사를 연주해가는 마틴의 땀과 열정이 담긴 기타는 앞으로도 음악을 사랑하는 세계인들에게 잊지 못할, 최고의 감동을 안겨줄 것이다.

마틴기타의 성공 비결

1. 훌륭한 기타를 낳는 기술

마틴의 제작 기술은 기타 시장에서 혁신 그 자체로 통한다. 기타 윗판에 엑스 자 형으로 보강목을 설치하는 기술, '엑스 브레이싱'은 마틴이 처음 고안한 것으로 지금은 모든 기타 제작 업체들이 사용한다. 모든 공정에서 대대로 물려온 노하우와 기술을 담아 보이지 않는 노력을 아끼지 않기에 6대에 걸쳐 고품질의 기타를 제작해올 수 있었다.

2. 좋은 원목으로 제작한다

재료는 기타 제작의 기본이자 핵심 요소다. 마틴은 전 세계에서 좋은 원목만을 구입해 사용한다. 외국에서 원목을 공급받기가 점점 더 어려워지자 나무를 올바르게 심고 키우는 친환경 운동에도 동참하고 있다. 좋은 원목이 있어야 좋은 기타가 나오고 이를 위해서는 자연을 보호해야 한다는 점을 깨닫고 실천하고 있다.

3. 전통을 잇는 훌륭한 디자인

선대가 만든 유명한 오케스트라 모델과 드래드넛은 매우 감탄할 만한 디자인이다. 특히 더 큰 음향을 내기 위해 클래식 기타보다 넓이와 길이를 늘려 만든 드래드넛은 현재 세계에서 통용되는 통기타 형태의 표준으로 자리 잡았다. 마틴의 디자인들은 예전 것이지만 현대음악에도 완벽히 어울려 여전히 사람들의 사랑을 받고 있다.

4. 개방적으로 대중과 만난다

마틴은 매일 방문객들을 위해 열려 있다. 오전 6시부터 오후 4시까지 회사를 개방해 마틴의 수제 기타를 체험하도록 해 최고의 체험 학습장으로 꼽힌다. 또 한 달에 두세 번 매장에서 직원이 직접 선보이는 연주를 손님들도 연주하고 싶다는 생각이 들도록 만든다. 이런 열린 경영을 통해 고객과 소통하고 신뢰를 얻는다.

INFORMATION

주　소	510 Sycamore Street P. O. Box 329 Nazareth, Pennsylvania 18064-0329, USA
홈페이지	www.martinguitar.com
전　화	+1-610-759-2837
영업시간	월–금 8:00~17:00

개성 있는 디자인으로 승부한다

이탈리아 수제 우산
마리오 탈라리코

"오로지 품질로 승부하는 것,
그것이 진정한 장인이다."
– 마리오 탈라리코 4대 사장, 마리오 탈라리코

🏠 　우산을 잃어버려본 기억은 누구나 한 번쯤, 아니 여러 번 있을 것이다. 자주 잃어버려서 값비싼 우산은 사기가 부담스럽기도 하다. 그러나 어떤 사물이라도 역사가 쌓이고 문화를 덧입으면 생각지 못한 가치를 지니게 된다.

　이탈리아 나폴리에서 우산은 비를 막는 기능뿐 아니라 우아함을 나타내주는 소품 중 하나다. 넥타이가 신발 및 와이셔츠와 어울려야 하는 것처럼 우산도 마찬가지다. 나폴리의 멋쟁이들에게 우산은 패션의 필수품이다. 꼭 비가 오지 않아도 의상에 어울리는 우산을 갖춘다.

　이탈리아 남부 도시 나폴리에는 19세기부터 우산을 만들어온 가게가 있다. 어디서나 살 수 있는 흔하고 값싼 우산이 아니라 이곳에서만 볼 수 있는 아름다운 우산을 만든다. 5대째 전통 수공예 방식으로 제작되고 있는 마리오 탈라리코Mario Talarico 우산은 실용성에 아름다움까지 겸비한 나폴리 멋쟁이들의 필수 패션 소품이다.

　나폴리는 지중해에 면한 아름다운 풍경과 이탈리아 도시 중 가장 좋은 기후로 유명한 관광 도시다. 우산 가게 마리오 탈라리코는 나폴리 해안가로 연결되는 톨레도 거리의 그 길목에 자리 잡고 있다. 골목에 펼쳐진 우산을 따라가면 152년의 시간을 지나 1860년에 문을 연 조그만 우산 가게를 만날 수 있다. 저렴한 기성 우산 제품부터 고급 수작업 우산까지 약 백여 종류의 우산이 조그만 가게를 빼곡히 채우고 있다. 152년을 이어온 비법으로 완성된 수제 우산은 나폴리의 명물이 되었고 미국, 일본, 독일, 프랑스 등 세계 곳곳에서 고객들의 발길을 이끌고 있다.

나폴리 톨레노 거리 길목에 자리 잡은 '마리오 탈라리코'

자연스러운 특별함

마리오 탈라리코는 1860년, 1대 사장 본 조반니가 이탈리아 나폴리에 문을 연 우산 가게다.

장인이 거쳐온 세월은 고집과 자존심의 깊이에 비례한다. 오로지 손의 정직함만을 믿어온 고집으로 그의 우산은 유일무이한 가치를 얻는다.

"우리가 만든 우산은 슈퍼마켓에서 살 수 있는, 누구나 다 가지고 있는 그런 우산이 아니에요. 아름다운 우산의 가치를 아는 사람만이 가지고 있는 우산이죠."

4대 사장 마리오 씨는 여전히 이런 자긍심으로 우산을 만든다. 아름다운 우산을 알아보는 사람이 있는 한 그의 손은 멈추지 않을 것이다. 누구나 가질 수 있는 똑같은 우산은 만들지 않는다. 탈라리코 우산 가게를 찾는 손님들은 대부분 30년 내외의 단골들이다. 한 번 사면 10년 넘게 쓸 수 있는 견고함과 세련된 아름다움은 누구나 단골로 만들고 만다.

독특한 우산에 이끌려 가게를 찾은 이들 중에는 나폴리를 찾아온 관광객들도 많다. 마리오 탈라리코는 사슴, 멧돼지 등 짐승의 뿔로 손잡이를 장식한 독특한 우산을 만든다. 가격대도 1만 원에서 50만 원이 넘는 것까지 다양하다.

보통 10만 원이 넘는 수제 우산의 가장 큰 특징은 우산대에 있다. 한눈에도 단단해 보이는 우산대는 마리오 탈라리코 우산을 상징하는 눈에 띄는 특징이다. 우산대 전체가 나무로 되어 있어 독특한 아름다움을 뽐낸다. 벚나무 재료에 모두 수작업으로 만들어진 것이다. 다른 우산 장인들은 우산대를 가늘고 길게 만드는 반면 믿기 어려울 만큼 나무 그대로를 사용해 만들었다는 게 이곳의 장점이다. 껍질을 벗기지 않은 천연 나무를 뿌리부터 끝까지 그대로 살려 만든 우산대는 그 자연스러움이 곧 특징이 된다. 이것이 세상 어디를 가도 찾을 수 없는 이곳만의 특별함이다.

나무가 보관되어 있는 곳은 가게 옆에 위치한 창고다. 주로 이탈리아 토스카나, 독일, 헝가리 등지에서 나무를 수입한다. 자두나무, 물푸레나무, 사탕수수 나무 등 사용되는 나무 종류만 40여 가지다.

공장에 가서 나무를 골라 주문하면 일단 나무를 밖에 한동안 놓아둔다. 비도 맞고 눈도 맞히면서 자연 건조하는 것이다. 약 6개월간의 자연 건조가 끝나면 나무는 우산대가 되기에 적합한 성질로 바뀐다. 우산대로 쓰이는 나무는 조직이 치밀하고 단단한 나무여야 한다. 그렇지 않으면 빗물에 견딜 수 없기 때문이다.

우산대를 만드는 일은 4대 사장의 몫이다. 나무의 자연스러움을 최대한 살리되 사용하기에 불편함이 없도록 손질하는 작업이다. 거친 부분을 갈아내고 옹이를 다듬어 나무를 미끈하게 만든다. 마지막으로 왁스를 뿌려

우산대를 만드는 4대 사장, 마리오 탈라리코

표면을 감싸주면 빗물에도 거뜬하고 손에 쥐기도 편한 우산대가 된다.

질 좋은 나무에 시간과 정성이 더해지면 나무의 강도는 금속을 능가한다. 이곳에서 쓰는 나무는 물을 머금어도 뒤틀리거나 부풀지 않는다. 만약 질이 좋지 않은 나무라면 바로 부풀어서 우산을 펼 수도 없게 된다.

좁지만 역사를 품은 작업장

나무 작업만 한 시간 반이 걸리지만 모든 작업이 비좁은 작업 공간 안에서 이뤄진다. 가게에서 30미터 남짓, 좁은 골목 깊숙한 곳에 우산 가게 겸 작업장이 있다. 작업대는 2세기 가까이 쓰고 있는 것이다. 마치 나폴리의 유적지 같은 이 작업대는 마리오 탈라리코의 시간 그 자체다. 이런 낡은 흔적들은 역사를 말해줄 뿐 아니라 멋진 분위기를 만들어 내는 일등공신이다.

좁은 공간 안에서 원활하게 작업하기 위해서 한쪽 벽에는 작은 원 모양으로 홈을 파놓았다. 긴 우산대를 눕혀 작업할 공간이 부족했기 때문이다. 그런데도 4대 사장은 이 공간이면 충분하다고 말한다.

4대 사장은 열두 살에 처음 앉은 의자에 지금도 앉아서 같은 일을 한다. 이제 여든 살 노인이 되었지만 변한 것은 없다. 작업장의 모든 것은 주인처럼

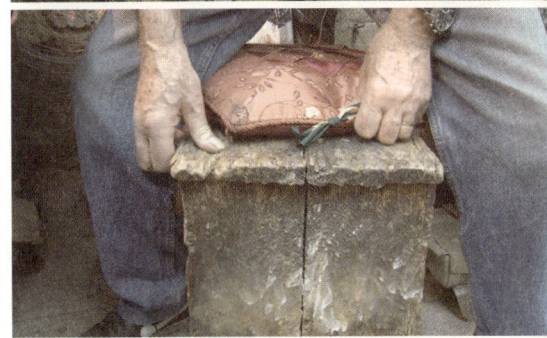

2세기를 함께한 좁고 단촐한 작업 공간(상)
70년이 지나도록 함께한
등받이 없는 금 간 작업 의자(하)

고집스럽게 제자리를 지켰다. 등받이도 없는 의자는 거의 다 부서지고 금이 가 있다. 무려 70년 된 의자니까 당연하다.

70년 동안 이 나무 의자는 주인을 지탱하며 수많은 우산을 탄생시키는 조력자로서 살아남았다. 4대 사장은 한 번도 편한 의자에서 작업한 적이 없다고 한다. 오히려 그는 새로운 도구나 최신 기계가 있는 환경에서는 작업이 어렵다. "이 환경이 바뀐다면 저는 제가 아니에요. 더 이상 장인이 아니죠"라고 말하는 그에게서 이유 있는 고집이 느껴진다.

이 낡은 작업장은 곧 마리오 탈라리코 사장 자신이다. 한평생을 이곳에

3부 보편적인 독자성을 가진 백년의 가게 253

바쳤고 그중 어느 한 곳이라도 해친다면 그의 역사를 부정하는 일이 될 것이다. 그는 아직도 여기 앉아 어릴 적 자신에게 우산 만드는 법을 가르쳐주던 부모님을 만난다.

마리오 탈라리코는 1대 조반니 본 조반니 사장이 창업해 딸에게 물려줬고 딸은 또다시 자신의 아들에게 대물림한 가게다. 제2차 세계대전으로 한창 궁핍했던 시기에는 가업의 자부심보다는 생계를 위해 일을 배워야 했다.

4대 사장은 어릴 때 그의 아버지가 "우리는 부유하지 않으니까 굶지 않기 위해선 일을 열심히 해야 한다"라고 했던 말을 아직도 기억하고 있다. 어린 나이에도 그는 그 말을 이해했고 일을 해야 할 필요성을 깨달았다. 그래서 그는 아버지를 따라 하루에 16시간에서 18시간 정도 일했다. 그렇게 일반 우산을 제작하고 우산을 수리해주면서 가게를 키워왔다.

그러다 1980년대에는 중국산 저가 우산이 수입되면서 이탈리아 우산 시장이 크게 타격을 입었다. 그때 4대 사장은 수공예 제품을 만들어야 한다고 생각했다. 대량생산되던 우산과는 다른 개성 있는 우산이 필요했다. 그것만이 가게를 차별화해 살아남을 수 있는 길이라는 판단이었다. 그래서 최고급 천과 고품질의 우산 부품을 주문하기 위해 가진 돈을 모두 투자했다. 그리하여 1985년도에 처음으로 고급 수제 우산을 만들었다. 그 당시에는 특이한 디자인을 도입하기도 했다.

대량생산이 아닌 고품질 생산에 주력한 전략은 보란 듯 맞아떨어졌다. 이때부터 마리오 탈라리코 우산은 전환점을 맞았다.

그 후 18세기 무렵의 고전적인 여성용 우산에 착안한 클래식한 디자인을 도입했고 그것은 마리오 탈라리코만의 우산으로 재해석되어 요즘 선보이는 디자인의 기초가 되었다.

하나뿐인 우산을 창조하다

마리오 탈라리코에서 수작업으로 만든 우산은 각각 하나밖에 없는 디자인을 갖는다. 차별화된 디자인이 바로 최고의 경쟁력이다.

현재 우산의 디자인 작업은 5대 사장인 마리오 탈라리코 씨가 맡고 있다. 그는 영감을 얻기 위해 스케치북 하나를 안고 나폴리 해변에 가곤 한다. 그리고 새로운 우산을 구상한다. 주변의 모든 풍경, 모든 사물이 디자인의 소재가 된다. 바다, 햇빛 등 나폴리만이 가진 특색은 우산을 디자인하는 데 큰 영감을 준다. 그래서 마리오 탈라리코 우산은 지중해의 아름다움을 담고 있다.

아들이 없는 삼촌, 4대 사장의 뒤를 이어 5대 사장 마리오 탈라리코가 함께한 지 벌써 15년째다. 4대 사장은 처음에는 조카가 지금처럼 잘해낼지 생각도 못했다고 한다. 하지만 이제는 "앞으로 나보다 더 좋은 우산을 만들 수 있을 것"이라며 완전히 신뢰한다. 무엇보다 새로운 것들을 끊임없이 배우려고 노력하는 조카의 열정을 높이 산다.

5대 사장은 그림 그리는 소질이 남달랐다. 그래서 연습 삼아 우산에다 그림을 그리기 시작했는데 그것이 새로운 기회를 낳았다. 2년 전부터 만들기 시작한 그림 우산이 기념일이나 축하 선물로 인기를 끌게 된 것이다. 결혼기념일에 부인에게 특별한 선물을 하고 싶다며 아내의 사진을 들고 오는 손님도 있다. 그러면 5대 사장은 그 사진을 보면서 진지하게 스케치를 하고 우산 위에 그림을 그린다. 사진 속 얼굴과 흡사한 그림이 완성되면 방수 물감을 이용해 색을 칠한다.

한 사람의 고객을 위해서 제작되는 '그림 우산'

이 일은 우연한 계기로 시작했지만 점점 문의와 주문이 늘어가면서 이 가게만이 가진 하나의 시스템이 되었다. 지금은 경제적인 부분으로도 큰 도움이 된다고 한다. 직접 그린 특별한 우산들이 많지만 그중 그가 가장 자랑스러워하는 것은 교황을 위해 만든 우산이다. 그는 나폴리를 방문한 베네딕토 교황을 위해 무려 4개월간의 작업 끝에 완성한 그림 우산을 선물했었다.

자신이 가진 재능을 살려 새로운 제품을 탄생시킨 5대 사장에게 우산은 열정과 도전의 대상이다.

탈라리코 우산은 현대의 감각에 전통의 우아함을 접목시켜 개성 있는 디자인을 완성한다. 1700~1900년대 전통 모양을 갖춘 여성용 양산을 현대적으로 만들어내기도 한다. 지금은 이런 전통 모양의 우산이 많이 사라졌지만 마리오 탈라리코는 전통을 이어가려고 노력한다. 전통을 이어가려는 노력은 우산을 주문 제작하는 손님에게도 이어진다. 우산의 고전적인 멋을 찾는 손님들에게 마리오 탈라리코는 기대 이상의 것을 안겨주는 가게다.

마리오 탈라리코에는 자신만의 우산을 직접 주문하는 손님이 많다. 우산 애호가 코릴리아노 씨는 우산을 살 때 어떤 종류의 천이 좋을까부터 상담한다. 우산을 수집하는 코릴리아노 씨는 탈라리코 사장의 수작업에 반해 20년 전에 단골이 됐다.

그의 집에는 고급스럽고 색다른 우산들이 즐비하다. 현재 수집한 우산만 50여 개다. 1700년대, 1800년대 스타일의 여성용 우산 시리즈는 그 어느 장신구보다 아름답고 화려하다. 당시 여성들은 우산을 주로 양산으로 사용했는데 수제 우산들은 부유층의 상징이었다. 여행용 미니 우산도 있다. 손잡이를 돌리면 분리할 수 있는 우산으로 길이가 짧아 가방에 넣기 쉽게 만든 것이다.

이 우산들은 그가 특별히 의뢰해 제작한 것으로 장소별, 계절별로 다 다르다. 전 세계 어디에서도 볼 수 없는 하나뿐인 우산이다. 독창적인 디자인과 화려한 색의 조화. 오직 수공예로만 가능하다. 마리오 탈라리코는 똑같은 우산을 몇 개씩 만드는 게 아니라 단 하나씩만 만들기 때문에 더욱 특별하다.

마음을 담아 손으로 만드는 우산

탈라리코 우산을 펼쳐보면 만든 사람의 열정을 볼 수 있다. 나폴리의 상징이라고 해도 과장이 아니다. 수작업으로 깔끔하게 마무리된 천들과 나무로 만들어진 우산대를 보면 품질을 알 수 있다.

우산 디자인의 기본은 천의 선택이다. 고급 양복감만을 취급하는 가게에서 천을 특별 주문한다. 이미 만들어진 직물에서 고르지 않고 원하는 무늬를 직접 의뢰한다. 천 가게에서는 견본이 도착하면 6~7개월 전에 5대

고급 양복에 사용하는 우산 천을 직접 주문한다.(상)
닿아도 녹이 슬지 않도록 하는 녹 방지 작업 (하)

사장에게 먼저 보여준다. 그가 마음에 들어하면 100미터나 200미터, 250미터를 주문한다.

무늬만큼이나 중요한 것이 천의 재질이다. 우산의 기본 기능인 방수성은 필수다. 바람이 천을 통과하면 안 되고 비가 올 때 물이 새도 안 된다.

천 디자인에도 원칙이 있다. 바로 색상에 어울리는 무늬의 조합이다. 요즘에는 높은 연령층을 위한 클래식한 디자인을 주로 한다. 파란 계열의 점무늬를 선호하는데 밝은 파란색 천에는 빨간 점, 어두운 파란색 천에는 베이지색 점을 더하는 식으로 디자인한다.

색감이나 디자인은 매번 다르지만 재단을 위한 본은 단순하다. 우산의 기본 형태는 크게 변하지 않기 때문이다. 본에는 숫자가 적혀 있는데, 신체 사이즈에 맞는 우산의 크기를 나타내는 치수다. 예를 들어 75/8이라고 적혀 있으면 높이는 75센티미터이고 우산살이 8개라는 뜻이다.

우산에도 사이즈가 따로 있다는 것이 놀랍다. 사용하는 사람에 맞는 크기의 우산을 만드는 탈라리코의 배려는 고객을 대하는 자세를 보여주는 것이기도 하다. 본의 크기에 따라 여성용, 남성용 우산도 따로 있다.

천을 재봉하는 과정도 오로지 손에 의존한다. 천의 꼼꼼한 마감 처리가 우산의 완성도를 높이기 때문이다. 물이 닿아도 녹이 슬지 않도록 녹 방지 작업도 꼼꼼하게 한다. 녹이 생기면 부러져서 우산이 금방 망가지기 때문이다.

녹 방지 작업까지 마친 우산을 4대 사장에게 넘겨주면 마지막 검수 과정을 거쳐 우산 하나가 완성된다. 수작업으로 우산 하나를 만드는 데 꼬박 세 시간이 걸린다. 두 사람이 하루에 만들 수 있는 우산은 고작 서너 개다. 그래도 양보다 질이라는 원칙은 152년 동안 가게를 지탱해온 자부심이었다.

4대 사장은 자신이 만든 우산은 고객들로부터 마음에 들지 않는다는 소리를 단 한 번도 들어본 적이 없다고 자신 있게 말한다. 환불하러 온 손님은 한 명도 없었다. 운이 좋아서가 아니다. 온 정성을 쏟은 만큼 고객들이 알아주기 때문이다.

그러나 고객이 만족한다고 해도 자만하지 않고 스스로 더 엄격해지는 것이 후대를 가르치는 마음가짐이다. 화려한 디자인에 152년의 견고함과 성실을 담는다. 그래서 마리오 탈라리코 우산은 특별하다.

돈이 아닌 전통을 좇는다

5대 사장의 아들 얀은 바쁜 아빠를 만나러 가끔 가게를 찾아온다. 아이에게는 이곳이 놀이터나 마찬가지다. 마리오 사장은 아이가 가게를 이어받으면 기쁠 것이라고 말한다. 가족의 전통을 이어간다는 것보다 좋은 일은 없을 것이다. 그는 얀이 자신을 넘어 4대 사장 못지않게 훌륭한 우산 장인이 되기를 바란다.

우산의 디자인은 5대 사장의 몫이다.

오후 5시, 우산 가게가 영업을 마치는 시간이다. 우산이 잘 팔리지 않는 비수기라도 아침 7시에 문을 열어 하루 열 시간의 영업시간은 꼭 지킨다. 대신 하루 일과가 끝나면 함께 모여 음식을 먹고 얘기 나눌 시간을 갖는다. 신제품에 대한 의논은 빠지지 않는다. 비가 많이 오는 9월 성수기를 대비해 내놓을 우산에 대한 회의는 무척 중요하기 때문이다. 관광객을 위한 우산을 만들 계획을 세우고 천에다 어떤 그림을 넣을지 이야기하는 그들의 눈빛에는 열정과 생기가 넘친다. 이들에게 우산은 일상이나 마찬가지다.

마리오 탈라리코는 20년 전 두 번째 매장을 열었다. 첫 번째 매장은 4대 사장이, 두 번째 매장은 5대 사장이 지킨다. 두 번째 매장을 연 이후로 관광객들로 인한 매출이 배 이상 올랐다. 매장을 늘린 덕도 있지만 진열대의 전시 효과도 톡톡히 보고 있다. 계절에 맞춰 진열장의 우산을 교체하는 등 정성을 쏟기 때문이다.

여성들이 선호하는 밝고 화려한 디자인은 햇빛이 강한 나폴리에서 우산과 양산을 겸용할 수 있어 관광객들에게 더욱 인기가 좋다. 올여름에는 신제품이 하나 더 있다. 바로 휴대용 파라솔이다. 순면으로 햇볕을 완벽

차단할 수 있는 제품으로 휴대할 때는 우산 집에다가 넣고 해변에 갈 때는 메고 다닐 수 있도록 끈을 달았다.

신제품을 만들면 현장에 나와 고객들을 찾아간다. 5대 사장은 해변으로 나와 사람들에게 우산을 보여주고 사용해보게 한다. 우산을 알리고, 사람들의 취향을 파악하기 위해서다.

골목 안, 작은 가게이지만 찾는 이들은 세계적이다. 뉴욕, 일본, 프랑스 등 전 세계에서 우산 주문 전화가 걸려온다. 해외 어느 나라든 배송이 가능하다. 먼 거리에서도 우산을 찾게 만든 것은 한결같이 지켜온 신뢰 때문일 것이다.

4대 사장은 설사 돈이 없더라도, 우산을 많이 못 팔더라도 항상 즐겁다고 말한다. 여든 살이지만 아직도 우산을 만들 수 있다는 데 항상 감사한다. 마리오 탈라리코는 우산 가게다. 그러나 햇볕을 두려워하지 않고 비가 오기만을 바라지도 않는다. 환경과 조건에 굴하지 않고 우산을 만들어 온 지 152년, 그 시간의 인내와 끈기 그리고 가치가 탈라리코 우산에 담겨 있다. 웬만한 난관에는 수선을 떨지 않을 만큼 단단해지고 진중해졌다. 이 모든 것이 세월의 힘이다.

"투자자를 만나 탈라리코라는 상표를 주고, 같이 협업해서 중국에 공장을 만들어 텔레비전 광고를 하면 돈을 많이 벌 수 있을지는 몰라도 역사의 흔적을 남길 수는 없을 거예요."

5대 사장 마리오 탈라리코는 오직 전통을 원한다고 말한다. 만약 돈을 위해서였다면 더 쉬웠을 것임을 그들도 잘 알고 있다. 그러나 일확천금에도 포기할 수 없는 것이 전통이다. 그것을 버렸다면 돈은 더 벌지 모르지만 빈껍데기만 남아 쉽게 쓰러졌을 것이다.

돈이 아닌 전통과 명성을 위해서 수고를 아끼지 않는 것, 그것이 마리오 탈라리코 우산의 가치이며 기업 철학이다.

마리오 탈라리코의 성공 비결

1. 탈라리코 우산만의 독특한 아름다움

다양한 디자인과 사슴뿔, 혹 소뿔, 멧돼지뿔 등 특별한 재료로 만든 멋스러운 우산 손잡이는 마리오 탈라리코 우산의 개성을 나타내는 포인트다. 한눈에도 단단해 보이는 우산대 역시 가장 큰 특징이자 장점이다. 우산대 전체가 나무로 되어 있어 한눈에 봐도 독특한 아름다움을 뽐낸다.

2. 튼튼한 우산을 만든다

마리오 탈라리코의 우산은 보통 우산과는 달리 수명이 더 오래가는 것으로 유명하다. 152년간 밤나무, 벚나무, 올리브나무, 자두나무 등의 최상의 천연 목재를 사용한다는 마리오 탈라리코의 철칙 때문이다. 견고하고 오래가는 우산을 만든다. 또한 하나의 통나무를 사용하며 자연 그대로의 나뭇결을 살려 만든다. 때문에 튼튼하고 수명이 길어 고객들에게 큰 만족감을 주고 있다.

3. 단 하나밖에 없는 우산을 만든다

이곳의 모든 우산은 각각 단 하나의 디자인밖에 없다. 마리오 탈라리코 우산은 세계 유명 인사부터 나폴리의 아름다움이 담긴 자연경관 등을 표현한 디자인으로 유명하다. 나폴리의 아름다운 경치에서 주로 영감을 얻어 디자인하는 마리오 탈라리코는 자신의 손에서 세상에 하나밖에 없는 우산을 완성한다. 우산 천 역시 무늬를 직접 주문해서 만든다.

4. 모든 공정이 수작업

마리오 탈라리코는 우산대를 만드는 작업부터 천을 재봉하는 과정까지 모두 손으로 제작한다. 때문에 하루에 만들 수 있는 우산은 고작 서너 개지만 양보다 질이라는 신념으로 우수한 우산을 만든다. 단 한 번도 환불하러 온 손님이 없을 정도로 꼼꼼하고 훌륭한 수작업은 최고의 경쟁력이다.

INFORMATION

주 소   Vico Due Porte a Toledo, 4/B, 80134, Napoli, Italy
홈페이지 www.mariotalarico.it
전 화   +39-081-407723

전통으로 시대를 앞서 가는 감각

독일 넥타이 명가
에드소어 크로넨

"좋은 제품은 자신의 열정을
100퍼센트 내걸었을 때 완성된다."
– 에드소어 크로넨 5대 사장, 얀 헨리크 셰퍼 슈투케

🏠 800여 년의 역사가 흐르는 도시, 베를린은 19세기 후반 독일제국의 수도가 된 이래 현재까지 독일의 정치 경제를 움직이는 중심지 역할을 하고 있다. 때문에 이곳에서는 넥타이를 맨 정장 차림의 신사들을 쉽게 만날 수 있다.

우리나라도 그렇지만 독일에서도 정치나 경제 분야에 종사하는 사람이라면 당연히 넥타이를 매야 한다. 넥타이는 특히 공식적인 자리에서 사람의 인상을 결정짓는 중요한 요소인 동시에 패션 아이템이다.

에드소어 크로넨 Edsor Kronen 은 창업 이후부터 지금까지 103년 전 수작업 방식을 그대로 고수하며 넥타이, 스카프, 허리띠 등을 만드는 수제 넥타이 전문 회사다. 독일 내에서 젊은 감각의 제품을 선보이기로 소문난 에드소어 크로넨 디자인의 특징은 화려함이다.

창업 초기부터 사용한 백합, 치타, 코끼리의 전통 디자인 패턴은 지금까지도 유럽 신사들에게 많은 사랑을 받고 있다. 유행은 돌고 돈다. 그러나 시대의 정서를 담아 매번 다른 모습으로 재탄생된다. 유행을 선도하기 위해 갖춰야 할 첫 번째 조건은 바로 시대를 읽는 눈이다.

오로지 손에서 손으로 전해져 내려온 뿌리 깊은 전통 기술 그리고 시대를 따르는 참신한 감각으로 신사의 멋을 완성하는 곳, 103년 전통 독일 넥타이 명가 에드소어 크로넨이다.

넥타이의 천국

에드소어 크로넨 매장에는 넥타이 왕국이라 할 정도로 다양한 넥타이가 늘어서 있다. 모두 한 땀 한 땀 손수 바느질한 넥타이로, 잡아당겨 보면 신축성이 뛰어나다는 사실을 알 수 있다. 이것이 바로 수작업의 힘이다.

전통 기술과 참신한 감각으로 수제 넥타이를 만드는 '에드소어 크로넨'

수작업과 함께 에드소어 크로넨이 가진 또 하나의 경쟁력은 바로 선택의 폭이 넓다는 것이다. 현재 매장에서 판매하는 제품만 해도 총 4천여 개다. 직장인들이 선호하는 정장용 넥타이부터 스카프와 머플러 그리고 요즘 유럽 내 젊은 남성들에게 패션 소품으로 주목받는 나비넥타이까지, 에드소어 크로넨은 남성의 옷맵시를 빛나게 하는 모든 소품을 판매하고 있다. 아름답고 우아하며 현대적이고 품질도 우수하기 때문에 남성들에게 더 큰 사랑을 받는다.

한편, 디자인은 같지만 색깔은 다른 제품들이 많다. 넥타이는 물론 에드소어 크로넨에서 판매하는 모든 제품은 하나의 디자인당 적게는 여섯 가지, 많게는 여덟 가지의 다양한 색상으로 만들어진다. 150가지의 디자인을 8가지의 다른 색상으로 준비해놓았다. 개성을 표현할 수 있는 다양한 제품을 만드는 것은 현재 에드소어 크로넨이 추구하는 가장 큰 목표다. "남성을 신사로 만들 수 있는 모든 제품을 생산하고 있다"고 한다.

에드소어 크로넨은 세 가지 슬로건을 가지고 있다. 전통, 품질, 신뢰다. 매번 넥타이를 만들 때마다 중심이 되는 중요한 요소다.

슈투케 사장은 경력이 결코 길지 않지만 누구보다 회사의 역사와 전통을 마음속 깊이 이해하고 있다. 그의 사무실에는 1944년 이전 광고를 모아놓은 책자가 있다. 표지를 열면 창업 당시 회사의 사진이 먼저 나온다.

매장에 진열된 색색의 넥타이들

스크랩해놓은 예전의 한 광고에는 "우아하고 품위 있는 크로넨의 넥타이를 매면 바라는 대로 기쁨을 누릴 수 있습니다"라는 문구가 있다.

회사는 기쁨을 선사하는 넥타이를 만들기 위해 103년의 길을 걸어왔다.

사장이 최고의 홍보 모델

에드소어 크로넨은 1909년, 궁중 납품 업체로 베를린 중심가에 문을 열었다. 이후 수작업의 전통성으로 명성을 얻으며 독일을 대표하는 수제 넥타이 회사가 되었다. 이러한 번영 뒤에는 수작업과 더불어 5대를 이어 온 또 다른 전통이 있다. 바로 혈연이 아닌 능력을 갖춘 이가 회사를 이끄는 것이다.

슈투케 사장 역시 그 원칙에 따라 젊은 나이에 사장이 되었다. 그는 2010년 28세의 나이에 에드소어 크로넨에 입사했다. 그는 패션을 공부하지 않았다. 독일 명문대학에서 법학을 전공했으나 평소 그의 패션 감각을

자사의 광고모델로 활동 중인
5대 사장, 얀 헨리크 셰퍼 슈투케

눈여겨 본 삼촌의 소개로 에드소어 크로넨에 입사했다. 법학을 공부했지만 항상 패션 업계에 관심이 많았다. 그런 관심들이 긍정적으로 작용했고, 운 좋게도 이곳에서 일을 시작하게 되었다. 시작하고 보니 법 공부보다 이 일이 더 흥미로웠다.

그는 4대 사장이었던 스텔리 씨에게 2년간 연수를 받은 후, 직접 경영에 나섰다. 그리고 2012년 1월, 회사의 5대 사장이 되었다. 경영권을 넘기는 쪽도, 받는 쪽도 그 결정은 어렵지 않았다. 전 사장이었던 스텔리 씨는 젊은 청년의 도전 정신을 높이 샀고, 슈투케 씨는 회사가 지닌 전통의 가치를 발견했기 때문이다.

그가 이 회사를 운영해보리라 결정한 이유는 아주 간단했다. 회사의 진정성을 봤기 때문이다. 모두 수작업으로 이뤄지고 훌륭한 경영철학과 직원들 간의 끈끈한 유대관계가 있고 품질, 전통, 역사가 확실했기 때문에 오래 생각할 필요가 없었다.

에드소어 크로넨에서는 넥타이를 수작업으로 만들고 하나하나 손으로 포장한다. 그런데 모든 포장 박스에 한 장의 카드가 담긴다. 카드의 한 면에는 회사의 역사가 쓰여 있고 다른 한 면에는 슈투케 사장의 얼굴이 인쇄되어 있다. 사장의 얼굴을 보는 사람은 에드소어 크로넨을 떠올릴 것이고 반대로 에드소어 크로넨의 제품을 보는 사람은 사장의 얼굴을 떠올릴 것이다.

이처럼 슈투케 사장은 현재 에드소어 크로넨을 대표하는 광고 모델로도 활동하고 있다. 올해만 해도 100여 차례 이상 독일 내 유명 잡지에 얼굴을 드러냈다. 그는 평소 안경을 쓰지만 광고 사진에서는 안경을 쓰지 않고 찍는다. 안경을 파는 게 아니라 넥타이를 팔기 때문이다. 이렇게 세심하게 고민할 정도로 기업 광고는 이 회사에서 굉장히 큰 부분을 차지한다.

경영을 하는 사장이 광고 전면에 나선 이유는 무엇일까. 그동안 질 좋은 제품을 만드는 일에만 집중한 나머지 홍보를 가볍게 여겨온 탓에 인지도가 떨어졌기 때문이다. 슈투케 사장은 역사 깊은 회사를 이끄는 젊은 청년의 이미지로 사람들의 관심을 끌어모으기 시작했다.

그는 이제 거리에 나서면 시민들이 알아보고 사진 촬영을 요청할 정도로 유명하다. 하루 종일 멋지게 차려입고 다니는 그는 오가는 이의 눈길을 사로잡는다. 언제나 나비넥타이를 착용한 멋진 정장 차림으로 베를린 거리를 돌아다녀서 베를린의 '넥타이맨'이라고 불린다. 그에게 넥타이는 최고의 액세서리이며 사람들의 시선을 끌 수 있는 무기라고 한다. 에드소어 크로넨의 사장 슈투케 씨는 에드소어 크로넨의 걸어 다니는 광고 모델이자 최고의 홍보 수단이다.

오랜 역사가 낳은 특별한 제작 기술

에드소어 크로넨의 제품은 100퍼센트 실크 원단으로 만든다. 원단은 1년에 두 번 이탈리아에서 직접 구입한다. 디자이너가 이탈리아에 가서 컬렉션을 둘러보면서 샘플과 색깔을 이런저런 식으로 해달라고 주문하면

고급 원단을 가지고 최소한의 재료로 최고의 품질을 완성하는 방법은 삼각형 모양의 재단에서 나온다. 오래 축적된 노하우로부터 나오는 총 74땀의 바느질

그 원단을 가지고 작업한다.

실크 원단은 모직이나 면에 비해 두 배 이상 가격이 높다. 회사는 비용 절감을 위해 나름의 법칙을 고안했다. 삼각형 모양의 재단이 바로 그것이다. 밑변 약 70센티미터, 높이 약 35센티미터로 자른 삼각형 모양의 원단에서 앞면, 중간 부분과 뒷면 등 모든 부분이 나오고 남은 조각은 손바닥만 하다.

회사가 처음 시작되었을 때부터 원단을 낭비하지 않기 위해 이 방법을 써왔다. 수지를 맞추기 위해 철저히 계산해 넥타이를 만들었다. 최소한의 재료로 최고의 품질을 완성하는 노하우가 있었기에 좋은 원단을 사용하면서도 수익을 내며 오랜 시간 성장해올 수 있었다.

오랜 수작업의 경험 안에는 더 많은 노하우가 축적되어 있다. 넥타이의 형태를 잡아주는 심을 넣는 작업 역시 이곳만의 독자적인 방법으로 진행된다. 넥타이 크기에 맞는 넓이로 만든, 면으로 된 심을 넣는다. 또한 에드소어 크로넨은 고객의 신장과 목둘레에 따라 길이와 폭을 달리해 넥타이를 만든다.

바느질 방법도 특별하다. 처음부터 긴 실로 시작해 바느질은 총 74땀으로 마무리 하는 게 규칙이다. 끝부분을 두세 번 꿰맨 후, 안에서부터 바느질을 시작한다. 한 줄의 실만을 사용해야 하며 바느질 간격은 0.8센티미터에서 1센티미터로 여유 있게 유지해야 한다. 바느질 간격이 지나치게 촘촘하면 매었을 때 넥타이의 천이 울어 목을 불편하게 만든다.

완성된 다음에는 항상 잡아당겨서 울지 않는지 테스트해봐야 한다. 꼬박 한 시간의 바느질 끝에 완성된 넥타이는 '신축성'이라는 특별한 경쟁력마저 갖추게 된다.

에드소어 크로넨이 추구하는 좋은 넥타이의 또 다른 조건은 바로 부피감이다. 다림질 과정을 생략해 자연스럽고도 풍성한 멋을 살려, 가장자리가 납작하지 않고 둥글다.

원단을 고르고 재단하는 일부터 마무리 작업까지, 과정 하나하나 모두 사람의 손길을 통해 꼼꼼하게 진행된다. 대대로 전수해온 에드소어 크로넨만의 노하우와 원칙은 최상의 품질을 낳고 독일 신사들의 멋을 창조한다.

디자인에 변화를 시도하다

슈투케 사장이 운영을 맡은 당시 상황은 마치 1970년대 같았다. 모든 것이 제작 중심으로 이뤄지고 있었고 이후에 새로운 경영 기법과 디자인 기술을 도입하고자 하는 움직임이 서서히 일어났다.

슈투케 사장은 적극적인 홍보와 더불어 디자인에도 변화를 시도했다. 전통적인 디자인에 현대적인 감각을 더해 새로운 멋을 만들어냈다. 1960년대에 만든 일자 넥타이에서 영감을 받아 새로운 넥타이를 만들기도 했다. 바느질을 조금 다르게 하고 더 얇게 만들고 은색으로 자수를 놓는 등

에드소어 크로넨 제품의 핵심은 '색상의 변화'다.

새로운 감각을 더했다.

　새 디자인은 전통 디자인의 기본 형태는 유지하되 제품 크기와 문양 배열 그리고 색상 등을 조절해서 만든다. 그중 '색상의 변화'는 핵심 요소다. 신제품 발표 시기마다 색상에 변화를 준다. 같은 문양이라도 두세 개의 다른 색상을 입히면 완전히 다른 제품이 탄생한다.

　'변화'는 슈투케 사장이 취임 후 설정한 가장 큰 목표다. 에드소어 크로넨은 매년 여름과 겨울 두 차례에 걸쳐 2000가지 디자인의 새로운 제품을 선보이고 있다. 회사의 새 얼굴을 선보이는 작업을 할 때면 슈투케 사장은 수석 디자이너와 열띤 논쟁을 벌인다. 2000가지를 개발한다 해도 살아남는 건 10퍼센트도 채 되지 않는다.

　그러나 그 노력만큼은 회사를 성장케 하는 밑거름이 된다. 지금껏 회사를 이어온 모든 세대의 개성과 참여가 회사에 녹아들어 지금의 회사가 만들어졌다. 그리고 다섯 번째 세대인 슈투케 사장에게서 다시 첫 세대가 시작되고 있다.

적극적으로 홍보하고 다양한 색상의 제품을 개발해온 결과, 회사는 이제 독일인이라면 누구나 알 만큼 높은 명성을 얻었고 손님들의 발길 역시 끊이지 않고 있다. 올해만 해도 25만여 명의 고객이 에드소어 크로넨의 넥타이를 구매했다. 에드소어 크로넨이 만든 수제넥타이의 평균가는 80유로, 우리 돈으로 치면 10만 원 정도다.

에드소어 크로넨의 제품을 처음 접한 손님들은 '기대 이상'이라 평가한다. 무엇보다 다양한 색상에 전통적이면서도 현대적인 감각을 갖추고 있기 때문이다. 이제 본격적으로 변화에 나선 회사에게 있어 이보다 값진 평가는 없다.

직원과 함께 걸어가는 회사

에드소어 크로넨에는 30여 명의 직원들이 근무한다. 그중 직접 제품을 만드는 직원들은 평균 20년 이상의 오랜 경력을 가지고 있다. 1978년부터 일한 직원도 있다.

에드소어 크로넨에서 21년째 나비넥타이만을 전문적으로 만드는 캐스틴 씨는 매주 월요일마다 회사를 찾는다. 재택근무를 하기 때문이다. 캐스틴 씨는 일주일에 한 번 제작할 물량을 받아 집에서 제품을 만들어 온다. 회사에서 근무하지는 않지만 그녀 역시 보험과 정년이 보장되는 정규직 사원이다.

에드소어 크로넨에는 20명의 재택근무 직원이 있다. 재택근무는 회사가 창업 당시부터 지켜온 또 하나의 경영 방침이다. 직원들의 근무 요건을 최대로 배려하는 것이 제품의 질을 높이는 가장 좋은 방법이라고 생각하기 때문이다. 작업한 개수대로 월급을 받기 때문에 효율이 높다. 전 직원을 통틀어 유일한 나비넥타이 전문가인 그녀의 손 안에 에드소어 크로넨 나비넥타이의 모든 핵심 기술이 담겨 있다 해도 과언이 아니다.

넥타이를 만드는 데 사용하는 도구도 직접 개발했다. 어디에 가서도 살 수 없는 도구다. 나비넥타이를 만드는 것은 언뜻 보기엔 단순한 작업 같지만 결코 녹록지 않다. 그녀는 21년 동안 팔에 통증을 달고 살았다. 그럼에도 불구하고 일을 계속할 수 있었던 이유는 재택근무가 가능했기 때문이다.

아이들이 어릴 때는 일하면서 아이들을 돌볼 수 있었고 이제는 손자가 옆에서 놀거나 숙제를 한다. 회사는 아이들을 마음 편히 돌볼 수 있는 환경을 마련해주었다. 재택근무로 작업 시간을 조절할 수 있었고 작업에 들어가는 전기세는 물론 매주 출퇴근 비용 역시 회사가 책임졌다. 독일에서 이렇게 일할 수 있는 회사는 매우 드물다.

회사 입장에서도 이 제도는 손해가 아니라 오히려 이익이라고 슈투케 사장은 말한다. 일을 많이 해서 넥타이를 많이 만들수록 임금을 더 많이 받는 시스템이기 때문에 동기유발을 할 수 있다. 재택근무를 하기에 직원들은 일하는 시간을 유연하게 나누어 쓸 수 있고 주말에도 일할 수 있다. 에드소어 크로넨에서 오랫동안 시행해온 이 방식은 효율성이 높다.

그럼에도 불구하고 어떤 회사나 쉽게 시행할 수 있는 제도는 아니다. 직원을 존중하기에 나올 수 있는 제도다. 그리고 이런 회사의 배려를 바탕으로 변함없이 우수한 품질의 제품을 만드는 직원이 있기에 가능하다. 회사와 직원이 서로를 배려하고 좋은 넥타이를 만든다는 하나의 목표를 위해 매진하는 공존 방식은 에드소어 크로넨이 지닌 가장 큰 경쟁력이다. 만드는 이의 자부심과 책임감이 넥타이 안에 오롯이 담기는 것이다.

매장이 있는 도심가에서 차로 10분 거리에 위치한 한적한 골목에 에드소어 크로넨의 본사이자 작업장이 있다. 매일 아침, 회사를 찾은 슈투케 사장이 가장 먼저 챙기는 일은 바로 직원들의 안부를 확인하는 것이다. 일일이 악수를 하고 인사를 나눈다. 회사에서 직원들의 기분을 좋게 하는 건 정말 중요하다. 그래야 더 활기차고 효율적으로 일할 수 있기 때문이다. 만약 기분이 좋지 않으면 집에 갈 시간만 생각하게 될 것이다.

매주 금요일 오후에는 슈투케 사장과 작업장 직원들이 한자리에 모여 정기모임을 갖는다. 이 시간만큼은 슈투케 사장도 자신의 직위를 내려놓고, 와인을 나눠 마시는 편안한 분위기에서 이야기를 나눈다. 슈투케 사장은 가장 어린 신참이 되어 선배들에게 조언을 구하고, 또 선배들의 생각을 귀담아 듣는다. 사장을 중심으로 모든 직원이 함께 소통하는 자리다. 이 회사에서 직원과 사장은 항상 이런 식이다. 때문에 직원들의 만족도가 높고 '회사가 때때로 놀이터 같다'고 말한다.

"직원들의 마음을 편하게 해주면 좋은 제품이 나오고 그러면 매출에도 영향을 미쳐요. 이런 연쇄반응이 성공을 가져오죠. 단지 그뿐입니다."

슈투케 사장의 말처럼 회사의 진정한 주인은 직원들이라는 생각이 에드소어 크로넨의 근저에 흐른다. 이는 젊은 사장 슈투케 씨가 앞으로도 흔들림 없이 지켜갈 경영 신조다.

더 넓은 세상으로

에드소어 크로넨은 매해 신제품 발표회를 연다. 발표회에는 동종업계 종사자부터 정치인, 배우까지 500여 명이 넘는 유명 인사들이 발표회 현

매해 열리는 신제품 발표회의 모델들

장을 찾는다. 그러나 발표회의 진정한 주인공은 바로 신제품을 직접 만든 직원들이다. 에드소어 크로넨은 모든 발표회를 직원들과 함께한다.

 신제품을 발표할 때마다 에드소어 크로넨은 제품의 분위기를 바꾸며 큰 성공을 거둬왔다. 이번 신제품의 주제는 중앙아시아에 속한 국가, 아제르바이잔이다. 아제르바이잔은 '말의 나라'라고 할 수 있을 정도로 야생마가 많은데 거기에 착안해 새로운 제품을 만들려는 것이다.

 6개월 전 슈투케 사장은 아제르바이잔을 직접 방문했고 그곳의 야생 동물과 전통 카펫 문양에서 아이디어를 얻어 신제품을 야심차게 준비하기 시작했다. 신제품 발표회가 다가오면 슈투케 사장과 수석 디자이너 새믹 씨는 장기 회의에 돌입한다.

 드디어 발표회가 시작됐다. 이번 발표회는 에드소어 크로넨에게 있어 또 다른 변화를 의미한다. 처음으로 다른 국가의 문화를 제품 디자인에 접목했기 때문이다. 아제르바이잔이라는 나라와 수공예를 조화시킨 것이다.

아제르바이잔의 문화를 결합한 신제품

지금 에드소어 크로넨은 세계시장으로의 진출을 꿈꾸고 있다.

독일을 넘어 세계의 사랑을 받는 것. 제품의 질만 높다고 해서 가능한 일이 아니다. 이름이 알려진다고 해서 가능한 일도 아니다. 직접 사용하는 이들로부터 인정받아야 하는 것이다. 고객이 좋은 품질의 넥타이를 샀다고 생각하고 6개월이든 1년이든 항상 만족하고 매일 착용한다고 말할 때라야 성공한 제품이라고 할 수 있다.

슈투케 사장은 아제르바이잔을 테마로 한 이 발표회를 시작으로 회사가 5년 이내에 국제적으로 유명해졌으면 좋겠다는 소망을 밝힌다. 이미 첫걸음을 내디뎠으니 이제 힘차게 달리는 일만 남았다.

전통을 보전하되 과거에 집착하지 않으려는 노력은 에드소어 크로넨을 앞으로 추진시키는 가장 큰 힘이다. 만드는 사람과 경영하는 사람, 회사를 이끄는 모든 이의 자긍심을 담아 완성하는 넥타이는 사용하는 이에게도 자신감을 심어준다. 에드소어 크로넨이 만드는 이 견고한 넥타이의 가치는 시대의 흐름 속에서 다양한 디자인과 문화와 만나 더 큰 빛을 발할 것이다.

에드소어 크로넨의 성공 비결

1. 새로운 디자인을 개발한다

에드소어 크로넨은 매년 두 번의 컬렉션을 선보이며 신제품 개발에도 큰 힘을 쏟고 있다. 매 컬렉션이 진행될 때마다 디자이너가 직접 이탈리아 직물 공장에서 3~4개월의 작업 기간을 거쳐 약 800~1000가지의 새로운 디자인의 넥타이를 세상에 선보인다.

2. 103년 전 수작업 방식 그대로

재단부터 재봉, 심 넣기, 포장 작업까지 넥타이를 만드는 전 과정이 20~30년 경력의 베테랑 직원들의 손에서 완성된다. 수작업의 장점을 살린 에드소어 크로넨의 넥타이는 고객 요구에 맞춰 넥타이의 길이와 넓이의 조정이 가능해 고객에게 더 큰 만족감을 준다.

3. 혈연이 아닌 능력을 택한다

에드소어 크로넨이 5대를 이어온 전통에는 원칙이 있다. 바로 혈연이 아니라 능력을 갖춘 이가 회사를 이끄는 것이다. 슈투케 사장 역시 그 원칙에 따라 젊은 나이에 사장이 되었다. 그는 젊은 사장으로서 회사의 변화를 이끌며 세계 진출을 바라보고 있다.

4. 사장이 곧 걸어 다니는 광고 모델

슈투케 사장은 회사 광고 모델로 활동한다. 또한 제품을 판매할 때마다 그의 사진이 담긴 꼬리표가 부착되어 소비자에게 친숙하게 다가간다. 사장의 얼굴을 기억하는 동시에 에드소어 크로넨을 떠올리게 하는 브랜드 각인 효과를 높였다. 젊은 사장을 내세운 적극적인 홍보 전략 덕분에 예전보다 독일 젊은이들이 넥타이에 대한 관심을 더욱 높이는 계기를 마련했다.

5. 직원을 배려하며 능률을 높인다

에드소어 크로넨에는 20명의 직원이 재택근무를 한다. 넥타이를 많이 만들수록 임금을 많이 받아 가기 때문에 동기 유발에 효과적이며 시간을 유연하게 사용해 효율이 높다. 또한 매주 금요일에는 직원들과 모임을 가지며 사장은 항상 오랜 직원들을 선배로 여기고 그들의 조언에 귀 기울인다.

INFORMATION

주 소 Stelly GmbH Skalitzer Straße 100 10997 Berlin, Germany
홈페이지 edsor.de
전 화 +49-30-618-5014

혁신으로 이어온 천 년의 전통

일본 주물 명가
덴라이 코보

"전통이라는 것은 결국 혁신의 연속이다.
그때그때 변화하면서 살아남은 것이 결국 전통이 된다."

— 덴라이 코보 사장, 하시토모 카즈요시

교토의 대표 사원 '니시혼간지'의 명물 대형 6각 '히시' 등롱

🏠 일본의 천년고도, 교토는 전통을 간직한 멋스러운 도시다. 교토 역에서 10분 거리에는 절 '니시혼간지'가 있다. 이곳은 일본에서 가장 큰 불교종파의 본산지로 1200만의 신도가 소속되어 있는 일본의 대표적인 사원이며 세계문화유산으로 지정된 곳이기도 하다. 이 절은 1292년에 창건되었는데 오랜 역사만큼 국보급의 보물들이 많이 보존되어 있다.

본당 중심부에 있는 대형 6각 등롱인 '히시' 등롱도 이 절의 명물이다. 1980년 주물 회사 덴라이 코보가 청동 주물에 금박을 입혀 만든 아름다운 등롱이다. 폭 3.6미터에 높이가 2.4미터나 되는 이 대형 등롱은 작은 부분까지 무척 섬세하게 만들어졌다. 사람의 손으로 만들었다는 사실에 더욱 감탄하게 된다.

덴라이 코보는 일본 주조 기술의 역사와 함께해온 주물 회사다. 섬세하고 예술적인 청동상부터 크고 화려한 알루미늄 장식에서 현대적인 정원 제품까지, 회사는 오랜 전통을 안은 채 새로운 미래를 택했다. 과거의 지혜를 꺼내 무기로 삼고 시대의 변화를 한 걸음 앞서 간다. 그 걸음이 모여 천 년의 시간을 지켜왔다. 청동 주조 기술만을 고집하지 않고 다양한 재료와 기술로 현대에 맞는 제품을 생산하는 이곳도, 일본은 물론 세계를 장식하는 천 년 기업 덴라이 코보다.

1200년을 이어온 덴라이 코보의 주조 기술

덴라이 코보가 천 년의 세월을 지켜올 수 있었던 것은 대대로 전해진 견고한 신념 덕분이었다. 선대로부터 내려온 사훈은 "첫째, 새롭고 남다른 것을 만들어라. 둘째, 지혜와 솜씨를 갈고닦아 여유 있는 생활을 영위하라. 셋째, 후세에 자랑할 수 있는 것을 만들어라"이다. 이 말 속에 선대가 하고 싶은 말이 모두 함축되어 있다.

하시토모 사장은 책장 깊은 곳에 회사의 보물을 간직하고 있다. 선조에게 물려받은 가보는 청동 주조에 쓰이던 정교한 문양의 나무 주형이다. 뒷면에는 '안세이'라는 연호가 적혀 있다. 이것은 일본의 에도 시대, 지금으로부터 약 160년 전에 만들어진 것이다. 덴라이 코보를 물려받은 공방의 대표가 차기 대표에게 전하며 오늘날까지 보존된 것이다.

80년 전 현 사장의 할아버지가 만든 청동 향로도 보관되어 있다. 덴라이 코보에서 계승된 납형 주조 기술로 만든 것이다. 밀랍으로 만든 거푸집을 이용한 납형 주조는 복잡한 주물을 만드는 데 효과적인 정밀 주조법이다. 고대부터 복잡한 형태나 정교한 부조 또는 세밀한 문양의 주조에 이용해왔다.

헤이안 시대 초기의 승려였던 코보 대사는 당나라의 사신으로 중국에 갔다가 귀국할 때 중국의 문화와 예술 그리고 기술과 직공 집단을 거느리고 왔다. 그 기술이 청동 납형 주조 기술이었으며 그것을 이어받은 직공 집단이 '덴라이'의 시초다.

코보 대사가 전한 납형 주조 기술로 인해 전보다 훨씬 섬세한 청동 주물이 가능하게 되었다. 그래서 이후에 불상, 향로, 촛대 등 다양한 불교 소품들이 많이 탄생했고 일본 불교의 역사에 기록될 작품들이 만들어졌다. 이는 '덴라이 양식'이라 불리기도 했다. 교토 시의 중요 문화재인 '헤이안 시대 청동 불상'이 그 대표적인 예다.

청동 주조에 쓰이던 정교한 문양의 나무 주형(상)
뒷면에 새겨진 '안세이' 연호(하)

덴라이 직공 집단은 수제자에서 수제자로 기술을 계승하며 전통 공방의 형태를 유지했다. 코보 대사의 뒤를 이어 가장 기량이 뛰어난 제자가 덴라이를 계승하는 것을 원칙으로 삼았다. 그러다 1940년대에 들어 주식회사로 전환했고 그것이 지금의 덴라이 코보에 이르게 되었다.

고베대학 건축학 교수인 무카이 마사야 씨는 저서 《일본 건축·풍경론》에서 "덴라이 코보는 오래전 헤이안 시대부터 교토의 역사와 함께 '덴라이 집단'의 주조 기술을 이어받아 오늘에 이르고 있다"고 설명한다. 이들의 정밀한 주조 기술에 반해 유명 사찰의 주문이 쇄도했고 불상, 향로,

촛대 등 일본 불교 역사에 기록될 작품들이 만들어지기도 했다.

청동에서 알루미늄으로

덴라이 코보가 만드는 제품은 시대에 따라 계속 변했다. 과거에는 미술 작품도 만들었고 작가의 조각 작품도 만들었다. 그 후 빌딩의 외장재를 만들다가 현재는 알루미늄으로 철문을 만들고 있다. 1980년대부터 주력해 온 회사의 대표 제품인 알루미늄 문짝과 울타리는 이제 매출의 절반 가까이를 차지한다.

알루미늄 문을 만드는 첫 공정은 나무 주형을 철제 상판 위에 끼워 넣는 작업이다. 설치 장소나 고객의 요구에 따라 주형의 디자인은 천차만별이다. 주형 창고에는 300장에서 400장의 주형이 보관되어 있다. 수백 가지의 다양한 주형 디자인은 문 하나를 만드는 데도 예술성을 중시하는 덴라이 코보의 철학을 보여준다.

거대한 자루에서 쏟아지는 것은 다름 아닌 모래다. 50년 경력의 베테랑, 모리와키 씨만이 다룰 수 있는 재료다. 이 모래는 일본 기후 현에서 채취한 것으로 숙성 과정을 거친 주조용 모래다. 주조에서 아주 중요한 재료이기 때문에 자세한 것은 밝힐 수 없다고 한다.

나무 주형 위에 열을 가해도 찢어지지 않는 특수 필름을 덮어씌운 다음 금속 틀을 씌우고 모래를 채우면 거푸집이 완성된다. 이때 공기를 빼냄으로써 모래를 진공팩 상태로 만들면 아주 단단한 거푸집이 된다.

거푸집이 완성되면 알루미늄을 녹인다. 폐기물 발생이 적은 고품질의 재생 알루미늄을 사용하는데, 알루미늄의 품질 만큼 중요한 것이 또 있다. 표면 처리 작업으로 표면에 작은 구멍이 생기거나 갈라지는 것을 방지하

용광로에 표면 처리제를 넣고 저어주는 일은 제품의 완성도를 높이는 덴라이 코보만의 비법이다.

기 위해 표면 처리제를 넣고 저어주는 일이다. 처리제가 잘 녹아들도록 끊임없이 주물을 저어야 하는 고된 작업이다.

표면 처리를 담당하는 직원들은 18년 동안 810도의 용광로 앞을 떠나본 적이 없다. 용광로 앞에서 하는 작업은 겨울에는 참을 만하지만 여름에는 많이 지친다. 몸은 힘들어도 회사의 명성에 걸맞은 좋은 제품을 만들어야 한다는 생각으로 직원들은 늘 집중해서 일한다.

알루미늄 용해가 끝나면 세라믹 용기에 담아 모래 거푸집에 주입한다. 주입구 위로 살짝 넘칠 정도면 작업이 성공적으로 끝난 것이다. 표면이 미세한 틈이나 갈라진 곳 없이 매끈하여 타사보다 완성도가 뛰어나다고 자부하는 이곳만의 경쟁력이다.

주입 후 한 시간 정도 냉각시켜서 굳힌 다음, 진공 상태를 풀면 모래 거푸집이 부서진다. 해체된 모래는 재사용이 가능하다는 장점이 있어 효율적이다. 이렇게 모래 더미 속에서 매끈한 작품 하나가 탄생한다.

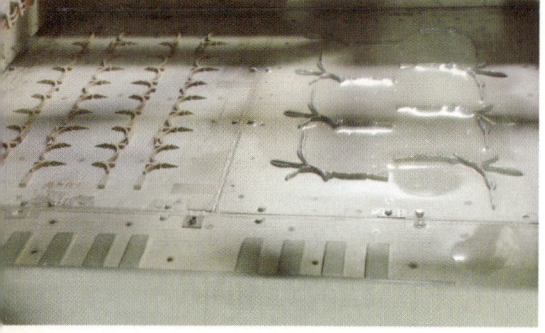

모래를 사용한 '덴라이 코보'만의 작업 방법

제품의 완성도를 높여주는 세 가지의 표면 처리제는 30년 전 품질 개량 연구 끝에 개발한 덴라이 코보만의 비법이다.

처음 알루미늄 주물을 도입한 사람은 하시모토 나라지 전 사장이었다. 혁신은 위기에서 비롯됐다. 당시 석유 파동 때문에 경영 위기가 닥쳤는데 이를 극복하기 위해 새로운 기술인 모래 주조 방식 '브이 프로' 공법을 도입했다. 청동만을 다루다가 알루미늄을 주재료로 쓰기 시작하던 시기에 이 공법을 개발했고 그 결과 불량률이 1퍼센트 정도로 떨어지는 엄청난 효과를 거뒀다. 건조한 모래를 사용한 이 주조 방법은 문처럼 두께가 얇고 표면적이 넓은 제품을 만드는 데 최적의 기술이다.

하시모토 전 사장이 이 기술을 개발할 당시에는 세계적으로 성공한 사례가 없어서 잠도 못 자고 시행착오를 거듭하며 일했다. 그 모습은 여전히 현재 사장의 기억 속에 남아 있다. 전 사장의 피땀 어린 노력 덕분에 우수한 기술을 보유하게 되었다는 사실을 잊을 수가 없다. 그래서 선대에 감사하는 마음과 후대에도 좋은 유산을 물려주고 싶다는 바람으로 회사를 이끈다.

3정 정신으로 위기를 이기다

얼마 전, 문화적 전통을 이어받아 후세에 전하는 장인 중의 한 사람으로 전前 사장 하시모토 나라지 씨가 선정되었다. 1962년에 회사를 물려받은 전 사장은 알루미늄을 도입하며 가업을 사업으로 바꿨다. 화려함이 부각되는 알루미늄과 덴라이 코보의 섬세한 조형미가 만나 일본은 물론 세계를 장식하는 주물 회사로 성장했다. 1972년에는 독일 BMW 본사의 외장을 시공하기도 했다. 하지만 경기가 악화되어 예산이 많이 드는 건물을 건설하는 일이 줄면서 회사는 시장을 잃어버렸다.

또한 1990년대 초에는 버블 붕괴로 인해 일거리가 급속하게 줄었다. 그 후 다방면으로 노력했지만 좀처럼 나아지지 않았다. 현 사장은 곰곰이 생각하

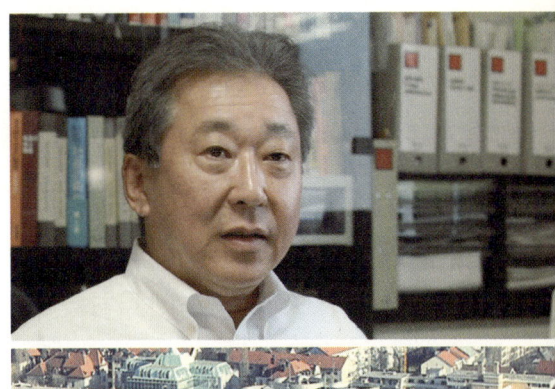

사장, 하시토모 카즈요시(상)
덴라이 코보가 작업한 독일 BMW 건물(하)

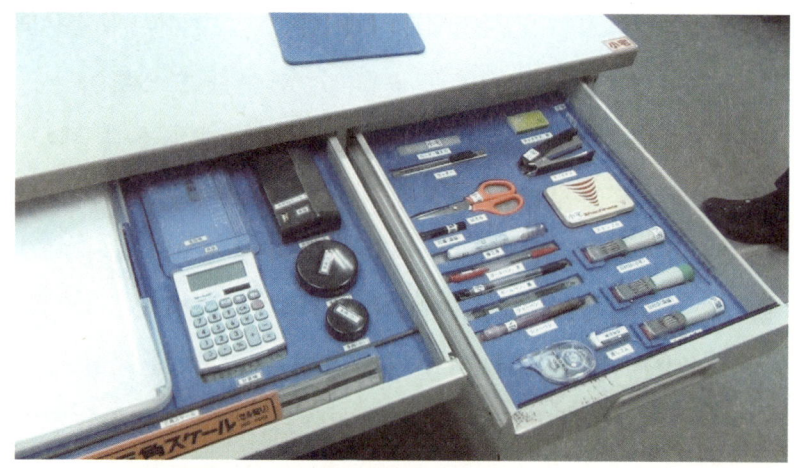
정품, 정량, 정위치를 보여주는 덴라이 코보만의 '3정 정신'

던 중 가장 기본이 되는 원점부터 변화해나가지 않으면 좀처럼 결과가 달라지지 않으리라는 것을 깨달았다. 절실한 변화가 필요했다.

그리하여 하시토모 사장이 추진한 첫 번째 변화는 정품, 정량, 정위치의 3정 정신이었다. 이는 '정해진 물건'과 '정해진 양'을 '정해진 위치'에 놓는 것을 의미한다. 또한 그는 인사, 청소, 정리정돈이 업무의 기본이라고 생각했다. 지저분한 곳을 지저분한 채로 두는 정신으로는 절대 좋은 제품을 만들 수가 없으며, 보이지 않는 곳이라고 해서 적당히 대하는 마음가짐이라면 절대로 고객을 제대로 응대할 수 없다고 믿었다.

그런 신념으로 원점부터 변화시키기 위해 15년 전 하시모토 사장은 혼자서 화장실 청소를 시작했다. 근무 환경을 먼저 정비하는 정신은 고객 제일주의와 상통한다. 아무리 기술이 좋거나 우수한 사원이 있어도 고객이 회사의 제품을 이용해주지 않는다면 기업은 존재할 수 없다. 그러므로 고객이 쓸 물건을 만드는 마음가짐부터 정비하는 것이 고객 제일주의의 첫

걸음이라 생각했다.

이곳에서는 아침 8시 반에 전 직원이 함께 체조를 한다. 일류 스포츠 선수라 할지라도 갑자기 경기를 시작하지는 않듯, 일을 시작하기 전에도 마음과 몸의 준비가 필요하기 때문이다. 체조가 끝나면 전 직원이 청소를 시작한다. 덴라이 코보에서는 환경 정비를 할 때 직책, 나이, 남녀, 경험에 관계없이 전원이 함께한다. 걸레를 빨고 먼지를 닦는 데는 직급도 나이도 없이 동등하다.

하지만 화장실 청소는 신입 사원의 몫이다. 입사 후 1년간은 반드시 화장실 청소를 해야 한다. 환경 정비의 기본은 화장실 청소이기 때문에 철저한 교육을 통해 환경 정비의 의미를 스스로 생각하면서 청소할 수 있도록 한다. 하시토모 사장은 지금도 한 달에 한 번은 작업장의 청소 상태를 직접 점검한다.

덴라이 코보의 직원들에게 정리정돈은 몸에 밴 습관이다. 이제는 정리 정돈에서 한발 더 나아가 업무 효율성을 높여주는 도구도 직원들 스스로 개발한다. 공부를 시작하기 전에 책상부터 정리하는 것과 같은 이치다. 정갈한 환경에서 고객을 대하는 바른 마음이 우러난다.

'이만하면 되었다'라는 생각은 덴라이 코보에서 용납되지 않는다. 고객은 '적당히 좋은 것'이 아니라 최고의 제품을 원하기 때문이다. 다른 회사와 같은 수준에서 적당히 멈춘다면 고객 감동이란 있을 수 없다.

전문화된 협력 업체를 찾다

하시토모 사장이 일으킨 두 번째 변화는 전문화된 협력 업체와 손을 잡은 것이다. 현대에 오면서 청동 제품의 주문이 줄고 비용 대비 생산성이 떨어지게 되자 덴라이 코보는 과감한 결정을 내렸다. 청동 제품 생산을 전부 외부로 돌린 것이다.

덴라이 코보도 청동으로 회사를 시작했지만 전통이라는 이유로 시대의 흐름을 무시할 수는 없었다. 청동은 무거울 뿐 아니라 건축 재료로는 고가인 반면 알루미늄은 가벼우면서 단단하고 가격도 싸다. 따라서 현대 건축 재료로는 알루미늄이 선호될 수밖에 없다. 시대의 흐름을 따라 알루미늄 제품은 덴라이 코보에서 가장 주력하는 상품이 되었다.

그리하여 청동 제품은 5년 전부터 다카오카 지역에 있는 한 업체와 협력관계를 맺고 제작을 맡겨왔다. 설계도면을 만들어서 보내, 대신 제작하도록 하는 형식이다. 다카오카 지역은 일본에서 가장 큰 청동 주물 생산지로 전국의 90퍼센트를 차지한다. 덴라이 코보는 다카오카에서도 뛰어난 기술력을 가졌으며 과거의 주조 기술을 계승해오고 있는 업체를 찾아 오랜 관계를 이어왔다.

청동 주물을 만들 때는 가스가 주형 속에 갇히지 않는 틀의 설계가 가장 중요하다. 가스를 어떻게 배출하느냐가 옛 주조 기술의 핵심이다. 주형 안에 동 85퍼센트와 주석, 아연, 납의 합금으로 이루어진 주물을 붓는데, 이때 1200도의 온도에 맞추는 것도 오랜 경험의 노하우다. 이런 노하우와 옛 방식을 간직한 업체가 있고 협력관계를 맺을 수 있었기에 덴라이 코보는 새로운 제품에 주력하며 살아남을 수 있었다.

현재 덴라이 코보는 알루미늄 제품에 집중하고 있지만 알루미늄 제품 중에서도 좀 더 전문적인 작업이 필요한 분야는 과감히 외주를 택했다. 일반 문보다 문양이 복잡한 디자인의 주형은 교토의 한 공방에 맡긴다. 다만 주형의 디자인 작업은 덴라이 코보에서 직접 담당한다. 화려하고 섬세한 디자인을 잘 살려줄 까다로운 조각 작업만 맡기는 것이다. 예술적인 주형은 일반 주형사들이 만들기 어렵다. 그런데 주형 틀을 제작하는 이 공방에는 디자인 학교를 나와서 전문적으로 일을 배운 사람들이 있어 복잡한 조각 작품도 잘 만든다. 그래서 이곳에 믿고 맡길 수 있었다.

이 공방에서는 20년 경력의 주형 전문가가 일을 맡지만 덴라이 코보의 제품을 만들 때는 긴장을 늦출 수가 없다고 한다. 덴라이 코보의 주문은 완성하기까지 아주 까다롭고 시간도 많이 걸리는 편이다.

덴라이 코보가 최근 새로 계약한 협력 업체는 금박 공방이다. 이곳은 가업으로 금박 공예를 해온 곳으로, 교토의 여러 공방 중에서 매우 까다로운 과정을 거쳐 선정한 곳이다. 몇 번이나 테스트 작품을 보여주고 나서야 일이 시작되었다. 순금을 얇게 편 금박을 알루미늄 주물에 입히는 작업으로 대대로 금박 작업만을 해온 장인에게도 쉽지 않은 일이다.

덴라이 코보는 무리하게 해내려고 애쓰지 않는다. 그보다는 선택과 집중을 하고 어느 한 분야에 최고의 기술을 가진 업체와 과감하게 협력한다. 이는 고객의 다양한 요구에 발 빠르게 대응하기 위한 하시모토 사장의 경영 전략이다.

전통은 반역할 때 비로소 이어진다

천 년 넘게 주조 기술을 이어온 덴라이 코보 건물의 초입에서 눈길을 끄는 것은 뜻밖에도 현대식의 아름다운 정원이다. 청동 주물이 아니라 아기자기한 장식품으로 꾸며진 이 정원에서 회사의 변화를 엿볼 수 있다.

요즘 덴라이 코보에서는 정원을 장식하는 제품들을 만들기 시작했는데

제품 전시장 역할을 하는 회사 초입의 정원

  제품만 세워놓아서는 모자란 감이 있어 정원을 꾸몄다. 실제로 제품의 전시장과 같은 이 정원에는 직접 물건을 보기 위해 견학을 오는 고객들도 많다. 고객뿐 아니라 다른 회사의 경영자들에게도 덴라이 코보가 개척한 사업 분야는 좋은 롤 모델이다.

  "세상은 아주 빠르게 변해갑니다. 그리고 회사를 둘러싼 환경도 변화해 갑니다. 그 변화에 따라 회사의 모든 것을 새로 바꾸지 않으면 살아남을 수 없다는 게 저의 생각입니다."

  하시토모 사장의 말처럼 시대의 물살 속에서 만드는 제품은 계속 달라졌다. 하지만 완성도를 위한 직원들의 노력은 한결같다. 작은 불량도 허투루 넘기지 않는다. 미세한 흠집이라도 발견하면 모두가 머리를 맞대고 해결할 방법을 찾는다. 젊은 직원들끼리 판단이 안 될 때는 50년 경력의 주조 장인이자 대선배인 모리와키 씨를 찾는다.

시제품은 엄격한 자체 테스트를 거쳐 출시 여부를 결정한다. 75킬로그램짜리 샌드백을 80센티미터 높이로 띄운 후 떨어뜨리는 충격 실험을 하는데 이 정도의 충격에 휘거나 나사가 빠지지 않으면 합격이다. 수평하중 실험을 위해서 지게차까지 동원한다. 이렇게 안전성을 위한 강도 실험을 통과하지 못하면 설계부터 다시 수정에 들어간다. 직접 강도 테스트를 하면서 디자인하므로 보다 창의적인 발상을 하게 되고 디자인에도 큰 도움이 된다.

성실하게 제 몫을 다해온 직원들의 하루하루가 쌓여 천 년의 시간이 이뤄졌다. 그 오랜 역사는 젊은 직원들에게 또다시 자부심이 되어 돌아온다.

덴라이 코보에는 제품 개발과 디자인, 테스트 등을 담당하는 신제품 개발부가 있다. 10년 전, 정원용 장식품 브랜드를 개발하면서 회사는 또 한 번 큰 변화를 시도했다. 디자인과 품질의 차별화로 대기업과의 경쟁에도 밀리지 않는 정원용 제품을 개발한 것이다. 비용 절감을 위해 필리핀 공장에서 생산하지만 국내 못지않게 엄격한 품질 관리를 거쳐 들여온다. 우편함만 해도, 안에 들어 있는 우편물이 빗물에 젖는다는 취약점이 있어 꼼꼼한 테스트를 거쳐 젖지 않는지 확인한 후 상품으로 출하한다.

현재 이 정원용 제품이 전체 매출의 절반 이상을 차지한다. 정원 가꾸기를 좋아하는 일본인들의 취향을 제대로 공략한 것이다. 강화유리 플라스틱이라는 특수 재료로 만들어 나무나 벽돌, 도자기 등 다양한 질감을 똑같이 재현한 것이 특징이다. 작은 우편함 하나로도 주택의 분위기가 달라지는 효과를 주기 때문에 정원 제품을 찾는 이들은 계속 늘고 있다.

청동 불상에서 정원의 우편함까지, 덴라이 코보의 혁신은 시대를 읽는 눈이 있었기에 가능했다. 천 년의 세월을 이어올 수 있었던 까닭은 항상 고객의 변화를 보면서 회사를 변화시켜왔기 때문이다. "전통이라는 것은 결국 혁신의 연속"이라고 하시토모 사장은 말한다. 그때그때 변화하면서 살아남으면 그것이 바로 전통이 된다. 기본을 존중하고 전통의 뿌리를 지키면서 도전을 두려워하지 않는 덴라이 코보는 변화를 통해 시대가 기억하는 이름이 되길 원한다.

덴라이 코보의 성공 비결

1. 시대에 맞는 첨단 재료와 주조 기술

실외 장식은 물론 정원 장식 분야까지 진출한 덴라이 코보는 청동보다 가볍고 다양한 질감 표현에 좋은 알루미늄, 강화유리플라스틱 등의 재료 도입으로 시대에 맞는 장식물을 만든다. 주물 재료가 바뀔 때마다 개발한 신기술은 지금껏 살아남을 수 있었던 원동력이다.

2. 정품, 정량, 정위치! 3정 정신

매일 아침 직원들이 체조를 하고, 입사 1년 동안은 무조건 화장실 청소를 해야 하는 것이 덴라이 코보의 원칙이다. 단순히 환경 정비 차원이 아니라 보이지 않는 곳까지 깨끗이 관리하는 마음이 있어야 고객을 제대로 대할 수 있다는 생각에서 시작된 방침이다. 좋은 제품과 고객 우선을 생각하는 덴라이 코보의 자세는 몸과 마음, 환경까지 관리하는 회사의 경영 방침에서 비롯된다.

3. 전문화된 협력 업체

생산성이 떨어지는 주물도 버리지 않되, 그 분야 최고의 협력 업체에게 맡겨 제품의 완성도를 높이는 것이 이들의 경영전략이다. 시대의 변화를 무시한 채 단순히 전통을 잇는 것은 감성적인 태도이며, 전통에 반하는 혁신이 있을 때만 가치 있는 전통으로 이어진다는 것이 회사의 철학이다.

4. 품질 지상주의

최상의 품질과 완성도를 위해 노력을 아끼지 않는다. 작은 불량도 허투루 넘기지 않으며 시제품은 엄격한 자체 테스트를 거쳐 출시 여부를 결정한다. 비용 절감을 위해 필리핀 공장에서 생산하는 정원용 제품도 국내 못지않게 엄격한 품질 관리를 거쳐 들여온다.

INFORMATION

주　소　京都市南区吉祥院新田弐の段町45番地
홈페이지　www.denraikohbo.jp
전　화　+81-75-681-7321

102년 세월이 빚어낸 붉은 향기의 비밀

프랑스 오크통 명가
프랑수아 프레르

"우리는 성장할 수밖에 없다.
제자리에 머물러 있을 수는 없기 때문이다."
– 프랑수아 프레르 3대 사장, 장 프랑수아

🏠　**겨울이면** 고즈넉한 운치를 자아내는 도시, 파리의 도심을 가로지르는 센 강과 하늘을 가로지른 에펠탑은 여행자들의 가슴을 설레게 한다. 그러나 프랑스 여행의 낭만은 풍경에만 있지 않다. 노천 레스토랑에서의 소박한 식사와 붉은 포도주 한 잔에서 프랑스의 맛이 느껴진다. 프랑스에서 나는 와인은 특별하다. 좋은 포도주를 만들기 위한 비법이 있고, 부르고뉴나 보르도처럼 품질 좋은 포도주를 만들 수 있는 장소가 있다.

파리 동쪽에 있는 독특한 지역 베르시 빌라주 Bercy Village에서는 프랑스 와인의 역사를 볼 수 있다. 이곳은 19세기부터 20세기 초까지 파리 와인 거래의 중심지이자 각 지방에서 온 와인들의 집합지로 와인 저장 창고들이 있던 곳이다. 그 흔적은 아직도 곳곳에 남아 있다. 대형 와인 저장고들을 개조하여 레스토랑이나 상가 등으로 사용하고 있다.

한 잔의 와인은 많은 이야기를 담고 있다. 그리고 오크통은 그 이야기에 깊이와 여운을 더한다. 와인은 통 안의 고요한 어둠 속에서 한층 풍성해진다. 와인의 시작과 끝을 함께하지만 결코 자신을 드러내지 않아야 하는 것이 오크통이다. 아름다운 여인의 미모를 빛나게 해주는 향수처럼 잘 만들어진 포도주를 더욱 돋보이게 해주는 것이 오크통의 역할이다.

프랑스에서 오크통 숙성법이 개발되면서 2천 년 와인의 역사는 전환점을 맞았다. 오크통은 포도주에 날개를 달아준다. 프랑스의 많은 오크통 회사 중에서도 명가로 손꼽히는 곳이 있다. 4대째 전통을 이으며 프랑스 오크통의 자부심으로서 세계 와이너리들에게 사랑받는 프랑수아 프레르 François Frères다.

작은 마을 생 로맹의 자부심 '프랑수아 프레르'

102년의 세월이 빚어낸 특별한 오크통

　파리에서 세 시간 남짓 달려 끝없이 늘어선 참나무 숲길을 지나면 작은 마을, 생 로맹이 있다. 숲속에 아늑하게 들어앉은 마을은 한눈에도 가구 수를 헤아릴 수 있을 정도다. 마을 골목길을 따라 올라가는 동안 오가는 사람 하나 마주치기 힘들다. 이 마을에서 사람들을 볼 수 있는 때는 정오를 알리는 학교 종이 울리고 나서다. 학교가 끝나는 시간이 되면 아이들을 마중 나온 어른들과 수업이 끝나 신이 난 아이들로 조용하던 마을에 활기가 돈다.

　외딴 마을이지만 적막하지만은 않다. 오크통 하나로 마을의 자부심이 됐다는 프랑수아 프레르가 있기 때문이다. 마을 입구에 터를 잡고 102년의 세월 동안 한자리를 지켜온 프랑수아 프레르는 생 로맹을 빛낸다.

　프랑수아 프레르는 오크통 제조를 통해 이 작은 도시를 세계에 알렸다. 참나무 숲이 많던 마을은 자연스레 100여 년 전부터 오크통 제조의 터전이 됐고, 프랑수아 프레르 역시 그렇게 시작되어 지금에 이르렀다.

3대 사장 프랑수아 씨는 투박하고 정직한 손으로 50년 넘게 오크통을 만들어왔다. 제각각인 나무들을 하나로 잇는 일은 보통 손이 가는 일이 아니지만 처음부터 지금껏 수작업만을 고집해왔다. 그 고집은 직원들이 그대로 이어받았다.

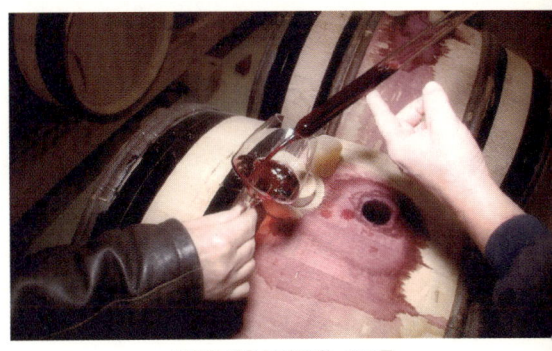

와인의 맛을 판가름하는 오크통

1910년, 네 명의 직원으로 시작해 4대를 이어오는 동안 전 세계에 직원이 600명이나 되는 회사로 성장했다. 와인이 대중들의 사랑을 받으면서 해외 수출도 급격히 늘었고, 품격 높은 오크통은 해외 유명 인사나 와인 애호가들에게 큰 관심을 모으고 있다.

현재 프랑스 오크통 중 5분의 1이 이곳에서 생산된다. 이렇게 성장하기까지 100년을 지켜온 원칙은 두 가지다. 첫째, 재료로 사용될 우수한 품질의 통널을 만들기 위해 좋은 원목을 골라야 한다. 또 하나는 오크통의 형태를 완성하는 토스팅 작업이다. 이는 단순히 통의 형태뿐 아니라 통에 담길 와인에 가미될 풍미를 결정짓는 데 중요하게 작용한다.

최고의 오크통을 만드는 프랑스산 참나무

좋은 오크통은 좋은 나무에서 비롯된다. 최상의 오크통을 만들기 위해서는 나무 중에서도 최고의 재료, 즉 참나무가 무엇보다 중요하다. 와인

오크통을 만드는 데 쓰이는 참나무

숙성에 있어서 프랑스산 참나무가 가장 깊은 맛을 낸다. 그래서 보르도나 부르고뉴 등 프랑스의 최고급 와인 산지에서도 프랑스산 참나무만을 선호한다. 프랑수아 프레르가 이만큼 성장할 수 있었던 것은 질 좋은 나무에 대한 고집 때문이다. 회사가 어렵던 시절에도 결코 재료의 질을 두고 타협해본 적 없이, 늘 프랑스산 최고급 참나무만을 써왔다.

오크통을 만드는 데 참나무를 쓰는 이유는 튼튼하고 작업이 쉽고 모양을 만들기에도 좋기 때문이다. 예로부터 프랑스 왕들이 숲을 잘 보존해왔기 때문에 훌륭한 참나무가 많다.

작업에 쓸 참나무는 직접 숲을 다니며 선별한다. 프랑스는 유난히 숲이 많은 데다 그 숲의 3분의 1은 참나무 숲이다. 목재 담당 장인 필립 발랑 씨는 좋은 참나무를 구하러 프랑스 전역의 숲을 다녀보지 않은 곳이 없다고 한다. 언뜻 똑같아 보이는 나무도 그의 눈에는 모두 다르다. 그는 벌목한 나무들을 꼼꼼하게 살핀다.

오크통에 쓰이는 참나무는 대개 수령 150년이 넘는 아름드리나무다. 겉보기에 키가 크고 곧은 나무가 좋은 나무지만, 겉과 속이 다 같지는 않다. 그러니 통나무를 자른 단면을 봐야 한다. 먼저 통나무의 바깥 껍질 부분이 넓으면 통널을 만들기에 좋지 않은 나무다. 바깥층은 나무가 말라서 버리는 부분이기 때문이다. 또한 나이테 간격이 넓어도 오크통을 만드는 데 적합하지 않다. 나이테는 나무의 밀도를 알 수 있는 중요한 척도로 나이테가 촘촘한 나무는 성급하지 않게 잘 자라 좋은 오크통이 될 수 있다.

이렇게 나무들을 꼼꼼히 검수한 후 발랑 씨의 합격점을 받은 나무에는 바로 회사의 표식을 찍어 선점한다.

좋은 형태를 만드는 장인의 손

오크통을 만들기 위해서는 참나무 한 그루를 4등분해서 쓴다. 통나무 두 개에 보통 오크통 하나가 나온다. 통나무를 자를 때는 반드시 전동 도끼를 사용한다. 자른다기보다 쪼개는 것이다. 그래야 나무의 결을 살릴 수 있다.

프랑스산 참나무는 방사형으로 나누어 결대로 쪼개는 반면, 미국산 참나무는 직각 형태로 자른다. 미국산 참나무는 조직이 치밀하고 단단하므로 이렇게 작업해도 포도주가 새지 않는다. 반면에 프랑스산 참나무는 덜 단단해서 결을 무시하고 자르면 포도주가 샐 수 있다. 그런데도 미국산 참나무를 사용하지 않는다. 미국산 참나무를 쓴다면 더 많은 양의 오크통을

통널이 모여 하나의 오크통이 만들어진다.(상)
오크통 조립에 쓰이는 연장들(하)

만들 수 있지만 포도주의 향을 숙성시키는 과정에서 프랑스산 참나무가 더 훌륭한 향을 주기 때문이다.

나무의 결을 최대한 살려 쪼개면 통나무 하나에서 쓸 수 있는 부분은 고작 20퍼센트 남짓이다. 얻는 것은 적고 잃는 것은 많다. 하지만 이익을 얻기 위해 최고의 품질을 버릴 수는 없다. 다음 작업을 통해 버리는 부분을 최대한 줄여야 한다. 컴퓨터에 지름을 입력하면 그에 맞춰 통널의 손실 부분이 거의 없도록 나무가 재단된다. 그렇게 해서 나온 통널의 폭은 제각각이다. 그런 통널 30개를 모아 하나의 오크통을 완성한다.

통널의 사이즈는 넓은 것, 중간 것, 작은 것, 더 작은 것 등으로 다양한데 이것들을 교차해서 조립해 둥그런 형태의 통을 만든다. 형태를 만드는 일부터는 장인의 손과 감이 가장 중요한 도구가 된다. 손으로 하는 작업에 필요한 것은 오로지 망치와 샤스 등의 도구뿐이다. 샤스는 동그란 틀을 두들겨서 통의 모양을 고정하는 데 쓰는 도구다. 오크통의 역사는 이런 도구들에서 시작되었다.

철로 된 테두리를 다리로 고정시키고 각각 크기가 다른 널빤지들을 죽

둘러 세우면 점차 오크통의 형태를 갖춰간다. 마지막 널빤지까지 한 치의 남음도 모자람도 없다. 그런 다음에는 테두리를 조여 나무와 나무 사이의 틈을 메워야 하는데 이를 위해 망치질을 수없이 해야 한다. 오크통 하나를 만드는 데 무려 600번 가까이 두들긴다. 끈기와 애정 없이는 하기 힘든 일이다.

게다가 힘든데도 굳이 맨손을 고집하는 이유가 있다. 장갑을 끼면 도구를 쥐기가 불편하고 미끄러지기 때문에 오히려 힘이 많이 든다. 장인의 손은 온통 굳은살에 덮이고 상처가 지문처럼 자리 잡았다.

와인의 맛과 향에 그 깊은 풍미를 더하다

수없이 두들겨 형태를 잡은 통들은 더 중요한 단계로 들어간다. 통의 형태를 완성하고 조이며 향을 만드는 토스팅 작업으로 이 작업은 오크통의 품질을 결정하는 가장 중요한 단계다. 토스팅은 3단계로 나뉘는데, 1차는 나무의 성질을 바꿔 오크통의 형태를 잡는 작업이다.

나무 작업을 할 때는 흔히 불을 피해야 한다고 생각하지만 여기서는 오히려 가장 중요한 요소다. 여러 개의 모닥불을 피워 오크통 안의 화덕을 가열한다. 센 불길로 통 안쪽에 골고루 불을 쪼이는데, 재단하고 남은 나무 조각들은 훌륭한 땔감이 된다. 이 작업을 통해 오크통에 참나무 향이 배어들어 원목 자체의 향을 간직하게 된다. 이렇게 1차 토스팅은 강한 불꽃을 유지한 채 20분 정도에 걸쳐 이뤄진다.

어느 정도 불길이 닿았으면 그다음에는 물이 필요하다. 오크통 안쪽 통널에 불이 붙는 것을 방지하기 위해 물을 적신다. 바깥 면에도 물을 바르는데 토스팅을 하는 동안 오크통의 형태가 둥그렇게 잘 형성되게 하기 위

오크통 안의 화덕을 가열하는 모습

해서다. 물과 불이 만나 생긴 수증기로 인해 나무는 부드러워진다.

1차 토스팅이 끝나면 기계로 아랫부분을 서서히 조인다. 이때 나무는 부러지지 않고 휘어진다. 오크통이 애초부터 이런 원통 모양은 아니었다. 사각 형태이던 것이 굴려서 운반하기 쉽도록 바뀐 것이다.

오크통의 모양을 갖춘 것들은 약한 불을 쬐어 서서히 그을린다. 이것이 2차 토스팅으로 처음과 달리 약한 불에서 시작한다. 작은 불씨로 서서히 달궈 나무 틈이 벌어지거나 비틀어지는 걸 막고 통을 점차 견고하게 만들어준다. 이때 가장 중요한 것은 온도를 서서히 올려야 한다는 점이다. 은은한 불에서 서서히 그을리는 작업을 거치면서 오크통의 독특한 향이 배인다.

낮은 온도에서 시작해 온도를 서서히 올리는 토스팅 기술은 프랑수아 프레르만의 비법이다. 바깥 날씨에 따라서도 불 조절을 해야 한다. 예를 들면 5도에서 굽기 시작하는 것과 15도에서 시작하는 것이 다르다. 고객에게 같은 제품을 제공하기 위해 여러 가지 다른 조건들을 고려해야 한다. 일정 온도에 도달하도록 불꽃을 조절하는 것이 토스팅의 관건이다. 하지만 오랫동안 불을 다뤄온 장인들에게는 스스로의 감이 온도계를 대신한다.

최고의 오크통을 굽는 것은 요리와 비슷하다. 훌륭한 식재료는 물론이고 제대로 된 조리법이 중요한 것과 마찬가지다. 아무리 원목이 좋아도 구울 때 불 조절에 실패하면 좋은 오크통을 만들 수 없다.

토스팅의 마지막은 오크통에 저마다의 향을 입히는 과정이다. 3단계를 통틀어 가장 센 불꽃이 필요한데, 불의 강도와 시간에 따라 오크통의 향이 결정된다. 오크통은 토스팅 정도에 따라 바닐라 향, 커피 향, 구운 토스트 향까지 다양하고 오묘한 향을 얻을 수 있다.

나무의 향을 통해 와인의 다양한 풍미가 탄생하는 만큼 가장 심혈을 기울이는 과정이다. 따라서 통이 구워지는 동안 한시도 눈을 떼서는 안 된다. 세심한 불 조절과 집중력, 판단력이 요구되는 토스팅 기술에는 프랑수아 프레르만의 비밀 노하우가 결집되어 있다. 와인의 풍미를 결정짓는 이 토스팅은 프랑수아 프레르가 100년을 이어올 수 있었던 힘의 원천이다.

3단계를 모두 마치면 마침내 오크통이 완성된다. 오랫동안 뜨거운 불꽃에 단련된 통 안에서는 마치 은은한 커피 향이 감도는 듯하다. 토스팅은 굽기 정도에 따라 세 종류로 나뉜다. 라이트 토스팅은 가장 약하고 가벼운 바닐라 향이 난다. 달콤한 코코넛 향이 나는 미디엄 토스팅은 코코넛 향 혹은 캐러멜 향이 나는데 보통 레드와인을 숙성시킬 때 사용한다.

반면 강렬한 향의 헤비 토스팅은 농축된 와인 숙성에 적합하다. 헤비 토스팅은 볶은 커피 향이나 구운 고기 향이 난다. 그런데 고객마다 굽는 정도를 다르게 요구한다. 지역이나 토양, 포도의 종류 심지어 포도 재배자

여러 번의 토스팅 작업이 오크통의 품질을 향상시킨다.

의 취향 등에 따라 다르다. 어떤 고객들은 구운 향을 좋아하기도 하고 다른 이들은 나무 향을 적게 해서 과일 향이 더 나는 것을 원하기도 한다. 그래서 모든 오크통은 고객의 주문에 따라 제작된다. 오크통이 와인의 향을 감추지 않고 돋보이도록 하는 것이 이들의 가장 큰 바람이자 목표다.

나무의 품질을 끌어올리는 자연건조 방식

질 좋은 원목을 확보하기 위한 숲 관리부터 와인 생산자들의 조언까지 폭넓은 제작 환경을 갖출 수 있었던 것은 모두 생 로맹이라는 한 지역에 속해 있다는 이점이 있어 가능했다. 생 로맹은 인근에 참나무 숲이 많아 오크통 재료를 쉽게 또 대량으로 구하는 데 어려움이 없다. 지리적 이점뿐만이 아니다. 생 로맹은 오크통을 만드는 데 최적의 환경과 기후까지 고루 갖추고 있다.

생 로맹 지역은 원목을 자연 건조하기에 최적의 기후와 여건을 갖춘 곳이다. 고지에 있어 다양한 기후가 존재하고, 주변에 연기를 내뿜는 공장이 없을뿐더러 지나가는 고속도로도 없어서 공기가 맑다. 최상의 제품을 생산할 수 있는 완벽한 환경 조건을 갖춘 곳이다.

하루에도 여러 번 햇빛과 안개가 교차하는 생 로맹의 기후는 참나무 건조에 더할 나위 없이 좋다. 숲에서 선별한 뒤 재단을 마친 나무는 그때부터 긴 건조 기간을 거친다. 나무의 수분을 없애고, 탄닌 성분을 제거하기 위해 반드시 자연건조를 한다.

물론 실내에서 건조하면 더 빨리 마르긴 하겠지만 탄닌을 제거하지는 못한다. 탄닌을 없애지 않으면 냄새가 많이 난다. 인공적으로 물을 뿌리는 회사도 있다. 물을 먹이고 건조하기를 반복하면 더 빨리 마르고 탄닌도 씻어낼 수 있기 때문이다. 그러나 시간을 줄이기 위한 인공 건조로는 최상의 재료를 얻을 수 없다. 품질을 저버리는 일이다. 온전히 밖에서 햇빛을 받고 비바람을 맞으며 자연건조된 나무만이 최상의 품질을 가질 수 있다. 건조는 1년에서 길게는 4년 넘게 걸리기도 한다.

작업장에는 2007년 11월에 가져다 놓은 나무들이 있다. 미국 양조장 고객들을 위한 것으로 벌써 4년이 넘었고 곧 5년째가 된다. 바깥에서 4년을 견딘 나무는 한눈에도 세월의 더께가 느껴진다. 양조장에서 미리 주문한 대로 나무에는 각각 양조장 이름과 건조 기간이 표시되어 있다. 건조 기간이 오래될수록 색이 변하고 나무의 센 맛도 사라져간다. 시간은 의미 없이 흐르지 않고 나무에 흔적을 새긴다. 좋은 나무를 엄선해 그 나무의

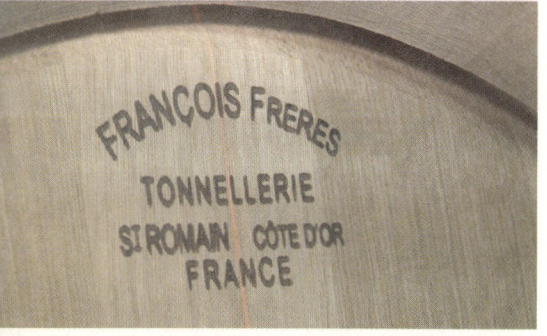

검수 과정을 거친 후 부여되는 노란색 이름표(상)
오크통에 새겨지는 프랑수아 프레르의 마크(하)

품질을 최상으로 끌어내는 자연건조 방법은 프랑수아 프레르가 최고의 품질을 만들어내는 또 하나의 비결이다.

건조장에 쌓인 엄청난 양의 나무는 프랑수아 프레르가 그간 축적해온 노력의 결실이다. 하루에 보통 130개 이상의 많은 오크통이 생산되지만 오크통 하나하나에는 수년의 시간이 담겨 있는 셈이다.

프랑스를 넘어 세계로 뻗어 나가다

말끔하게 깎인 오크통은 이상이 없는지 철저한 검수 과정을 거친다. 비로소 와인을 숙성시킬 자격을 갖추면 노란 이름표를 붙일 수 있다. 이 이름표는 완성된 오크통의 정보다. 용량을 비롯해서 몇 년 건조된 나무인지, 나이테는 어떤지, 토스팅은 어느 정도인지, 주입구 지름은 몇인지 등등이 기재되어 있다. 말하자면 오크통의 신분증이라고 할 수 있다.

건조 기간부터 통의 크기까지 양조장의 주문에 맞춰 통 하나가 완성되면 마지막으로 오크통에 회사의 이름을 새긴다. 프랑수아 프레르라는 이름, 그 자체가 자긍심이다. 오크통 파손을 막기 위해 공기를 채우는 작업까지 마치면 이제 막 담근 와인을 만나러 떠날 일만 남는다.

3대 사장, 장 프랑수아(우측)

　양조장들은 대개 포도 수확 철을 3개월 앞두고 오크통을 주문한다. 오크통은 포도 수확을 마친 후 숙성을 시작하는 시기에 가장 많이 만들지만 프랑수아 프레르는 포도 수확 시기가 끝난 다음에도 계속해서 오크통을 만들어내고 있다. 프랑스를 넘어 칠레, 아르헨티나 등 포도 수확 시기가 다른 남미 쪽에도 수출을 하기 때문이다.

　세계적으로 와인이 대중화되면서 오크통 수요가 크게 증가했다. 최고급 와인을 숙성하는 프랑수아 프레르의 오크통 또한 주문이 계속 밀려드는 상황이다. 오크통은 직접 보고 주문해야 하기에 양조장 고객들은 회사로 찾아와 제작 과정을 지켜보고, 나무의 상태까지 꼼꼼히 살핀다. 고객의 방문은 회사에서 그치지 않는다. 장 프랑수아 사장의 집에 모여 식사를 하며 와인을 마신다. 오크통에서 숙성된 와인을 선보이기 위해 자리를 마련하는 것이다.

　여러 가지 다른 포도주를 내와서 고객들에게 맛을 보이고 어떤 향이 좋은지 비교해보게 한다. 오크통의 완성도는 와인 시음을 통해 여실히 드러나기 때문이다. 오크통 안에서 어떤 작용이 일어났는지, 와인이 어떤 과정을 거쳤는지는 한 모금의 와인이 말해준다. 그리고 그 맛이 뛰어날 때, 이들은 '오크통에 천사가 다녀간 흔적'이라 이야기한다.

와인에는 사람들을 하나로 만드는 힘이 있다. 비록 일이지만 와인을 나눠 마시며 고객들과 함께 즐거운 자리를 갖는다.

어떠한 상황에서도 오크통을 만드는 철학에 있어서 한 치의 양보도 없었던 프랑수아 프레르. 바로 프랑스를 대표하는 오크통 회사로 거듭날 수 있었던 이들의 경쟁력이다.

참나무 같은 뚝심으로 미래를 꿈꾸다

프랑수아 프레르 공장에서 일하는 직원들은 40여 명이다. 출근 시간은 아침 7시 30분이다. 작업 시간 엄수는 회사가 정한 원칙이다. 하루 일과가 끝나는 시간이 되면 직원들이 회사 밖으로 쏟아져 나온다. 열심히 일한 만큼 발걸음이 가볍다. 마을뿐만 아니라 이 일대에서 회사는 중요한 삶의 터전이다. 직원들은 자신이 열심히 일해서 만든 오크통으로 와인을 숙성시키고 훌륭하게 숙성된 와인을 많은 사람이 즐긴다는 사실에 자부심을 느낀다. 자신의 손으로 만든 오크통에서 세계적인 와인이 탄생한다는 것은 뿌듯한 일이다.

3대 사장 장 프랑수아 씨가 시간이 날 때면 들르는 곳이 있다. 회사의 지하에 있는 장소로 지금은 연회장소로 쓰이지만 100년 전 회사의 역사가 시작된 곳이다. 이곳은 그야말로 진정한 부르고뉴의 중심이라고 할 수 있다. 오랫동안 오크통 저장소로 사용했고 3대 사장이 할아버지인 1대 사

프랑수아 프레르는 개발 회의를 통해서 새로운 오크통을 만들기 위해 끊임없이 고민한다.

장과 함께 처음으로 오크통을 만든 곳이기도 하다.

이곳에 들어서면 그때로 되돌아간 듯 마음이 새로워진다. 할아버지와 아버지의 뒤를 이어 오크통을 만들기 시작한 프랑수아 씨는 100년 전의 도구들을 간직함으로써 그때를 기억한다. 태어날 때부터 오크통과 함께 자란 프랑수아 씨는 열네 살에 오크통 학교에 들어가 아버지의 뒤를 이었고 조그마한 회사를 크게 키워 지금은 아들 제롬 씨와 함께 새로운 100년을 만들어가고 있다.

오늘도 프랑수아 프레르는 새로운 시도를 준비 중이다. 실용성에 예술적인 부분을 가미한 새 오크통 개발에 관한 회의가 한창이다. 오크통이 시대에 따라 변하듯, 102년의 역사는 한곳에만 머물지 않는다. 하지만 변하지 않아야 할 것은 오크통에 담겨야 할 기본과 원칙이다.

와인을 품은 오크통이 제 역할을 다하듯 스스로도 그런 존재가 되고 싶다는 프랑수아 씨에게는 오랜 바람이 있다.

3부 보편적인 독자성을 가진 백년의 가게 311

"저의 바람은 우리 프랑스 숲이 계속 좋은 참나무를 키워내는 것입니다. 참나무는 정말 품격 있는 좋은 재료라고 생각해요. 우리가 이 참나무를 사용했듯이 후대도 참나무를 잘 사용할 수 있도록 숲이 유지되고 보존되었으면 합니다."

참나무처럼 한결같은 뚝심으로 100년을 지켜온 프랑수아 프레르. 와인의 붉은 빛깔과 오묘한 향기를 위해 길고 긴 시간을 견디는 오크통처럼 100년의 끈기와 고집은 앞으로도 사그라지지 않을 것이다.

프랑수아 프레르의 성공 비결

1. 최상급의 프랑스산 참나무

프랑수아 프레르는 102년째 프랑스 최고의 참나무만을 고집하고 있다. 프랑스산 참나무는 미국산 참나무에 비해 통널을 조금밖에 만들 수 없지만 와인 숙성에 있어 깊은 풍미를 더하는 데 최고의 조건을 지녔기 때문이다. 또한 통나무의 외견뿐 아니라 단면에서 보이는 겉껍질의 두께와 촘촘한 나이테 등 참나무의 품질을 깐깐하게 체크한다.

2. 자연건조 숙성 방식

최상급의 참나무를 1~4년 동안 자연건조시키는 것 또한 이 회사의 철칙이다. 참나무의 탄닌 성분을 자연스럽게 없애고 와인을 숙성시키는 데 최고의 향을 만들기 위해서다.

3. 오크통을 굽는 최고의 토스팅 기술

통의 형태를 완성하고 조이며 향을 만드는 토스팅 작업은 오크통의 품질을 결정하는 가장 중요한 단계다. 토스팅 작업에서는 세심한 불 조절과 집중력, 판단력이 요구되는데 프랑수아 프레르의 노하우로 최상의 오크통을 만든다. 와인의 풍미를 결정짓는 이 토스팅은 프랑수아 프레르가 100년을 이어올 수 있었던 힘의 원천이다.

4. 고객의 요구에 따른 제작

프랑수아 프레르는 와인 양조장들의 요구에 따라 주문을 받아 오크통을 만든다. 지역이나 토양, 포도의 종류 혹은 포도 재배자의 취향 등에 따라 원하는 오크통의 종류가 다르기 때문이다. 고객의 주문에 따라 제작하는 오크통은 그만큼 만족도가 높아 전 세계 양조장들에게 러브콜을 받고 있다.

INFORMATION

주 소   21190 Saint Romain, Frarce
홈페이지   www.francoisfreres.com
전 화   +33-3-80-21-23-33

무한대의 빛을 창조하는 유리

미국 스테인드글라스
코코모 오펄레슨트 글라스

"수작업으로 만들었다는 불완전함이
제품을 독특하고 아름답게 만든다."
– 코코모 오펄레슨트 글라스 4대 사장, 리처드 엘리엇

성당의 채광과 장식을 겸하는 스테인드글라스

🏠　**미국** 중동부에 위치한 인디애나 주의 작은 도시 코코모는 인구가 5만 명 정도이며 주로 자동차부품, 철강업이 발달한 도시다. 조용한 도시 코코모에는 명물로 꼽히는 성 패트릭 성당이 있다. 100년이 넘는 역사를 가진 이 도시에서 가장 오래된 성당이다. 성 패트릭 성당이 코코모의 명물인 된 것은 성당을 둘러싼 아름다운 스테인드글라스 때문이다.

　성당의 채광과 장식을 겸하는 스테인드글라스 창을 통해 비쳐드는 빛이 오묘하고 신비롭다. 마치 한 편의 예술 작품 같은 스테인드글라스를 보기 위해 매주 수많은 관광객이 찾아온다. 수백 명의 학생들이 견학을 오는가 하면 다른 지역, 다른 주에서도 사람들이 찾아온다. 주말 미사를 할 때도 스테인드글라스를 구경하러 온 방문객들은 금방 티가 난다. 그들은 창문들을 둘러보며 감탄하다가 미사가 끝난 다음에는 창문 사진을 찍느라 바쁘다.

　코코모의 시민들은 이 성당이 여기에 있다는 것을 축복으로 여긴다. 또

3부 보편적인 독자성을 가진 백년의 가게　315

한 성당의 스테인드글라스를 아끼고 사랑한다. 각각의 스테인드글라스는 고유한 이야기를 갖고 있는 것처럼 느껴진다. 창을 통해 빛의 신비한 효과를 만들어내는 스테인드글라스는 성당에 빠질 수 없는 장식물이다. 이 다채로운 빛의 향연은 도시의 한 유리 회사에서 만든 유리가 있어 가능했다. 이 작은 도시 코코모의 축복이 된 유리 회사가 코코모 오펄레슨트 글라스 Kokomo Opalescent Glass, 이하 KOG다.

KOG는 1888년에 창업해 현재까지 124년의 역사를 이어오며 작은 도시 코코모의 자랑이 되었다. 아름다운 색깔을 담아낸 판유리는 물론 수작업 유리 공예품을 생산하는 KOG, 이곳의 제품을 보기 위해 세계인의 발길이 코코모로 향한다. 대를 이어 일하는 장인들과 오랜 세월 전해 내려온 제조 기법, 수작업 방식으로 다른 곳과 비교되지 않는 경쟁력을 갖춘 곳이 KOG다.

아름다움을 만드는 손의 힘

KOG의 판유리는 미국뿐만 아니라 세계로 수출된다. 특히 성당이나 교회가 많은 유럽이 주 고객층이다. 로마의 바티칸 성당을 장식한 화려한 스테인드글라스가 KOG의 판유리다. 세계적인 놀이공원 디즈니랜드 또한 KOG의 유리만을 사용한다. 또한 미국 공군사관학교, 워싱턴 주 의회 의사당 등 미국의 많은 건축물에도 장식을 위해 쓰였다.

회사의 시작은 우연한 사건이 발단이었다. 1886년, 코코모 지역에 엄청난 양의 천연가스가 분출된 것이다. 공짜 연료가 쏟아지자 수많은 공장이 생겨났고 KOG 역시 그중 하나였다.

사업가이던 피터 후스, 윌리엄 블랙리지, 존 러너 이렇게 세 명이 공동

KOG의 유리는 모두 수작업으로 제작된다.

운영을 시작해서 설립 1년 만에 세계에 명성을 떨쳤다. 20세기 중반까지 KOG에게는 경쟁 상대가 거의 없었다. 미국 내에서 판유리 제품을 만드는 회사는 한두 곳밖에 없었기 때문이다.

20세기 초반부터 반세기 동안 스테인드글라스 분야에서 KOG를 제외하고는 다른 회사들이 거의 없었던 것이다. 게다가 KOG는 독창적인 제품을 생산했기 때문에 그 기술을 모방하기가 어려웠다. 그렇게 회사의 명성을 유지할 수 있었다.

1888년에 문을 연 이래로 KOG는 124년 동안 변함없이 수작업으로 유리를 제작해왔다. 독창성을 얻기 위해 오직 수작업만을 고집해온 것이다. 한 장 한 장 손으로 만들기 때문에 다 다르고 독특함이 살아 있다. 기계가 아닌 사람이 만들었기에 사람의 마음을 움직이는 아름다움이 탄생할 수 있다. 단 한 장의 유리도 결코 똑같지 않다. 사람들의 땀으로 완성된 특별한 아름다움을 가진 유리이기에 완벽함보다 가치 있는 불완전함이

용광로 안의 가마에서 녹인 재료

특유의 아름다움을 만든다.

　화려하고 다채로운 색의 유리창을 통해 비치는 빛은 무한대의 아름다움을 갖는다. KOG가 완성하는 색의 아름다움은 124년이라는 긴 시간을 거쳐 이룬 것이다. KOG의 유리는 시간의 힘으로 더욱 빛난다.

　모든 유리 한 장 한 장이 조금씩 다르다. 작은 기포가 있는 것도 있고 표면에 얼룩이 있기도 하다. 일일이 수작업으로 갈고리를 이용해 섞고 롤러에 넣기 때문이다. 손으로 만들었다는 것, 그런 불완전함이 제품을 독특하고 아름답게 만든다. 유일함을 창조하는 손이 지닌 가능성으로 단 하나의 유리를 만드는 것이다. 그래서 리처드 사장은 이런 방식을 좋아하며 전혀 바꾸고 싶은 생각이 없다.

타이밍과 팀워크로 완성하는 판유리

　이곳의 주력 제품은 건축물에 쓰이는 채광용 판유리다. 판유리를 만들기 위해서는 먼저 고객의 주문에 따라 미리 배합해둔 재료를 용광로 안의 가마에 넣고 녹인다. 용광로의 온도는 평균 2500도. 늘 비슷한 온도를 유지해야 한다. 일단 재료가 알맞게 녹으면 흘리거나 커다란 국자로 떠서 뛰어서 날라야 한다. 두 명이 한 조를 이루어 재료를 나른다.

유리가 용광로에서 나오는 순간부터 금세 온도를 잃기 때문에 타이밍과 팀워크가 무엇보다 중요하다. 또한 아주 짧은 시간에 적절하게 섞는 것이 중요하다.

용광로에서 꺼낸 재료를 작업대로 나르고 혼합 장인이 섞는 과정까지 전부 30초 안에 끝내야 한다. 용해된 유리가 뭉치지 않도록 하기 위해서다. 유리를 만들 때 가장 중요한 작업이다. 30초 후면 아무것도 할 수가 없기 때문에 재빨리 적절한 작업을 하는 순발력이 필요하다. 시간이 지나면 제대로 무늬를 만들 수 없을뿐더러 롤러를 통과하기 전에 굳기 시작하면 큰 낭패다.

제시간을 지켜 롤러를 통과하면 약 2.5센티미터 두께의 판유리 형태가 만들어진다. 이렇게 품질 좋은 판유리 한 장을 만들기 위해 직원들은 잠시도 쉴 틈이 없다. 각 혼합 작업 이후에는 고작 30초 정도를 쉴 수 있을 뿐이다. 15분씩 교대로 작업하며, 하루에 이렇게 150번 정도를 뛰어야 한다. 국자를 들고 뛸 때도 지켜야 할 것이 있다. 국자를 계속 돌리면서 가장자리에 물결무늬가 생기도록 해야 한다. 이 국자는 단순히 똑같은 재료를 나르는 용도가 아닌 것이다.

국자들은 각기 크기가 다르다. 무엇을 만들 것이냐에 따라 사용하는 국자가 정해져 있다. 판유리에 몇 개의 색을 만들지, 각 색깔이 얼마만큼 필요한지에 따라서 다른 크기의 국자를 사용한다. 한 가지 색깔만 낸다면 큰 국자를 사용한다. 그리고 거기에다 다른 색을 첨가하고 싶다면 큰 국자는 기본색으로 쓰고 다른 색깔을 위해 작은 국자들을 사용한다.

예를 들어, 갈색이 기본 바탕이 되는 유리를 만든다면 갈색을 낼 유리를 큰 국자로 떠서 나르고 거기에다 흰색을 더하기 위해 작은 국자로 흰색 유리 용액을 떠오는 식이다. 판유리 하나에 들어가는 색은 한 가지에서 많게는 다섯 가지까지 들어간다. 국자의 수가 곧 색의 가짓수다.

용광로 안의 가마는 총 열두 개다. 가마마다 각기 다른 색깔의 유리 재료가 담겨 있다. 각각 다른 색의 유리를 떠서 무늬가 생기도록 작업대 위에 놓으면 장인이 점도에 따라 섞는 속도와 방향을 조절해가며 무늬를 만든다. 이렇게 해서 단 하나뿐인 판유리가 탄생한다. KOG 판유리가 표현하는 색은 무한대다. 한 가지 색이라도 그 색감은 천차만별이다. 이러한 색과 명도 그리고 질감은 기계로 만들 수 있는 것이 아니다. 오로지 수작업으로만 가능하다.

판유리의 색을 표현하는 것만큼 중요한 것이 유리의 강도다. 롤러를 통과한 판유리는 한 번에 굳히지 않고 서랭 과정을 거친다. 고온의 유리를 갑자기 식히면 깨질 수 있기 때문이다. 기계를 하나씩 거칠 때마다 100도씩 낮춰가면서 천천히 식히는 것이다. 이렇게 45분이 지나면 강한 강도의 유리가 완성된다. 천천히 식히면 강도가 높아질 뿐만 아니라 자르기도 용이해진다. 판유리는 주로 공예에 쓰이기 때문에 쉽게 잘려야 한다.

무한한 상상력이 만들어낸 색의 예술

인디애나폴리스 시에 있는 유리공예 스튜디오, 폭스 스튜디오 아트 글라스는 1971년부터 KOG의 유리를 쓰고 있는 오래된 거래처다. 스테인드글라스를 주로 제작하는 곳으로 특히 종교계의 건축물 작업에는 KOG의 판유리만 사용한다. 다른 제조업자들은 이들이 원하는 아름다운 스테인드글라스의 형태를 만들지 못한다.

100년이 넘는 시간 동안 작업해온 KOG만이 그런 형태를 만들어낼 수 있다. 이 유리공예 스튜디오에서는 각각 다른 스타일의 창문을 만들 다양한 유리들을 필요로 한다. 그중 종교적인 작품을 위한 유리라든지, 교회 같은 곳에 쓰이는 유리는 반드시 KOG의 것을 사용한다.

KOG의 판유리는 빛이 투과될 때 그 진가를 발휘한다. 예를 들어 언뜻 보기에는 평범한 흰색 유리인데 빛이 통과하면 금빛처럼 변한다. 일반적인 흰색 유리에서는 볼 수 없는 빛깔이 나타난다. 유리의 독특한 색과 질감이 빛을 미묘하게 변화시켜 은은하고 성스러운 분위기를 자아내는 것이다. 이는 오직 KOG만이 가진 기술이다. 그래서 KOG의 유리는 무척 아름답고 태양빛에 따라 변화한다. 다른 유리와는 차원이 다른 것이다. KOG의 판유리는 재가공을 하거나 오랜 시간이 지나도 본래의 색감을 유지하는 특징이 있다. 스테인드글라스처럼 유리 표면에 색을 입힌 것이 아니라 유리 자체의 색이기 때문이다.

KOG의 124년은 판유리 색의 변화와 함께해온 역사이기도 하다. 고객의 선택을 돕기 위한 수많은 판유리의 견본들을 보면 같은 계열의 색이라도 명도와 채도가 조금씩 다르다.

리처드 사장이 가장 많이 받는 질문 중 하나가 얼마나 다양한 색의 유리를 만들 수 있느냐는 것이다. 사실 정해진 한계는 없다. 유리의 색이라는 것은 페인트와 같다. 원하는 색이면 거의 모든 색을 섞어 만들 수 있으니 리처드 사장은 무제한으로 만들 수 있다고 대답한다. 그렇지만 같은 색

색을 배합하는 과정이 담긴 비밀 노트

을 반복해서 생산할 수 있도록 수천 개의 표준 제작법이 담긴 파일을 보관하고 있다.

색을 배합하는 작업실은 무한한 색상 창조의 비밀이 있는 곳이다. 안료의 배합은 철저하게 계량에 근거한다. 34년 경력의 색 배합 장인 젤리 엘슨 씨에게는 오랜 시행착오 끝에 완성한 그만의 비밀 노트가 있다. 다른 회사들이 KOG의 제품처럼 만들고 싶어 하지만 이 비법은 회사 기밀이다. KOG는 2700개의 다른 색상을 갖고 있다.

장인의 색 배합이 끝나면 거기에 유리를 만드는 여덟 가지의 기본 재료를 섞는다. 규사, 소다회, 탄산석회 등 기본 재료는 100여 년 전부터 변함없이 그대로다. 특히 인디애나 주는 광산자원이 풍부해서 좋은 모래를 얻을 수 있었다. 19개의 다른 질감을 가진 롤러와 7개의 다른 밀도의 유리가 있다. 이것들을 다 조합하면 300만 개의 다른 판유리를 생산할 수 있다.

KOG의 124년을 있게 한 힘은 색 배합의 노하우를 기록하고 대대로

KOG에서 보관 중인 수많은 판유리 견본

물려온 역사에 있다. 19세기 후반에 이 사업을 이끌어가던 선조들이 기록한 책들은 아주 오래되고 표지도 많이 헤졌지만 지금도 참고하는 귀중한 자료다. 특히 오랫동안 만들지 않았던 제작법을 찾거나 유리공예 스튜디오 고객들이 옛 유리 복원을 요구할 때면 아주 유용하다. 오랜 세월, 많은 사람들의 상상력이 100만 가지 색을 만들어왔고 그 노하우를 일일이 기록해 남겼기에 현대의 우리도 그 아름다운 빛을 볼 수 있는 것이다.

대중의 곁으로 다가가다

KOG는 제품 생산은 물론 초보에서 전문가까지, 특성과 수준에 맞춘 다양한 유리 제작 수업을 진행하고 있고 지역 대학과 연계한 강의도 하고 있다. 또한 견학 프로그램을 운영하며 회사의 역사와 제품을 국내외 관광객에게 널리 알리고 있다. 이곳의 명성이 널리 퍼지면서 공장을 찾는 이들도 많아졌다. KOG 공장 견학 프로그램이 인디애나 주 관광 코스에 포

전 세계에 알려지면서 만들게 된 다양한 유리 공예품

함되어 있을 정도다. 자연히 회사의 성공은 작은 도시 코코모에도 적지 않은 영향을 미쳤다. 전 세계의 관광객들이 찾아오면서 도시가 알려지게 되었다.

코코모를 찾아오는 이들이 많아지면서 회사는 1998년, 새로운 시도를 하게 된다. 판유리와 함께 다양한 유리 공예품을 만들어 판매하기 시작한 것이다. 접시, 꽃병, 장식품, 조명 등 이제 고객들도 자기만의 유리를 가질 수 있게 됐다.

유리 공예품을 만드는 작업장은 따로 마련되어 있다. 장식용 유리 역시 KOG 특유의 다양한 색이 특징이다. 공예품 제작을 시작한 14년 전부터 KOG와 인연을 맺은 존 울프 씨는 유리 공예를 가르치던 대학교수였다. 현재 이곳의 공예품은 모두 그의 손에서 탄생한다. 입으로 불어서 주조하는 유리 공예품 역시 하나의 디자인으로 하나의 제품만 만든다. 그 독특한 디자인 때문에 전체 매출의 20퍼센트를 차지할 만큼 인기가 많다. 색과 디자인에 한계가 없다는 것은 장인에게도 좋은 자극이 된다. 존 울프 씨는 즐겁게 일하고 자유롭게 만든다. 디자인하고 거기에 책임을 진다.

KOG의 판유리는 종교적인 건축물에서 인정받기 시작해 지금은 공원이나 일반 가정집의 인테리어용으로도 각광받고 있다. 색깔 있는 판유리가 주 제품이지만 다른 용도에 사용되는 다양한 크기와 모양의 유리도 생산하고 있다. 100여 년 동안 축적해온 유리 주조 기술을 활용해 건축이나 시설물에 필요한 유리도 생산한다.

건축용 유리는 온장고에서 이틀을 굳혀 강도를 높여야 한다. 이렇게 만들어진 완성품을 클리어 렌즈라고 부른다. 워싱턴의 지하철 채광창에 사용되는 것이다.

KOG의 유리는 더 많은 곳에서 활용될 수 있다는 것을 알리기 시작하면서 이제 실생활에서도 널리 쓰이게 되었다. 채광창, 분수대, 타일 등 판유리에서 인테리어 유리까지 다양하게 쓰이면서 시장을 넓힐 수 있었다. KOG는 현재에 머물지 않고 아름다운 유리를 알리며 새로운 시도와 연구를 멈추지 않는다. 영역을 확장해가는 KOG의 변화는 앞으로도 계속될 것이다.

빛나는 창 너머의 사람들

잠든 도시를 깨우는 것은 언제나 KOG 공장의 불빛이다. 아직 이른 시간인데 작업장은 벌써 분주하다. 근무시간은 오전 6시부터 시작해서 유리가 나오는 시간에 따라 각기 다른 시간에 끝난다. 보통은 정오에서 오후 1시 사이에 끝난다. 아침 일찍부터 작업을 시작하기 때문에 제품이 빨리 만들어지는 것이다. 더욱이 여름에는 더위를 피하려고 이른 아침부터 시작한다.

첫 일과는 판유리 제작에 필요한 롤러를 교체하는 일이다. 그날의 주문에 따라 롤러의 종류도 달라진다. 롤러는 판유리의 질감과 문양을 결정한

유리의 예술을 창조하는 KOG의 구성원들이 가지는 자부심은 크다.

다. KOG가 보유한 롤러는 무려 17가지다. 고객의 요구에 따라 얼마든지 다양한 판유리를 직조해낼 수 있다. 작업 시작 전에 용광로 안의 유리를 떠서 확인하는 일은 공장장 프랭크 와이트너 씨의 중요한 임무다.

유리의 밀도가 높지 않은 경우 등의 문제가 생길 수 있기 때문이다. 이런 경우 잘못 녹인 유리는 용광로에서 다시 빼내 물에 넣고 굳힌다. 잘못된 재료라도 버리지는 않는다. 단단하게 굳으면 공예품이나 인테리어 유리로 재활용할 수 있다.

와이트너 씨는 좁은 사무실에서 손때가 묻은 노트에 노하우를 기록해 왔다. 그 세월이 벌써 47년이다. 한 번도 꺼지지 않은 용광로처럼 그와 그의 가족 역시 이 공장의 역사다.

그의 가족은 124년 된 이 공장에서 80년 동안 일했다. 할아버지부터 시작해서 삼촌도 20년 이상 이곳에서 일했고 장인어른을 비롯해 매형도 마찬가지였다. 그를 이곳으로 이끈 사람은 그의 장인어른이었다. 뿐만 아니라 와이트너 씨의 사위와 아들, 조카, 사촌들까지 그의 집안에서 수많은 사람들이 이곳을 삶의 터전으로 삼았다. 그에게 KOG는 집과 다름없는 곳이고 리처드 사장 역시 와이트너 씨를 가족으로 여긴다. 오래전, 청년이었던 두 사람이 바친 열정이 용광로를 계속 뜨겁게 달궈온 불씨가 됐을 것이다.

용광로는 수명이 길지만 안에 들어가는 가마는 정기적으로 교체해줘야 한다. 보통 3개월이면 가마의 수명이 다하기 때문에 여러 개의 가마를 비축해놓는다. 교체를 미루면 작업에 손실이 생길 수 있다. 교체 전에 새 가마는 반드시 일주일 동안 천천히 가열해야 한다. 그러지 않으면 자칫 용광로에 넣을 때 가마가 깨져버릴 수 있다.

언제나 긴장되는 작업에다 늘 뜨거운 불 앞에서 고된 노동을 감수해야 하지만 그만한 대가가 있어 견딜 수 있었다. 와이트너 씨는 여기서 하는 일이 자랑스럽다. 여행을 하다 보면 KOG에서 만든 유리들을 자주 목격할 수 있었다. '내가 저 유리를 만들었어!' 하는 생각에 신이 났다. 제 손으로 만든 유리를 세계 곳곳에서 볼 수 있다는 것은 더할 나위 없이 기쁜 일이다.

KOG에서 일하는 직원들은 스스로를 세계 최고의 예술가로 여긴다. 리처드 사장을 비롯해 오늘의 KOG를 만든 구성원들은 한 번도 사업을 한다고 생각해본 적이 없다. 아름다운 유리의 예술을 창조한다는 자부심과 마음가짐이 대를 이어 전해져왔다. 이런 정신적 보상이 고된 일도 계속할 수 있도록 만드는 힘이었다.

빛이 아름다운 이유는 주위를 밝히기 때문이다. KOG의 유리는 그 자체의 아름다움만으로 충분한 가치를 지니면서 주위까지 아름다운 빛으로 채운다. 무한한 색의 예술로 빛의 생명력을 더하는 KOG의 유리가 아름다운 이유는 빛 너머에 '사람'이 있기 때문이다.

코코모 오펄레슨트 글라스의 성공 비결

1. 아름다운 빛을 만드는 기술

KOG의 판유리는 재가공을 하거나 오랜 시간이 지나도 본래의 색감을 유지하는 특징을 지녔다. 스테인드글라스처럼 유리 표면에 색을 입힌 것이 아니라 유리 자체의 색이기 때문이다. 124년을 이어온 제조 비법으로 만들어지는 KOG의 판유리는 세계의 유명 건축물에 사용될 만큼 아름다운 색감을 자랑한다.

2. 한계가 없는 색 배합

KOG에서 만드는 수많은 판유리의 견본들을 보면 같은 계열의 색이라도 명도와 채도가 조금씩 다르다. 유리의 색이라는 것은 페인트와 같아서 원하는 색이면 거의 모든 색을 섞어 만들 수 있다. 안료의 배합은 철저하게 계량에 근거하며 오랜 시행착오 끝에 완성한 KOG만의 비법으로 완성된다.

3. 지역사회와 함께 성장

KOG는 다양한 유리 제작 수업을 진행하고 있고 지역 대학과 연계한 강의도 하고 있다. 또한 견학 프로그램을 운영하며 회사의 역사와 제품을 국내외 관광객에게 널리 알리고 있다. 회사의 명성이 높아지면서 작은 도시 코코모에도 전 세계의 관광객들이 찾아온다.

4. 새로운 분야로 진출

색깔 있는 판유리가 KOG의 주 제품이지만 유리 제조 회사에 머물지 않고 다른 용도에 사용되는 다양한 크기와 모양의 유리도 생산한다. 채광창, 분수대, 타일 등 유리의 다양한 활용이 가능하다는 것을 보여주며 분야를 확장할 수 있었다. 판유리에서 인테리어 유리까지 사용되면서 실생활로 더욱 다가가 시장을 넓히며 더욱 발전하고 있다.

5. 아름다움을 만드는 자부심과 열정

늘 긴장되는 작업을 해야 하고 뜨거운 불 앞에서 고된 노동을 감수해야 하는 일이지만 수십 년 동안 가족들까지 함께 일하는 이유는 그만한 대가가 있기 때문이다. 모두가 예술가라는 조직 문화와 전 세계를 장식하는 판유리를 자기 손으로 만든다는 자부심이 그들에게 있다. 이들의 열정이 KOG의 용광로를 100년 이상 지펴오고 있다.

INFORMATION

주 소 1310 South Market Street IN 46902, USA
홈페이지 www.kog.com
전 화 +1-765-457-1829
영업시간 월-금 9:00~17:00 (토 9:00~13:00)

| 에필로그 |

한국의 가게는 왜 100년을 이어가지 못하는가?

KBS 〈백년의 가게〉는 지난 1년여 시간 동안 세계 장수 가게들의 경쟁력을 짚어보며 우리 한국 가게의 자화상을 그려보았다.

우리의 현실은 어떠한가? 〈포브스〉가 조사한 자료에 따르면 전 세계 산업시장에서 100년을 넘는 기업은 미국 152개, 영국 41개, 독일과 일본에 각각 24개와 45개가 있으며, 우리나라의 경우 두산그룹과 한국전력공사 두 곳뿐이다. 산업 전문가들은 지금부터 10년 후에는 기업 중 30퍼센트만 현재의 핵심사업을 이어갈 수 있고, 나머지 40퍼센트는 타 기업에 인수 또는 합병될 확률이 높으며, 나머지 30퍼센트는 시장에서 사라질 수도 있다고 한다. 그러니 이보다 더 작고 영세한 중소가게는 100년을 이어가기가 더더욱 어려울 것이다.

시장에서 역사 속으로 사라진 기업은 무수히 많다. 대마불패 신화를 자랑했던 대우그룹은 IMF 구제금융을 맞으며 뿔뿔이 조각났고, 대를 이어 100년을 이어온 수많은 소기업 역시 하나둘씩 폐업하거나, 가업의 대가 끊어지는 비극을 맞았다.

책에는 수록하지 못했지만 KBS 〈백년의 가게〉는 우리나라에서 총 11곳의 가게를 발굴해 방영했다. 그러나 그중 실제로 100년을 넘게 이어온 '백년 가게'는 6곳뿐이었다. 아마도 일제강점기와 한국전쟁을 거치며 많은 가게들이 그 맥이 끊기고 사라졌기 때문일 것이다. 그러한 역사적 위기와 단절을 견뎌내며 100년을 이어온 가게는 극히 드물다.

그렇다면 한국에는 백년의 가게가 더는 존재하지 않는 것일까?

1906년 문을 연 '이명래 고약'. 종기 치료제로 탁월한 약효를 자랑하던 '이명래 고약'은 간판이 바뀌었다. 제조법 전수의 어려움과 후계자 문제로 영업을 계속하지 못했던 것이다. 1916년 개업한 '종로양복점'은 빌딩 개발에 밀려서 터를 옮겨 영업하고 있지만 마찬가지로 사정이 여의치 않다. 기성 양복에 밀려 맞춤 양복을 찾는 이들이 현저히 줄어든 탓이다. 우리나라에 마지막 남은 성냥공장인 '성광성냥공업사'는 사양산업에 접어든 성냥을 여전히 생산 중이다. 역사적인 의미를 지닌 성냥이 사라지면 안 된다는 의지를 보이는 아들이 있어서다. 그러나 지금의 현실을 생각하면 이 성냥조차 언제 사라질지 모른다.

채 100년을 잇지 못하고 스러져가는 이 소중한 가게들을 위해 우리가 할 일은 무엇일까.

프랑스는 지난 2006년부터 본격적으로 장수 기업 지원 정책을 펴기 시작했다. 프랑스의 'EPV살아 있는 문화유산 기업 국가 위원회'는 오래된 가게들이 살아남고 발전할 수 있도록 정부 차원에서 세금을 감면하고 수출을 장려하는 등 다양한 혜택을 제공한다. 주된 목적은 이 장수 기업들이 지속 가능하게 발전하도록 보조하면서 고용과 부를 창출하고, 프랑스의 경제적 문화적인 우수성을 국외에 알리려는 것이다.

대한민국에서 100년을 넘기는 기업과 가게가 등장하려면 자발적인 성공과 더불어 지역사회와 국가의 관심이 필요하다. 경기대 경영전문대학원 엄길청 교수는 우리가 오래된 가게를 만들어야 하는 이유를 사회적인 관점에서 제시한다. 즉, 이제 도시가 그 자체로 상품이 되어야 하는 시대가 왔다는 것이다. 외국인들이 우리나라의 도시나 마을을 찾을 때는 결국 그곳의 명소를 찾는다. 100년이라는 상징적 역사를 간직해온 가게는 경제 가치를 넘어서 하나의 고귀한 문화가 된다. 그래서 오래된 가게를 키우는 것은 국가적으로도 유무형의 가치와 시간을 넘어서는 이익이다.

해외의 백년 가게들은 자생적인 노력뿐 아니라 지역사회와 국가가 그 역사의 소중함을 알고 함께 100년, 천 년을 이어간다. 그들이 가진 경쟁력과 정부의 정책, 지역과 공존하는 모습을 통해 우리는 앞으로 한국의 백년 가게들이 나아갈 미래를 그려볼 수 있다.

이 책에서 소개한 세계의 장수 노포老鋪들과 뒤안길로 사라진 우리나라 가게들의 발자취를 교훈 삼아, 장수 기업으로 살아남을 수 있는 비결과 숨은 왕도를 발견하기 바란다.

그리고 다시 한 번 희망을 품어본다. 지금 어딘가에서 첫걸음을 뗀 우리의 가게들, 100년이 지난 후에도 그들의 열정이 그곳에 존재하기를.

KBS〈백년의 가게〉제작진

★ 책임 프로듀서 이학송

★ 미디어파크
제작팀장
김강희 · 김수경

연출
최동인 · 최정식 · 신동신
이의중 · 노승경 · 정성준
김현아 · 홍흥기

조연출
신성은 · 김정현

글(메인작가)
신영은 · 박정미

구성(자료조사)
박상희 · 이유선 · 정재원

백년의 가게 : 노포老鋪의 탄생

1판 1쇄 발행 2013년 7월 26일
1판 3쇄 발행 2018년 7월 31일

지은이 KBS 백년의 가게 제작팀
펴낸이 김성구

단행본부 류현수 이은정 고혁
디자인 홍석훈 문인순
제 작 신태섭
마케팅 최윤호 송영호 유지혜
관 리 노신영

펴낸곳 (주)샘터사
등 록 2001년 10월 15일 제1-2923호
주 소 서울시 종로구 창경궁로35길 26 2층 (03076)
전 화 02-763-8965(단행본부) 02-763-8966(마케팅부)
팩 스 02-3672-1873 **이메일** book@isamtoh.com **홈페이지** www.isamtoh.com

ⓒ KBS 백년의 가게 제작팀, 2013, Printed in Korea.

이 책은 저작권법에 따라 보호를 받는 저작물이므로 무단 전재와 복제를 금지하며,
이 책의 내용의 전부 또는 일부를 이용하려면 반드시 저작권자와 ㈜샘터사의 서면 동의를 받아야 합니다.

이 책의 출판권은 ㈜KBS미디어를 통해 KBS와 저작권 계약을 맺은 샘터사에 있습니다.

ISBN 978-89-464-1844-8 14320
ISBN 978-89-464-1846-2 14320(세트)

이 도서의 국립중앙도서관 출판시도서목록(CIP)은 서지정보유통지원시스템 홈페이지(http://seoji.nl.go.kr)와
국가자료공동목록시스템(http://www.nl.go.kr/kolisnet)에서 이용하실 수 있습니다.(CIP제어번호: CIP2013011052)

값은 뒤표지에 있습니다. 잘못 만들어진 책은 구입처에서 교환해 드립니다.